Bauen + Wirtschaft®
Architektur der Region im Spiegel

BERLIN / POTSDAM UND UMGEBUNG 2017

Wirtschafts- und
Verlagsgesellschaft
mbH

ISBN 978-3-944820-59-0

10 Neue Nationalgalerie – Museum des 20. Jahrhunderts
Beitrag: „Im Blickpunkt"

Bildnachweise siehe Redaktionsbeiträge

10 Axel-Springer-Neubau, Berlin
Beitrag: „Im Blickpunkt"

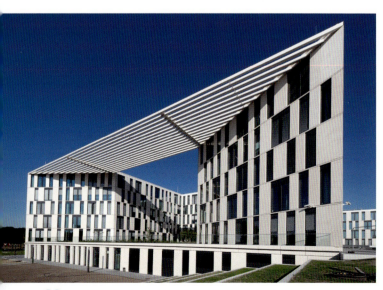

36 Investitionsbank des Landes Brandenburg, Potsdam
Beitrag: Investitionsbank des Landes Brandenburg (ILB)

STANDPUNKTE

8

Berlin lohnt sich noch immer
Von Dr.-Ing. Alexander Gaulke
Vorsitzender Landesverband Berlin
BDB Bund Deutscher Baumeister, Architekten und Ingenieure e.V.

IM BLICKPUNKT

9

Per Mausklick Überblick über Baubranche
Ausgaben der Architekturtitel des WV-Verlages unter www.bauenundwirtschaft.com als Vollversion im Internet. Wir stellen auch Ihr Angebot mit vielen Serviceleistungen ins Netz

10

Sehenswerte Bauten in Berlin und Potsdam
James-Simon-Galerie / Neue Nationalgalerie – Museum des 20. Jahrhunderts / Museum Barberini im Palais Barberini / Humboldtforum im Berliner Schloss / Erweiterungsbau Bundesministerium des Innern (BMI) / Bauliche Aktivitäten TU-Zentralcampus / Baumaßnahmen Forschungscampus Berlin-Buch / Europacity mit Quartier Heidestraße, Baufelder 10, 11, 12 und Gebäudeensemble am Berliner Hauptbahnhof / Axel-Springer-Neubau / ABC Tower / Areal am Tacheles / Wohnprojekt „High Park" / Das Gotland / PANDION FIRST und PANDION Cosmopolitan / Neubebauung am Schinkelplatz

34

Digitale Funkversorgung Lückenschluss U5, Brandenburger Tor – Alexanderplatz
Von Dipl.-Ing. (FH) Wolfgang Lehmeyer
Inhaber IfTk – Ingenieurbüro für Telekommunikation, Berlin

49

Bodenstabilisierung durch Bodenverschraubung
Von Ronald Grube
Geschäftsführer von GEOTOP GbR Grube + Grote, Berlin

ÖFFENTLICHE BAUTEN

36

Neubau Investitionsbank des Landes Brandenburg
Die drei Gebäude vermitteln auf spielerische Weise zwischen der urbanen Blockstruktur am Potsdamer Bahnhof und den Flussauen

38

Wasser marsch!
Ein Betriebs- sowie ein Labor- und Leittechniktechnikgebäude für die Berliner Wasserbetriebe

40

U5 verbindet: Das Projekt „Lückenschluss U5"

Baustand im September 2017: Das Projekt „Lückenschluss U5" verbindet die traditionelle Linie U5 von Hönow bis Alexanderplatz mit der U55 zwischen Alexanderplatz und Brandenburger Tor und umfasst 2,2 km Tunnelstrecke und drei neue U-Bahnhöfe

50

Ein MEHR aus Farben

Die Internationale Gartenausstellung Berlin 2017 – eines der wichtigsten Stadtentwicklungsprojekte der Dekade in Berlin

85

Neubau im größten Wissenschaftspark Deutschlands

Neues Laborgebäude mit Verwaltung für das Landeslabor Berlin-Brandenburg (LLBB) entsteht auf einem Baugrundstück in der Wissenschaftsstadt Adlershof im Südosten von Berlin

106

Auch im Zoo, Aquarium und Tierpark wird gebaut

Die neue Panda-Anlage im Zoo Berlin / Das Löwentor – Denkmal mit Zukunft / Kinder im Glück – Der Streichelzoo lädt ein / Aquarium Berlin: Das Reich der Reptilien ist wieder komplett geöffnet / Bärenschaufenster im Tierpark: das neue Tor in die Natur / Fabelwald und Wasserspielplatz wurden im Tierpark von den kleinen BesucherInnen in Beschlag genommen

154

Größte freitragende Halle Deutschlands

Das Tropical Islands hat sein Außengelände erweitert. Mit „Amazonia" bieten sich großen und kleinen Besucherinnen und Besuchern vielfältige Freizeitmöglichkeiten zu Wasser und zu Land

165

Für ausreichend Stellplätze ist gesorgt

Das EUROPA-CENTER Parkhaus in der Albert-Einstein-Straße in Adlershof trägt erheblich zur Verbesserung der Parkplatzsituation in Berlin Adlershof bei

172

Im Geiste der Potsdamer Tradition, ohne zu kopieren

Neubau Büro- und Verwaltungsgebäude der KVBB und der LÄK Brandenburg in der Potsdamer Pappelallee

ÖFFENTLICHE BAUTEN / GEWERBEBAUTEN

56

Qualität aus Tradition

Ausstellungs- und Veranstaltungsgebäude „Futurium" in Öffentlich-Privater-Partnerschaft errichtet / „MEININGER Hotel Berlin East Side Gallery" eröffnet am 1. Dezember / „East Side Office" Am Postbahnhof/Mühlenstraße in Berlin-Friedrichshain

66

Neuer Mercedes Platz Anziehungspunkt für ganz Berlin

Nach amerikanischem Vorbild entsteht derzeit vor der Mercedes-Benz Arena ein „Entertainment District" mit Music Hall, Kinos, Bowling-Center, Restaurants und Hotels

38 Labor und Leittechniktechnikgebäude, Berlin
Beitrag: Berliner Wasserbetriebe

40 Lückenschluss U5
Beitrag: Projektrealisierungs GmbH (PRG U5)

50 Internationale Gartenausstellung Berlin 2017, Berlin
Beitrag: IGA Berlin 2017 GmbH

66 Mercedes Platz, Berlin
Beitrag: Anschutz Entertainment Group

76 Firmenzentrale 50Hertz Transmission GmbH, Berlin
Beitrag: Ed. Züblin AG, Direktion Nord, Bereich Berlin

118 Zalando Headquarter, Berlin
Beitrag: Münchner Grund Immobilien Bauträger GmbH

174

Büroneubauten in Berlin und Potsdam
Neubau des Bürohauses Feratti in Berlin-Kreuzberg / Neubau eines Bürokomplexes für die Landesregierung Brandenburg in Potsdam

ÖFFENTLICHE BAUTEN / SANIERUNG

138

Umfassende Modernisierung des Zeiss-Großplanetariums
Die Besucherinnen und Besucher dürfen sich in einem einzigartigen Planetarium auf die weltweit hellsten Sterne und fantastische Reisen durch das Universum freuen

166

Für den Erhalt bedrohter Baudenkmäler
Eines der wenigen erhaltenen barocken Bürgerhäuser Berlins – das Nicolaihaus in Berlin-Mitte wurde restauriert / Eine Turmvilla mit zahlreichen Vorbildern – Schloss und Park Dahlwitz-Hoppegarten

ÖFFENTLICHE BAUTEN / SANIERUNG / GEWERBEBAUTEN

76

Ausgezeichnete Projekte in Berlin-Mitte
Firmenzentrale der 50Hertz Transmission GmbH – erstes Gebäude weltweit, das eine „DGNB Diamant"-Auszeichnung erhielt / Sanierung des Bettenhochhauses und Neubau eines OP-Gebäudes für die Charité Berlin: eine der modernsten Kliniken Europas

WOHNUNGSBAU

124

Ein Stück Stadtrekonstruktion in Schöneberg
Auf einem Eckgrundstück an der Kurfürstenstraße entstehen durch das „Carré Voltaire" insgesamt 127 Eigentumswohnungen im gehobenen Stil

153

Wohnen für Studierende
Wohnen am Spreefenster – „SMARTments student – Berlin Kaiserin-Augusta-Allee"

WOHN- UND GESCHÄFTSBAUTEN / GEWERBEBAUTEN

130

Dauerhaftigkeit, Nützlichkeit und Schönheit
Ein kompletter Neubau am Kurfürstendamm: Palais Holler / Projektentwicklung an der Spree: Spree One

WOHNUNGSBAU / GEWERBEBAUTEN

94

Mit Erfahrung für Projektentwicklung und Realisierung
Die Geschäftsstelle des Deutschen BundeswehrVerbandes bezieht einen Neubau in der Stresemannstraße in Berlin-Kreuzberg / Das Neubauprojekt „VivaCity Adlershof" reagiert auf den demografischen Wandel

118

Büro-, Wohn- und Hotelimmobilien in Berlin
Holiday Inn Express Berlin Alexanderplatz in der Klosterstraße 48 – ein hervorragender Ausgangspunkt für Stadterkundungen / NeuHouse – ausreichend Platz zur Entfaltung / Zalando Headquarter – das Herzstück des zukünftigen Unternehmenscampus in Berlin-Friedrichshain

129

Wohn- und Bürogebäude am Humboldthafen
Auf den Baufelder H3 und H4 in direkter Nähe zum Hauptbahnhof und mit direkter Wasserlage wird bis 2019 das Projekt „Humboldthafen" fertiggestellt

156

Ein nicht alltägliches Projekt in Kreuzberg
IBeB – Integratives Bauprojekt am ehemaligen Blumengroßmarkt in der Lindenstraße 91

162

Schlüsselfertigbau und Erweiterter Rohbau
Altstadt Studios: Neubau von Eigentumswohnungen in Berlin-Spandau / Neubau eines Nahversorgungszentrums in der Gemeinde Schulzendorf/Brandenburg / Technik-Zentrale Auguste-Viktoria-Klinikum (AVK)

170

Ein Neubau an der Spree
Bebauung des Grundstücks Am Stralauer Platz 35 in Berlin-Friedrichshain

176

Mit zeitloser klassischer Formensprache
Wohngebäude Mommsenstraße 15 in Berlin-Charlottenburg / Wohngebäude Kaiserdamm 116 in Berlin-Charlottenburg / RTL-Hauptstadt-Studio in Berlin-Mitte / Neubau am Maybachufer in Berlin-Neukölln

180

Holzmarkt: kreatives und nachhaltiges Bauen am Spreeufer
Das Holzmarkt-Gelände in Friedrichshain-Kreuzberg erprobt neue Wege

GEWERBEBAUTEN

74

M_Eins" – ein Neubau auf dem Anschutz-Gelände
In einem der dynamischsten Entwicklungsgebiete der Hauptstadt wurde mit dem „M_Eins" ein Bürohaus mit rund 15.000 m² Gewerbefläche fertiggestellt

116 Berliner Volksbank, Potsdam
Beitrag: Gustav Epple Bauunternehmung

158 Deusche Bank Campus Berlin, Berlin
Beitrag: Art-Invest Real Estate

142 ZOOM Berlin, Berlin
Beitrag: Pondus GmbH & Co. KG

86 Schultheiss Quartier, Berlin
Beitrag: HGHI Holding GmbH

150 Schindler Campus Berlin, Berlin
Beitrag: Schindler Aufzüge & Fahrtreppen GmbH

114 Villa Calé, Berlin
Beitrag: PORR Deutschland GmbH, Zweigniederlassung Berlin

100

Neubauten im Herzen der Stadt
Mit dem Neubau des „Motel One" verschwindet eine der letzten Baulücken am Alexanderplatz / „Bertha Berlin" – ein Bürogebäude im Lehrter Stadtquartier

113

Eine Investition in die Zukunft
Neubau eines Redaktions- und Verlagsgebäudes der taz.die tageszeitung in Berlin Friedrichshain-Kreuzberg, Friedrichstraße 21

116

Anspruchsvoll, kreativ, ökologisch – Anders. Bauen.
Moderner Bau mit historisch anmutender Fassade: neues Geschäfts- und Bürohaus der Berliner Volksbank in der Yorckstraße/Ecke Friedrich-Ebert-Straße in Potsdam

146

Neubau und Umbauten eines Autohauses
Neubau eines Porsche Zentrums in der Hermann-Dorner-Allee 98 in Berlin-Adlershof / Modernisierung des Porsche Zentrums in der Franklinstraße in Berlin-Charlottenburg / Erweiterung des Porsche Zentrums am Albert-Einstein-Ring in Berlin-Potsdam

158

Städtebauliche Akzente in der City West
Deutsche Bank baut Campus für 2.200 Mitarbeiter in Berlin

168

Neubauten an zentralen Orten der Stadt
„Cuvry Campus" in Berlin-Kreuzberg / Hotel- und Bürogebäude am Stralauer Platz in Berlin-Friedrichshain / Bürogebäude in Berlin-Mitte

GEWERBEBAUTEN / GESCHÄFTSBAUTEN

142

„ZOOM Berlin" – Einkaufscenter und Bürohaus
Inmitten der City West entsteht der charakterstarke und stadtbildprägende Neubau als zentraler Glanzpunkt zwischen Bahnhof Zoo und Kurfürstendamm

SANIERUNG / GESCHÄFTSBAUTEN

134

Relaunch eines Einkaufscenters aus den 1990er Jahren
Der Kaufpark Eiche an der östlichen Stadtgrenze der Hauptstadt wird generalsaniert, erweitert und mit neuem Konzept und vielen neuen Angeboten wiedereröffnet

SANIERUNG / WOHNUNGSBAU / GEWERBEBAUTEN

86

Drei Großprojekte, die Stadtteile Berlins prägen werden
Schultheiss Quartier: Historische Atmosphäre trifft auf modernes Shopping / Tegel Quartier: Wiederbelebung einer Fußgängerzone im Norden Berlins / Mariendorfer Damm: ein neues Fachmarktzentrum mit Büro- und Wohnnutzung

SANIERUNG / GEWERBEBAUTEN

150

Mehr Wachstum und schöner arbeiten
Schindler Konzern investiert 44 Mio. Euro in den Umbau des Firmengeländes in Alt-Mariendorf und gibt damit ein klares Bekenntnis zum Standort

SANIERUNG / RESTAURIERUNG

114

Stilgerecht wieder hergestellt
Sanierung der Zehlendorfer Villa Calé für die Botschaft von Katar / Gästehaus im Deutsch-Katarischen Kulturjahr 2017

161

Mit Leidenschaft auch für kleinere Projekte
Umbau von Geschäftsräumen für den Mieter Postbank AG in der Schloßstraße in Berlin-Steglitz

SERVICE

183

Die Bauspezialisten – Branchenverzeichnis

195

Impressum

Diese Ausgabe finden Sie auch im Internet unter
www.bauenundwirtschaft.com
mit vielen Suchfunktionen und mehr!

Bauwirtschaft-Boomtown Berlin

Die deutsche Wirtschaft bleibt auf klarem Wachstumskurs: Aufgrund des unerwartet kräftigen ersten Halbjahres 2017 hebt das Deutsche Institut für Wirtschaftsforschung (DIW Berlin) seine Prognose für das Wachstum des Bruttoinlandsprodukts im Vergleich zum Juni um 0,4 Prozentpunkte auf 1,9 Prozent an. Auch für das kommende Jahr ist mit einem Anstieg der Wirtschaftsleistung in dieser Größenordnung zu rechnen.

Eine gute baukonjunkturelle Entwicklung erwartet mit Blick auf das zweite Halbjahr der Bauindustrieverband Berlin-Brandenburg e.V. „Bautätigkeit und Auftragslage werden sich stabil entwickeln und können dafür sorgen, dass das Baujahr 2017 positiv abgeschlossen wird. Entscheidend wird neben der guten Auslastung die Wetterlage zum Jahresende sein. Ein frühzeitiger Winter mit ersten Bodenfrösten im November würde den Aufholprozess behindern", erläuterte Ende August 2017 Dr. Robert Momberg, Hautgeschäftsführer des Bauindustrieverbandes Berlin-Brandenburg.

Dennoch: Für die Bauwirtschaft in der Region Berlin-Brandenburg fällt die Bilanz des ersten Halbjahres 2017 mit einem Auftragsvolumen von 2,35 Mrd. Euro (-9,1 Prozent) und einem Umsatz von 2,34 Mrd. Euro (-1,0 Prozent) nach Zahlen für das Bauhauptgewerbe des Amts für Statistik Berlin-Brandenburg schlechter aus als im Vorjahr. Die einzelnen Bausparten weisen darin ein differenziertes Ergebnis auf. Gemessen am Umsatz blieben nur der Wirtschaftsbau (-10,1 Prozent) und der öffentliche Hochbau (-12,0 Prozent) hinter den Erwartungen des Vorjahreszeitraumes. Hingegen verzeichnen der Straßenbau und der Wohnungsbau ein Umsatzwachstum von 18,7 bzw. 5,1 Prozent. Die rückläufige Entwicklung des Auftragsvolumens in der Region ist hauptsächlich auf den Wirtschaftsbau (-10,3 Prozent) und den Wohnungsbau (-19,9 Prozent) zurückzuführen. Dies konnte der öffentliche Bau mit einem positiven Halbjahresergebnis nicht ausgleichen.

Wir haben uns mit dieser Ausgabe die Aufgabe gestellt, anhand ausgewählter Bauprojekte die vielfältige Bandbreite architektonischer Kreativität und intelligenter Lösungskonzepte in und um Berlin aufzuzeigen. „Bauen + Wirtschaft, Architektur der Region im Spiegel – Berlin/Potsdam und Umgebung 2017" ist eine Publikation über die baulichen Aktivitäten in dieser Metropolregion und zugleich ein nützliches Nachschlagewerk. Die vorgestellten und im Branchenverzeichnis „Die Bauspezialisten" am Ende der Ausgabe aufgeführten Firmen wurden von unseren Redakteuren befragt. Die beteiligten Firmen präsentierten sich als leistungsstarke Baupartner, die durch Kompetenz, Flexibilität und Innovationsbereitschaft überzeugten.

Ihre WV Chefredaktion

Berlin lohnt sich noch immer

Von Dr.-Ing. Alexander Gaulke
**Vorsitzender Landesverband Berlin
BDB Bund Deutscher Baumeister, Architekten und Ingenieure e.V.**

Berlin wächst. Das haben wir in den vergangenen Jahren eindrucksvoll erlebt. Ende 2016 waren es laut des Statistischen Landesamtes 3,67 Millionen Einwohner, gut 60.000 mehr als ein Jahr zuvor, und die Prognosen deuten auf einen weiteren Anstieg hin, der jedoch etwas an Dynamik verliert. Bis 2030 werden voraussichtlich 200.000 Einwohner dazu kommen, im optimistischen Szenario sind es sogar fast 400.000, womit Berlin dann 4 Millionen Einwohner hätte. Die Menschen benötigen Wohnraum, Büroflächen und Infrastruktur. Sie haben Kinder, die Bildungseinrichtungen benötigen, und sie müssen sich in der Stadt mit öffentlichen Verkehrsmitteln, dem Fahrrad, dem Auto oder auch zu Fuß bewegen können, sie benötigen Orte, an denen sie einkaufen können oder ihre Freizeit verbringen.

Dass die Kapazitäten der Stadt schon jetzt nahezu erschöpft sind, zeigt sich deutlich an der angespannten Situation auf dem Wohnungsmarkt, den anziehenden Büromieten sowie vollen Straßen und Nahverkehrszügen.

Berlins Aufgabe besteht in den kommenden zehn Jahren darin, eine komplette Stadt von der Größe Magdeburgs zu planen und zu bauen. Diese Aufgabe muss gemeinsam vom Berliner Senat und privaten Investoren gemeistert werden. Wichtig dabei ist, dass trotz der gebotenen Eile, ein städtebauliches Gesamtkonzept erkennbar bleibt und eine moderne, lebenswerte Stadt mit abwechslungsreicher und anspruchsvoller Architektur entsteht. Eine gute Planung zahlt sich am Ende immer aus, da die ökonomischste Lösung für das geplante Bauwerk gefunden werden kann und Verzögerungen im Bauablauf oder kostenintensive Sonderlösungen vermieden werden können. Ein qualitativ gutes Bauwerk ist auch später in der Nutzung weniger kostenintensiv.

An kompetenten und kreativen Architekten und Ingenieuren, die sich einbringen und ihre Stadt ansprechend gestalten möchten, mangelt es Berlin nicht. Jedoch fehlt es aufseiten der Verwaltung an entsprechender Leistungsfähigkeit, um die notwendigen Aufträge auszulösen.

Leider wurde zu spät erkannt, dass die Berliner Verwaltung zu weit ausgedünnt wurde, und der Wiederaufbau wird durch das aktuell geringe Angebot an Fachkräften erschwert. Glücklicherweise steigen derzeit die Senatseinnahmen, sodass das notwendige Kapital vorhanden ist. Allerdings werden auch viele gut ausgebildete Verwaltungsangestellte benötigt, die mit dem notwendigen Sachverstand den sinnvollen Einsatz dieser Mittel koordinieren.

Berlin muss jetzt die Weichen für die Zukunftsfähigkeit der Stadt stellen, damit es sich auch weiterhin lohnt, in Berlin zu wohnen und zu arbeiten. Ich bin optimistisch, dass die auf die Berliner Bauwirtschaft zukommenden anspruchsvollen Aufgaben in den kommenden Jahren gelöst werden.

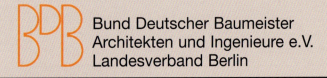

Per Mausklick Überblick über Baubranche

Ausgaben der Architekturtitel des WV-Verlages unter **www.bauenundwirtschaft.com** als Vollversion im Internet. Wir stellen auch Ihr Angebot mit vielen Serviceleistungen ins Netz

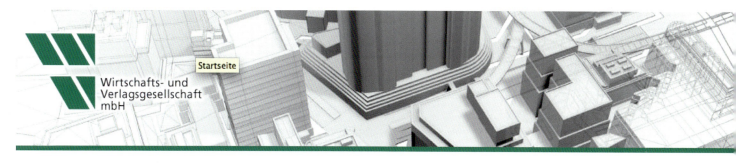

Heute ist das Internet längst dabei, zum Massenmedium zu werden. Mit der Zahl der Zugriffe steigt auch die Bedeutung des Internet – egal ob es sich um die Informationsbeschaffung und Präsentation, elektronische Post (E-Mail), Videokonferenzen oder virtuelles Einkaufen (E-Commerce) handelt. Dieses neueste Medium der Kommunikation verändert die Welt wie einst Telefon oder Fax.

ARCHITEKTURTITEL IM INTERNET

Eine Internet-Version aktueller Publikationen bieten inzwischen viele Verlage an – doch Internet-Präsentation ist nicht gleich Internet-Präsentation.

Der WV-Verlag, u.a. Herausgeber von Architekturfachbüchern, wartet im Internet unter www.bauenundwirtschaft.com mit einigen Details auf, die bisher nur wenige Internet-Auftritte in diesem Umfang bieten.

Sie wollen sich schnell über neue Architekturprojekte und/oder Handwerksfirmen informieren? Hier finden Sie Projekte, Architekten, Baugesellschaften, öffentliche Einrichtungen, ausführende Firmen und vieles mehr. Den Gesamtüberblick bieten Ihnen die Branchenverzeichnisse „Die Bauspezialisten" unserer Ausgaben, von dort erhalten Sie nach einem Mausklick auf die Adresse den entsprechenden Beitrag oder das gewünschte Firmenprofil angezeigt. Wurde in der Papierversion eine Homepage- oder E-Mail-Adresse gedruckt, so sind Sie durch die von uns als Service gesetzte Verlinkung wiederum nur einen Mausklick von der gewünschten Firmenhomepage bzw. der Kontaktaufnahme per E-Mail entfernt.

Auch ein Überblick über ausländische Bauprojekte und Architekturszene ist auf der Seite www.bauenundwirtschaft.com möglich: Die Ausgaben des WV-Verlages erscheinen mit regionalem Bezug in Deutschland, Österreich, der Schweiz und Liechtenstein. Und wenn Sie uns mal in Deutschland besuchen möchten – unsere Wegbeschreibung via Kartenausschnitt hilft Ihnen, den Weg nach Worms zu finden.

Dass sich auch die elektronische Version unserer Architektur-Publikationen großer Beliebtheit erfreut, zeigt auch die hohe Listung in externen Suchmaschinen.

WIR GESTALTEN AUCH IHREN PROFESSIONELLEN INTERNET-AUFTRITT

Große Firmen haben längst die neue Internet-Plattform für sich entdeckt.

Die Unternehmen werben für sich (Imageaufbau), ihre Produkte und Dienstleistungen. Gleichzeitig haben sie per E-Mail den schnellen und direkten Kontakt zu ihren Kunden.

Auch für kleinere Unternehmen ist der Internetauftritt interessant. Die Seite im Netz schafft Raum, die Firmenphilosophie, Angebote, Leistungen und Referenzen vorzustellen. Die eigene Homepage kann alle Produkte mit Bild und Beschreibung präsentieren, eine gelungene, stets aktuelle Werbung mit geringem Aufwand – auch finanziell. Die eigene Firmen-Homepage ohne spezielles Fachwissen über Kommunikation und Programmierung zu erstellen, führt durch die unprofessionelle Außendarstellung unweigerlich zu Negativ-Werbung.

Wir beraten Sie gerne und gestalten Ihren Internet-Auftritt auf Ihr Unternehmen zuge-

Ausgewählte Publikationen

Bauen und Wirtschaft
Architektur der Region im Spiegel
Hamburg 2017

Bauen und Wirtschaft
Architektur der Region im Spiegel
Niederbayern 2017

Bauen und Wirtschaft
Architektur der Region im Spiegel
Region Aachen 2017

Bauen und Wirtschaft
Architektur der Region im Spiegel
Landesausgabe Schleswig-Holstein 2017

schnitten mit vielen Serviceleistungen wie Anmeldung in Suchmaschinen oder regelmäßiger Aktualisierungen – zu günstigem Preis. Angebote erhalten Sie unter www.bauenundwirtschaft.com oder telefonisch unter Tel. 0 62 47/9 08 90-0, Fax 9 08 90-10. Testen Sie uns!

Weitere Infos unter:
www.wv-verlag.de
www.bauenundwirtschaft.com

Sehenswerte Bauten in Berlin und Potsdam

James-Simon-Galerie / Neue Nationalgalerie – Museum des 20. Jahrhunderts / Museum Barberini im Palais Barberini / Humboldtforum im Berliner Schloss / Erweiterungsbau Bundesministerium des Innern (BMI) / Bauliche Aktivitäten TU-Zentralcampus / Baumaßnahmen Forschungscampus Berlin-Buch / Europacity mit Quartier Heidestraße, Baufelder 10, 11, 12 und Gebäudeensemble am Berliner Hauptbahnhof / Axel-Springer-Neubau / ABC Tower / Areal am Tacheles / Wohnprojekt „High Park" / Das Gotland / PANDION FIRST und PANDION Cosmopolitan / Neubebauung am Schinkelplatz

JAMES-SIMON-GALERIE

Die Museumsinsel Berlin wird nach einem Masterplan, der 1999 von der Stiftung Preußischer Kulturbesitz mit ihren Staatlichen Museen zu Berlin beschlossen wurde, wiederhergestellt und zu einem zukunftsfähigen Museumskomplex weiterentwickelt. Drei der fünf Museumsbauten wurden bereits saniert. Das einzigartige Ensemble im Herzen Berlins zählt seit 1999 zum UNESCO-Welterbe und seine prächtigen Museumsgebäude wurden von berühmten Architekten ihrer Zeit gestaltet. Die auf der Museumsinsel gezeigten Sammlungen spannen einen Bogen von der Prähistorie über die Antike bis hin zur Kunst des 19. Jh. Jedes Jahr erleben mehr als 3 Millionen Menschen die Faszination der Museumsinsel.

Angesichts der zahlreichen Besucher auf der Museumsinsel ist die James-Simon-Galerie von zentraler Bedeutung für die Infrastruktur des Museumskomplexes. Das neue Gebäude entsteht zwischen Kupfergraben und Neuem Museum. Es schließt sich südlich an das Pergamonmuseum an. Zu dessen Hauptausstellungsebene wird es einen direkten Zugang bieten. Als neues Eingangsgebäude wird die James-Simon-Galerie den Besucherinnen und Besuchern Orientierung, Information und Gastlichkeit bieten. Sie wird zentrale Servicefunktionen für die Museumsinsel übernehmen und damit die historischen Ausstellungshäuser entlasten.

Der Entwurf für das neue Gebäude stammt von David Chipperfield Architects. Chipperfield leitete bereits die Sanierung und Wiedererrichtung des Neuen Museums. Für die James-Simon-Galerie nutzt er klassische Architekturelemente, die sich auch an anderen Orten auf der Museumsinsel wiederfinden. Eine große Freitreppe an der Südseite der James-Simon-Galerie wird die Gäste der Museumsinsel empfangen. Bestimmendes architektonisches Element ist vor allem das Motiv der Kolonnaden: Den historischen Säulengang setzt Chipperfield an der James-Simon-Galerie

(unten) James-Simon-Galerie: Simulation der zukünftigen Museumsinsel Berlin – Blick auf die James-Simon-Galerie von Süden; rechts das Neue Museum
Abb.: SPK / ART+COM, 2015

in zeitgenössischer Form fort. Zwischen der James-Simon-Galerie und dem Neuen Museum entsteht so ein weiterer kolonnadengesäumter Hof als zusätzliche Freifläche auf der Museumsinsel. Die Kupfergrabenseite des Gebäudes ist ebenfalls von Kolonnaden geprägt. Mit seinem hohen Sockel greift das Haus schließlich auch die Architektur des benachbarten Pergamonmuseums auf.

Das sechste Haus auf der Museumsinsel wird sich auf harmonische Weise in das historische

(unten) James-Simon-Galerie: Blick von der Freitreppe der James-Simon-Galerie nach Süden auf das Alte Museum und das Humboldt-Forum (derzeit im Bau; Farbgebung nicht realistisch)
Abb.: SPK / ART+COM, 2015

James-Simon-Galerie: Blick von Süden über Kupfergraben und Eiserne Brücke. Bestimmendes architektonisches Element ist vor allem das Motiv der Kolonnaden: Den historischen Säulengang setzt Chipperfield an der James-Simon-Galerie in zeitgenössischer Form fort
Abb.: SPK / ART+COM, 2015

Ensemble einfügen und gleichzeitig einen zeitgenössischen Akzent auf der Museumsinsel setzen. Der Namenspatron des neuen Eingangsgebäudes, James Simon, ist einer der bedeutendsten Mäzene in der Geschichte der Staatlichen Museen zu Berlin.

Im Herbst 2013 wurde der Grundstein für die James-Simon-Galerie gelegt. Das Richtfest fand im April 2016 statt. Es ist geplant, das Haus bis Ende 2018 fertigzustellen.

Im Blickpunkt

Neue Nationalgalerie – Museum des 20. Jahrhunderts: Siegerentwurf des Realisierungswettbewerbs. Der Backsteinkörper ist mit Glasbausteinen durchsetzt
Abb.: Herzog & de Meuron Basel Ltd., Basel, Schweiz, mit Vogt Landschaftsarchitekten AG, Zürich/Berlin

NEUE NATIONALGALERIE – MUSEUM DES 20. JAHRHUNDERTS

Am Kulturforum in der Nähe des Potsdamer Platzes liegt Berlins interessantester Bauplatz. Hier wird in den kommenden Jahren ein Neubau für die Sammlung der Nationalgalerie zur Kunst des 20. Jh. entstehen. Auf Initiative von Kulturstaatsministerin Monika Grütters fasste der Haushaltsausschuss des Deutschen Bundestages im November 2014 den Beschluss, dafür 200 Mio. Euro zur Verfügung zu stellen. Um den Siegerentwurf für den Neubau „Neue Nationalgalerie – Museum des 20. Jahrhunderts" am Kulturforum zu finden, wählte die Stiftung Preußischer Kulturbesitz ein zweistufiges Verfahren. Das Preisgericht entschied sich Ende Oktober 2016 für den Entwurf des Schweizer Architekturbüros Herzog & de Meuron. Bald wird nach Jahrzehnten des Stillstands die letzte Brache am Kulturforum geschlossen.

In ihren Erläuterungen schreiben Herzog & de Meuron von einem HAUS aus Backstein, das sie für die Kunst des 20. Jh. errichten wollen: „Ist es eine Lagerhalle? Oder eine Scheune? Oder vielleicht eine Bahnhofshalle? Ist es nicht vielmehr ein Tempel mit den exakt gleichen Giebelformen wie die Alte Nationalgalerie von August Stüler? Tatsächlich ist es ein Ort des Lagerns wie eine Lagerhalle, ein Ort der Vorräte und der Nahrung wie ein landwirtschaftlicher Betrieb, ein Ort der Begegnung und der Verbindung wie eine Bahnhofshalle. Und – wie ein Tempel – ist es auch ein Ort der Stille und des Nachdenkens, der Wahrnehmung von Kunst, der Wahrnehmung von sich selbst." Ganz wichtig ist dem Basler Büro die Einbindung ihres Entwurfs in ein städtebauliches Ganzes am Kulturforum. Herzog & de Meuron planen eine Ost-West-Achse, die bis zur Piazzetta führt und das neue Haus wie ein „Tor" erscheinen lässt, und einen „Nord-Süd-Boulevard", der unter der Sigismundstraße hindurch von der Philharmonie bis zur Neuen Nationalgalerie reicht. Auch in ihrem Raumkonzept gehen sie von zwei sich kreuzenden inneren Straßen aus, die die in vier Quadranten angesiedelten Museumsräume erschließen. Durch das große Satteldach und den hohen zentralen Boulevard soll Licht ins Gebäude eintreten. Im nordöstlichen Quadranten mit der denkmalgeschützten Platane sind ein Café und ein Restaurant geplant.

Stiftungspräsident Hermann Parzinger erläu-

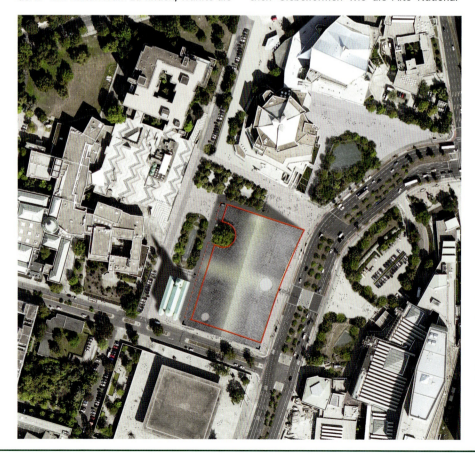

Neue Nationalgalerie – Museum des 20. Jahrhunderts: Die Visualisierung aus der Vogelperspektive zeigt die ursprünglichen Ausmaße des geplanten Museums aus dem Wettbewerbsentwurf. Der aktuell ausliegende Bebauungsplan berücksichtigt u.a. einen vergrößerten Abstand zur St.-Matthäus Kirche (siehe rote Linie). Auf dieser Basis wird nun der Entwurf angepasst
Abb.: Herzog & de Meuron/Vogt Landschaftsarchitekten

Museum Barberini: Die Hasso Plattner Stiftung rekonstruierte das im Zweiten Weltkrieg zerstörte Palais Barberini als Museumsneubau, der traditionelles Handwerk und modernste Technik verbindet
Abb.: Helge Mundt (Foto), Museum Barberini (Copyright)

terte im Juni 2017 den aktuellen Stand beim Museumsneubau am Kulturforum: „Wir haben eine Reihe von Gesprächen geführt, die insbesondere die stadträumlichen Aspekte und die genauen Abmessungen des künftigen Gebäudes betreffen. Die Gespräche mit den Vertretern der St. Matthäus-Kirche in den letzten Monaten haben zu guten Ergebnissen geführt. Die Abmessungen des Gebäudes werden gegenüber dem Wettbewerbsentwurf etwas verkleinert, wodurch auch die Außenräume am Kulturforum noch einmal klarer definiert werden. Der oberirdische Abstand zur Kirche ist nun mit 14 m deutlich größer als vorher. Die Traufhöhe des Neubaus wird die der Kirche nicht übersteigen. Auf die Gesamtgröße der Ausstellungsflächen hat dies jedoch keine Auswirkungen. Damit sind wir einen deutlichen Schritt weiter. Mit dem Gebäude wird die Nationalgalerie endlich ihre hochkarätigen Werke des 20. Jh. angemessen präsentieren können und ich bin mir sicher, dass damit auch das Kulturforum insgesamt als öffentlicher Ort eine neue Qualität erhält."

Die Nationalgalerie wird am Kulturforum also künftig mit zwei Gebäuden vertreten sein. Die nach Entwürfen von Ludwig Mies van der Rohe erbaute Neue Nationalgalerie wird seit 2015 saniert. In Zukunft werden die sanierte Neue Nationalgalerie – der „Mies-Bau" – und der Neubau für die „Neue Nationalgalerie – Museum des 20. Jahrhunderts" eine fest umschriebene Einheit darstellen.

MUSEUM BARBERINI IM PALAIS BARBERINI

In den vergangenen Jahren wurde im Herzen Potsdams ein Stück Kulturgeschichte wieder errichtet: Am 23. Januar 2017 eröffnet Potsdams neues Kunstmuseum, das Museum Barberini am Alten Markt, dem historischen Zentrum der Stadt. Das Haus zeigt Ausstellungen in internationalen Kooperationen, die einzelne Themen, Künstler oder Epochen vorstellen. Ausgangspunkt für die Präsentationen von den Alten Meistern bis ins 21. Jh. ist die Sammlung des SAP-Mitbegründers Prof. Dr. h.c. mult. Hasso Plattners. Sammlungsbereiche sind der Impressionismus, die Amerikanische Moderne, Kunst der DDR-Zeit und Malerei nach 1989.

Die Gründung des Museums Barberini ist eine Initiative von Prof. Hasso Plattner, der in den vergangenen 20 Jahren eine Sammlung aus DDR-Kunst und Malerei nach 1989 sowie Meisterwerken der Kunstgeschichte aufgebaut hat. Impressionistische Werke von Claude Monet und Pierre-Auguste Renoir sind darin ebenso vertreten wie Klassiker der Moderne und amerikanische Abstrakte, u.a. Gemälde von Max Liebermann, Edward Munch, Joan Mitchel und Gerhard Richter. Die Sammlung spiegelt Hasso Plattners Interesse an Landschaft und Abstraktion und die Fähigkeit eines Kunstwerks, den Betrachter mit all seinen Sinnen anzusprechen, wider. Mit dem Museum Barberini möchte der Stifter und Mäzen seine Kunstsammlung öffentlich zeigen, sie für Ausstellungen zur Verfügung stellen und ein Ausstellungsprogramm in internationalen Kooperationen fördern.

Die Hasso Plattner Stiftung ist Trägerin der gemeinnützigen Museum Barberini GmbH. Die Stiftung rekonstruierte das im Zweiten Weltkrieg zerstörte Palais als Museumsneubau, der traditionelles Handwerk und modernste Technik verbindet. In 17 Sälen zeigt das Museum Barberini unter der Leitung von Direktorin Dr. Ortrud Westheider Ausstellungen in internationalen Kooperationen und dynamisch wechselnde Sammlungspräsentationen. Der Bau bietet darüber hinaus einen Shop, ein Café & Restaurant mit Außenplätzen sowie ein Auditorium für Lesungen, Konzerte und Vorträge.

Museum Barberini: Blick über den Alten Markt auf das Museum
Abb.: Helge Mundt (Foto), Museum Barberini (Copyright)

HUMBOLDTFORUM IM BERLINER SCHLOSS

Mit überwältigender Mehrheit hat der Deutsche Bundestag 2007 beschlossen, dass das Berliner Schloss mit drei historischen Fassaden und dem Schlüterhof wieder entstehen soll. Unter dieser Vorgabe gewann der italienische Architekt Prof. Franco Stella in einem internationalen Wettbewerb 2008 den 1. Preis.

Der Architekt folgt der Vorgabe des Bundestagsbeschlusses von 2007, nach dem lediglich drei der vier Außenfassaden samt Kuppel sowie die drei barocken Fassaden des Schlüterhofes rekonstruiert werden sollten. Keine Vorgaben gab es für das historische Quergebäude zwischen Schlüter- und Eosanderhof und den Renaissanceflügel im Osten. Dort entsteht das Belvedere als eigenständiger und bewusst modern gestalteter Gebäudekörper. Hier spricht der Architekt – unter Beibehaltung der architektonischen Grammatik von Fensterachsen, Geschosshöhen und Fassadengliederung des Barock – in einer modernen Formensprache.

Das Gebot der Nachhaltigkeit und der Energieeinsparung gilt auch für das Berliner Schloss – Humboldtforum. So werden in der technischen Gebäudeausrüstung die derzeit gültigen Werte der Energieeinsparverordnung (EnEV) um 30 Prozent unterschritten. Außerdem wird eine Geothermieanlage realisiert,

Berliner Schloss – Humboldtforum: Ansicht von der Nord-West-Seite. Das Schloss wird im Inneren ein modernes Gebäude, seine historischen Fassaden stellen aber den bildlichen Eindruck der historischen Stadt wieder her
Abb.: Stiftung Berliner Schloss – Humboldtforum/Franco Stella

die den Verbrauch fossiler Energieträger und damit den CO_2-Ausstoß durch die Nutzung der Erdwärme reduziert.

Nach den Beschlüssen des Deutschen Bundestages soll das Berliner Schloss auf zweierlei Weise finanziert werden: Den Kernbau für das Humboldt-Forum baut der Staat; die historischen Schlossfassaden werden über Spenden finanziert. Anfang 2018 könnte der Bau fertiggestellt sein. Mitte 2019 soll das Humboldtforum im Berliner Schloss eröffnet werden. Das Berliner Schloss von Andreas Schlüter war zu Beginn des 18. Jh. der wichtigste profane Barockbau nördlich der Alpen. Mit dem Berliner Schloss als Humboldt Forum erhalten jetzt alle umliegenden historischen Gebäude wieder ihre städtebauliche Orientierung: der Berliner Dom und das Alte Museum am Lustgarten ebenso wie die Allee Unter den Linden.

Eine große fraktionsübergreifende Mehrheit im Deutschen Bundestag war schon 2002 der Empfehlung der internationalen Expertenkommission „Historische Mitte Berlin" für ein Museums-, Wissens- und Begegnungszentrum in der Kubatur und mit den barocken Fassaden des Berliner Schlosses gefolgt. In der historischen Mitte Berlins entsteht nun mit dem Berliner Schloss – Humboldtforum ein einzigartiges Zentrum für Kunst, Kultur, Wissenschaft und Bildung mit internationaler

Berliner Schloss – Humboldtforum: Blick in das Foyer
Abb.: Stiftung Berliner Schloss – Humboldtforum/Franco Stella

Berliner Schloss – Humboldtforum: Ostfassade. Zur Spree zeigt sich das Gebäude als Neubau
Abb.: Stiftung Berliner Schloss – Humboldtforum/Franco Stella

Ausstrahlung. Es widmet sich dem Dialog zwischen den Kulturen der Welt und richtet den Blick aus ganz unterschiedlichen Perspektiven auf historische wie aktuelle globale Themen.

Das wieder errichtete Berliner Schloss wird mit dem Ethnologischen Museum, dem Museum für Asiatische Kunst, der Zentral- und Landesbibliothek Berlin, der Humboldt-Universität zu Berlin und dem großen Veranstaltungsbereich im Erdgeschoss auf insgesamt 41.000 m² Nutzfläche zu einem Treffpunkt von Menschen aus aller Welt werden. Auch die wechselhafte Geschichte des Schlossplatzes wird im Humboldtforum erlebbar gemacht: Die Stiftung Berliner Schloss – Humboldtforum richtet im Erd- und Kellergeschoss eine kostenlose Dauerausstellung zur Geschichte des Ortes ein. Getreu seiner Namensgeber, der Gebrüder Wilhelm und Alexander von Humboldt, soll das Humboldtforum für ein respektvolles und gleichberechtigtes Zusammenleben der Kulturen und Nationen stehen.

ERWEITERUNGSBAU BUNDES-MINISTERIUM DES INNERN (BMI)

Vor fast zweieinhalb Jahren haben die MitarbeiterInnen des Bundesministeriums des Innern (BMI) ihren ersten Arbeitstag im Neubau Moabiter-Werder gehabt. Der BMI-Neubau hat rund 1.120 Büros (Einzel-/Doppel- und Mehrfachbelegungen) für die etwa 1.360 Mitarbeiterinnen und Mitarbeiter in Berlin. Die Baumaßnahme war notwendig geworden, da insbesondere seit den Anschlägen des 11. September 2001 die damalige kostenintensive Unterbringung des Ministeriums in drei Liegenschaften nicht mehr den erhöhten Sicherheitsanforderungen des BMI genügt hatte.

Im Zusammenhang mit dem Genehmigungsverfahren für den Neubau zur wirtschaftlichen und zentralen Unterbringung waren dem BMI seinerzeit keine Raumreserven für künftige Aufgabenentwicklungen und damit einhergehenden Personalaufwuchs zugestanden worden. Aufgrund der Flüchtlingssituation ist der Mitarbeiterbedarf im Öffentlichen Dienst aber inzwischen erheblich gestiegen. Als zuständiges Ministerium für Migration macht sich dies auch im BMI bemerkbar. Ein Anbau ist in Planung. Im Wettbewerb für den ursprünglichen Neubau war eine künftige Erweiterung Teil der Ausschreibung gewesen. Der Erweiterungsbau bietet eine zusätzliche nutzbare Fläche von 6.000 m². Festgesetzt wurden im Bebauungsplan für diesen Bauteil die Geschossflächenzahl (GFZ) mit einem Wert von 2,1 und die Grundflächenzahl mit einem Wert von 0,5. Dies bietet die Möglichkeit, bis zu 350 Arbeitsplätze einzurichten. Die Arbeiten am Erweiterungsbau sollen 2020 beginnen und bis 2023 abgeschlossen sein.

Das Erweiterungs-Gebäude wird nach einem Entwurf der Thomas Müller Ivan Reimann Gesellschaft von Architekten mbH aus Berlin – die auch für den ersten BMI-Neubau verantwortlich zeichneten – auf dem bestehenden Grundstück zwischen Hauptbahnhof und Kanzleramt errichtet. Durch die Architekten mussten neben den städtebaulichen Belangen insbesondere die Anforderungen, die aus

Erweiterungsbau Bundesministerium des Innern (BMI): Die Arbeiten sollen 2020 beginnen und bis 2023 abgeschlossen sein
Abb.: Thomas Müller Ivan Reimann Gesellschaft von Architekten; Quelle Bundesministerium des Innern

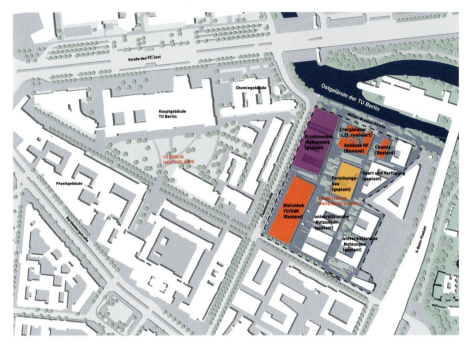

Neuer baulicher Aufbruch auf dem TU-Zentralcampus in der City West
Abb.: TU Berlin

der Grundstückssituation, der Architektur des Bestandsgebäudes, der geplanten Nutzung und aus den Sicherheitsanforderungen des BMI resultieren, erfüllt werden. In Anlehnung an die Architektur des Bestandsgebäudes ist die Errichtung des Zufahrts-/Zugangs- und Kontrollbereichs als eingeschossiger, statisch autarker Gebäudeteil vorgesehen, an das sich östlich hiervon ein 13-geschossiges Hochhaus anschließt. Die Materialien orientieren sich am Bestandsgebäude, u.a. ist die Fassade als hinterlüftete Natursteinbekleidung aus hellem Jura-Kalkstein mit Dämmung vorgesehen.

BAULICHE AKTIVITÄTEN TU-ZENTRAL-CAMPUS

Rund 35 Mio. Euro stehen der TU Berlin für ihr neues Interdisziplinäres Zentrum für Modellierung und Simulation (IMoS) und einem dafür vorgesehenen Forschungsbau zur Verfügung. Der Wissenschaftsrat gab am 18. April 2016 seine Empfehlungen zur Förderung von Forschungsbauten (2017) bekannt. Finanziert wird das Gebäude je zur Hälfte vom Bundesministerium für Bildung und Forschung (BMBF) und dem Land Berlin. Das Zentrum wird in einem neuen Gebäude mitten in der City West beheimatet sein, das mehr als 5.200 m² Nutzfläche umfasst und zwischen Hertzallee und Fasanenstraße liegen wird. Der Wissenschaftsrat stufte das TU-Projekt mit dem Prädikat „herausragend" ein. Der Antrag lief über die Förderlinie nach Artikel 91 b des Grundgesetzes, bei dem Vorhaben inklusive Forschungsbauten mit überregionaler Bedeutung für Wissenschaft, Forschung und Lehre gefördert werden können.

Außerdem ist die Bewilligung ein wichtiger Schritt für die Weiterentwicklung des Ostgeländes mitten in der City West. Fast zeitgleich wird dort auch ein großer Neubau für die Mathematik errichtet werden. Insgesamt fließen 125 Mio. Euro in beide Bauprojekte, deren Fertigstellung bis Ende 2021 geplant ist.

Das bewilligte Projekt IMoS reiht sich ein in andere aktuelle Bauaktivitäten auf dem TU-Zentralcampus. Über zusätzliche Förderung des Landes Berlin und Landesbaumaßnahmen saniert die TU Berlin in den kommenden Jahren dort mehrere Gebäude. Dabei investiert sie in die Erweiterung der Flächen für Start-ups am Ernst-Reuter-Platz, in die Sanierung des Foyers im TU-Hauptgebäude und der Fassade des Erweiterungsbaus. Rund 3,5 Mio. Euro fließen außerdem von der Wüstenrot-Stiftung in die Sanierung des großen Umlauftanks, der „Rosa Röhre" an der Müller-Breslau-Straße. Im Juni 2016 ist der Spatenstich für die Umgestaltung der Hertzallee auf dem TU-Zentralcampus erfolgt. Der Bezirk Charlottenburg-Wilmersdorf investiert in das Projekt rund 1 Mio. Euro.

BAUMASSNAHMEN FORSCHUNGSCAMPUS BERLIN-BUCH

Der Campus Berlin-Buch im Berliner Norden ist ein moderner Wissenschafts-, Gesundheits- und Biotechnologiepark, der international hohes Ansehen genießt. Alleinstellungsmerkmale sind der klare inhaltliche Fokus auf Biomedizin und das enge räumliche und inhaltliche Zusammenwirken von Forschungsinstituten, klinischer Forschung und Biotechnologie-Unternehmen. Im Mittelpunkt stehen dabei die Erforschung molekularer Ursachen von Krebs-, Herzkreislauf- und neurodegenerativen Erkrankungen sowie die Systembiologie, eine interdisziplinär angelegte Grundlagenforschung zur Entwicklung neuer Medikamente, eine patientenorientierte klinische Forschung und die unternehmerische Umsetzung biomedizinischer Erkenntnisse. Investitionen von 439 Mio. Euro von Bund, Land und EU haben den traditionsreichen Campus

Neubauten Forschungscampus Berlin-Buch: Neubau für Forschungsflächen am Robert-Rössle-Institut (RRI-OLS). Ansicht des Entwurfs des 1. Preises
Abb.: kleyer.koblitz.letzel.freivogel.architekten Gesellschaft von Architekten mbH, Berlin

Berlin-Buch zu einem innovativen Standort mit attraktiver Infrastruktur und internationalem Flair gemacht.

In den nächsten Jahren wird der Wissenschafts- und Biotechnologiecampus in erheblichem Umfang baulich erweitert. Neue Institute, Labore, ein In-vivo-Pathophysiologielabor und Gebäude für Unternehmen werden entstehen, technologische Plattformen bedürfen der Erweiterung. Insbesondere die Infrastruktur des nördlichen Areals muss angepasst und erneuert werden.

Das bestehende Gebäude der ehemaligen Robert-Rössle-Klinik auf dem Forschungscampus Berlin-Buch beherbergt bereits Forscherinnen und Forscher vom Max-Delbrück-Centrum für Molekulare Medizin (MDC) und der Charité. Dort arbeiten sie zusammen mit verschiedenen Hochschulambulanzen und klinischen Forschungseinrichtungen an der Translation von Wissen zwischen Grundlagenforschung und klinischer Praxis, vor allem im gemeinsamen Experimental and Clinical Research Center (ECRC).

MDC und Charité hatten im Herbst 2015 ein Wettbewerbsverfahren für einen Neubau ausgelobt, der einen Teil der alten Klinik am Lindenberger Weg ersetzen soll. Das Architekturbüro Kleyer.Koblitz.Letzel.Freivogel aus Berlin ist im April 2016 zum Gewinner gekürt worden. „Das neue Gebäude stellt eine bauliche Verbindung zwischen Forschern, Ärzten, Patienten und Probanden dar. So wird ein neuer und kommunikativer Raum geschaffen – der enge Kontakt und Austausch ist ganz zentral für die translationale Forschung", sagte Prof. Thomas Sommer, der als kommissarischer wissenschaftlicher Vorstand des MDC an der Auswahl beteiligt war. Prof. Karl Max Einhäupl, Vorstandsvorsitzender der Charité: „Wir sehen in dem Vorhaben einen Gewinn für die translationale Forschung und rechnen damit, dass auch Patienten von unseren gemeinsamen Anstrengungen profitieren werden." Das Gebäude entsteht in unmittelbarer Nähe zum MDC, das patientenorientierte Grundlagenforschung betreibt und die Bauabwicklung übernimmt. Der Bezug ist für das Frühjahr 2019 geplant.

Gleichzeitig bekommt das Berliner Institut für Gesundheitsforschung (BIH), in dem das MDC und die Charité ihre gemeinsamen translationalen Aktivitäten betreiben, einen neuen Standort: „Ab 2017 entsteht am Campus Buch ein essenzieller BIH-Standort, der Laborflächen in einem Gebäude vereint. Das ist für die erfolgreiche interdisziplinäre Forschung des BIH ganz entscheidend", sagte Prof. Erwin Böttinger, Vorstandsvorsitzender des BIH. Das BIH finanziert das Vorhaben mit etwa 19,4 Mio. Euro aus Bundesmitteln (90 Prozent) und Landesmitteln (10 Prozent). Der Neubau ersetzt Gebäude der alten Robert-Rössle-Klinik, die in den 1970er Jahren errichtet wurden. Das Preisgericht lobte den maßvollen Umgang des Neuentwurfs mit den Bestandsgebäuden, sodass ein schlüssiges Gebäudeensemble mit großzügigem Innenhof und zahlreichen Begegnungsflächen entsteht.

EUROPACITY

Im direkten Anschluss an den Berliner Hauptbahnhof erstreckt sich das rund 40 ha große Projektgebiet der Europacity. Das südliche Tor zum neuen Stadtquartier bilden das Spreeufer am Washingtonplatz und der Berliner Hauptbahnhof. Im Norden wird die Europacity durch die Perleberger Brücke begrenzt, im Westen durch die Bahngleise und im Osten durch den Spandauer Schifffahrtskanal. Als zentrale Magistrale durchschneidet die Heidestraße das Quartier, die derzeit im Zuge der Quartiersentwicklung zu einem attraktiven Boulevard ausgebaut wird. Haupteigentümer der Flächen des Projektgebiets sind CA Immo (ca. 20 ha) sowie das Land Berlin (ca. 6 ha). Die Deutsche Bahn hatte ihren Anteil (ca. 10 ha)

Europacity: Das Solitärgebäude „cube berlin" entsteht seit Anfang 2017 auf dem Washingtonplatz, direkt am Berliner Hauptbahnhof und am Spreebogen, vis-à-vis zum Regierungsviertel. Die außergewöhnliche Architektur stammt von 3XN Kopenhagen

Abb.: Quelle CA Immo

Europacity: Mit der Europacity wächst derzeit der modernste und innovativste Büro- und Wohnstandort der Hauptstadt heran. Diesem Anspruch wird auch die Architektur des „MY.B" aus der Feder des internationalen Büros Henn Architekten gerecht. Baubeginn ist für Sommer 2017 vorgesehen   Abb.: Quelle CA Immo

zwischenzeitlich an einen Investor veräußert. CA Immo konnte für ihren Grundstücksteil weitere Investoren gewinnen, die Hochbauprojekte – meist als Eigennutzer – im Quartier realisieren.

Derzeit realisiert CA Immo gleich mehrere neue Projekte in der Europacity: Anfang 2017 erfolgte am Washingtonplatz der Baustart für den cube berlin, ein innovatives und smartes Gebäude der neuen Arbeitswelt. Das Gebäude konnte bereits an TH Real Estate, einen großen institutionellen Fondsmanager, veräußert werden. Die Wirtschaftsprüfungsgesellschaft KPMG wird als Exklusivmieter ein Bürogebäude an der Heidestraße beziehen. Ein weiteres, im Bau befindliches Gebäude ist bereits zu 70 Prozent an die ABDA-Bundesvereinigung der deutschen Apothekerverbände vermietet.

EUROPACITY: QUARTIER HEIDESTRASSE

Im Herzen der pulsierenden Hauptstadt entsteht das neue „Quartier Heidestraße". Mit dem Parlamentsbeschluss vom 8. September 2016 hat das Berliner Abgeordnetenhaus den Bebauungsplan 1-62a verabschiedet. In der Mitte Berlins, an der Schnittstelle zwischen Ost und West, wächst das Quartier Heidestraße auf 85.000 m². Es wird als Teil der nördlich des Hauptbahnhofs entstehenden Europacity entwickelt, des derzeit größten innerstädtischen Entwicklungsareals, mit dessen Realisierung Stadtgeschichte geschrieben wird. Dort ist die einzigartige städtebauliche Chance entstanden, auf Grundlage eines differenzierten Masterplans eine Fläche von der Größe eines ganzen Stadtteils zu entwickeln, zu drei Seiten von Wasser umgeben: vom Humboldthafen im Süden, dem Spandauer Schifffahrtskanal im Westen und dem Nordhafen im Norden des Areals. Und das alles unweit des Berliner Hauptbahnhofs – inklusive Anbindung an den öffentlichen Nahverkehr und das Straßennetz. Eine derart zentrale Lage und gute Erreichbarkeit können großflächige Entwicklungen in der Hauptstadt heute sonst nicht mehr bieten. Schon der Prozess der Entstehung dieses neuen Stadtteils wird in der Öffentlichkeit mit Spannung verfolgt.

Das Quartier Heidestraße wird für einen privaten Eigentümer entwickelt, in dessen Besitz es nach Fertigstellung verbleiben wird. Die Quartier Heidestraße GmbH ist eine Tochter der TAURECON Real Estate Consulting GmbH. Das Unternehmen wurde 2013 von Thomas Bergander gegründet. Im Mittelpunkt aller Aktivitäten stehen Due Diligence und Projektentwicklung. Im Segment Projektentwicklung koordiniert TAURECON den gesamten Planungsprozess von der Konzeption bis zur Realisierung und der Organisation der Vermarktung.

Die Stadt in der Stadt hat ein unschlagbar anziehendes Umfeld: Das gewachsene Berlin, mit dem es problemlos verschmelzen wird. Über eine neue Brücke lässt sich zum Beispiel der westlich der Heidestraße gelegene Moabiter Wohn- und Kreativkiez mit seinem stetig wachsenden Angebot an Geschäften, Restaurants und Galerien fußläufig erreichen. Im Osten der Europacity entsteht eine neue Schule, die von Kindern des Quartiers Heidestraße und des bestehenden Wohngebiets besucht wird, sodass man schnell zueinander findet. Auf dem ausgebauten Radweg, der am Spandauer Schifffahrtskanal beginnt, können Radfahrer über den Norden Berlins bis nach Spandau gelangen.

Private und öffentliche Räume, Gewerbe, Wohnungen und Büros, eine Kita und ein Hotel, Spielplätze für jedes Alter, Freizeit und Sport bilden zusammen das Quartier. Rund 860 Wohnungen entstehen dort zur Miete, wobei 25 Prozent der Wohnungen mietpreisgebunden sind, um einen lebendigen Stadtteil mit sozialer Mischung zu schaffen. Allen Teilen der Gesellschaft wird das Quartier offenstehen. Die Wohnungen werden Größen von einenhalb bis vier Zimmern haben, darüber hinaus entstehen am Quartiersplatz auch Penthouses. Sowohl Singles als auch Familien mit Kindern finden dort, was am besten zu ihnen passt. Orte für Kunst und Kultur bringen Anregung und Inspiration. Am nahen Ufer des Spandauer Schifffahrtskanals und auf dem großen Stadtplatz werden sich die Anwohner sonnen, Boule oder Federball spielen. Spaß und Entspannung findet man allerorten in wenigen Schritten Entfernung.

Der markante Gebäuderiegel, der das Quartier zur Bahnstrecke hin abschließt, bietet für unterschiedliche Gewerbenutzer maßgeschneiderte Flächen – vom Freelancer oder Start-up, das Co-Working-Spaces benötigt, bis zur Unternehmenszentrale mit Bedarf für eine eigene prägnante Adressbildung. Die flexible aber gleichzeitig differenzierte Gebäudetypologie der durch die Gründerzeit inspirierten Warehouses bildet Einheiten mit Loftcharakter, die individuell gestaltet werden können. In den Büro-Lobbys wird es kreativ gestaltete Bereiche für Ruhe und Entspannung geben. Besprechungsräume inklusive Beamer, Screens, Catering etc. können angemietet werden. Terrassen auf den Dächern bereichern die Flächen mit zusätzlichen Angeboten für Kommunikation oder Erholungspausen für ein inspiriertes Arbeiten. Ein ausgewogener Mix also aus Arbeit und Leben, ruhigen Rückzugsorten und urbaner Quirligkeit. Ein Konzept, in dem an alles gedacht ist. Durch Property Management und Hausmeister-Services vor Ort gibt es auf kurzen Wegen Hilfe, wenn sie benötigt wird.

Das Herz des Quartiers: Ein direkt an der Heidestraße gelegenes Nahversorgungszentrum, davor ein dreieckiger Stadtplatz mit angrenzenden Wohnungsbauten, deren Erdgeschosse Raum für Gastronomie und Einzelhandelsflächen bieten. Im Westen ist das Gebiet durch den langgestreckten Gewerberiegel begrenzt. Nördlich und südlich des zentralen Ensembles schließen sich weitere Areale an, in denen Wohnen, Arbeiten und Leben zusammenkommen. Um sicherzustellen, dass im gesamten Quartier effiziente und hochwertige Flächen entstehen, sind mehrere Architekturwettbewerbe ausgeschrieben worden.

Drei Wettbewerbe sind bereits entschieden und renommierte Architekten mit der Umsetzung beauftragt worden. Alle drei Entwürfe interpretieren in ihrer Form die industrielle Vergangenheit des Ortes und finden zugleich einen zeitgenössischen Zugang zum Thema Stadt. Das als Nahversorgungszentrum entwickelte Gebäude in der Mitte des Quartiers etwa, eine Planung der mehrfach ausgezeichneten jungen Berliner Architekten ROBERTNEUN, setzt mit seiner roten Klinkerfassade einen starken Akzent. Inspiriert durch die Backsteinarchitektur der gründerzeitlichen Berliner Gewerbehöfe bezieht es sich den-

Europacity/Quartier Heidestraße: Im Architekturwettbewerb für das Sondergebiet des Quartier Heidestraße ist der Entwurf des Berliner Architekturbüros ROBERTNEUN Architekten zur Realisierung bestimmt worden. Die Auslobung galt für das Herzstück des Quartiers, in dem als erstes Teilprojekt auf einer Grundfläche von 9.490 m² großflächiger Einzelhandel, Wohnen und Gewerbe realisiert werden
Abb.: ROBERTNEUN Architekten

noch auf die Umgebung und den Charakter des ganzen Viertels. Allein die künftige Architektur des Quartiers findet schon jetzt großes Interesse und wird Besucher begeistern.

Der Boulevard Heidestraße sowie eine Reihe von verkehrsberuhigten Flächen und Plätzen mit Grünflächen, Belägen und Brunnen verbinden die unterschiedlichen Gebiete des neuen Quartiers. Diese öffentlichen Bereiche werden sowohl ein lebhaftes Miteinander als auch entspannte Erholung ermöglichen. Angrenzende Cafés und Restaurants bieten mit neuen Konzepten eine große gastronomische Vielfalt für Bewohner, Berufstätige und Besucher.

Das Quartier Heidestraße wird jedoch nicht nur Stil, sondern auch Köpfchen haben: Eine intelligente Vernetzung von Daten durch smarte Gebäudetechnik, durch überall verfügbare innovative mobile Dienste und App-Angebote wird sich nicht nur auf den Arbeits- und Wohnkomfort, auf Infrastruktur, Parken und Transport auswirken. Auch eine gute, vernetzte Nachbarschaft gelingt leichter, wenn Informationen gebündelt und jedem auf kurzem Weg zur Verfügung gestellt werden können.

Europacity/Quartier Heidestraße: Im Architekturwettbewerb für das Mischgebiet MI 4.1 des Quartiers Heidestraße ist der Entwurf des Berliner Büros CKRS-Architekten zur Realisierung empfohlen worden. Ab 2018 wird der Gebäudekomplex errichtet, in dem 215 mietpreisgebundene Wohnungen gemäß dem Berliner Modell der kooperativen Baulandentwicklung entstehen. Neben den Wohnungen werden Gewerbe, ein Hotel und eine Kita mit ca. 1.000 m² BGF für ca. 83 Plätze geschaffen   Abb.: CKRS-Architekten

Wo Gesellschaft entsteht, muss Gesellschaft auch geschützt werden. Nur in einer intakten Umwelt lässt sich städtisches Leben genießen. Was hier entsteht, soll sich so gut wie möglich in den Kreislauf der Natur einfügen.

EUROPACITY: BAUFELDER 10, 11, 12

Anfang April 2017 hatte die Richard Ditting GmbH & Co. KG zum Richtfest für 204 Wohnungen in der Europacity, zwischen Heidestraße und dem Berlin-Spandauer-Schifffahrtskanal (gegenüber der Heidestraße 45), eingeladen. Das Grundstück wurde durch Richard Ditting GmbH & Co. KG gekauft und wird für den Fonds der Quantum Kapitalanlagegesellschaft mbH gebaut. Der Neubau auf dem Baufeld 10 – Budapester Höfe auf einem Grundstück von 19.962 m² umfasst zwei Baukörper, die sich zu einem Rechteck ergänzen und großzügige Gemeinschaftsflächen im Innenhof ermöglichen. Gastronomische Angebote, Einzelhandel, sechs Gewerbeflächen und Büros sowie eine Kita sorgen zukünftig für Lebendigkeit und eine gute Durchmischung im Quartier. Der Betreiber der Kita mit einer Größe von 546 m² wird INA.KINDER.GARTEN sein. 42 Wohnungen werden als mietpreisgedämpfter Wohnraum errichtet.

Die Baumaßnahmen auf den angrenzenden

Europacity/Quartier Heidestraße: Im Architekturwettbewerb für das Gewerbegebiet des Quartier Heidestraße ist der Entwurf des Architekturbüros EM2N Architekten, Zürich, zur Realisierung empfohlen worden. Die Auslobung galt für den Gewerberiegel im Westen des Areals, das von den Gleisen der Bahntrasse begrenzt wird. 2018 wird mit dem Bau begonnen   Abb.: EM2N Architekten

Baufeldern 11 und 12 mit 302 Wohnungen und sechs Gewerbeeinheiten haben im Oktober 2016 begonnen und werden Anfang 2019 fertiggestellt sein. Auch hier baut Richard Ditting GmbH & Co. KG für den Fonds der Quantum Kapitalanlagegesellschaft mbH. Den zukünftigen Mietern werden Wohnungen mit Größen von zwei bis vier Zimmern und 48 bis 110 m² angeboten. Fast alle Wohnungen sind entweder mit einem Balkon, einer Loggia oder Terrasse ausgestattet. Zur modernen Ausstattung gehören Markenbäder, Parkettböden sowie größtenteils bodentiefe Fenster für viel Tageslicht. Circa 20 Prozent der Wohnungen können barrierefrei ausgebildet werden. Zu allen sieben Geschossen gelangen die späteren Bewohner mit einem Fahrstuhl. Pkw- und Fahrradstellplätze sind in der Tiefgarage vorgesehen. Der schön begrünte und geschützte Innenhof mit einem Spielplatz und weiteren Gemeinschaftsflächen lädt zum Verweilen, Grillen, Spielen oder Spazieren ein und ermöglicht ein geselliges Zusammenleben aller Mieter oder Eigentümer. Die Wohnungen mit KfW-70-Standard werden bis zum 2. Quartal 2019 fertiggestellt. Die Entwurfsplanung stammt von zanderrotharchitekten gmbh, ZOOMARCHITEKTEN GmbH sowie André Poitiers Architekt Stadtplaner RIBA. Das ausführende Büro sind Schenk & Waiblinger Architekten.

EUROPACITY: GEBÄUDEENSEMBLE AM BERLINER HAUPTBAHNHOF

Direkt neben dem Berliner Hauptbahnhof entsteht bis Ende 2019 ein Gebäudeensemble für Hotel- und Office-Nutzung. Das Hotelgebäude, das bereits an die spanische Hotelkette Barceló verpachtet wurde, entsteht auf dem östlichen Teil des Baufelds und wird von HG IMMOBILIEN realisiert. Bauherr für das Bürogebäude auf dem westlichen Teil des Grundstückes ist OVG Real Estate. Zwischen den Gebäuden, die sich eine gemeinsame Tiefgarage teilen, entsteht zudem eine öffentliche Passage.

Während bereits 2015 und 2016 erste Bauvorbereitungen auf dem Grundstück durchgeführt worden waren, ist im Juli 2017 der Baustart erfolgt für die Tiefgarage und die Gebäude auf dem an der Invalidenstraße zwischen Tiergartentunnel, Clara-Jaschke- und Emma-Herwegh-Straße direkt am Berliner Hauptbahnhof gelegenen, 5.157 m² großen Grundstück.

Das neungeschossige Multi-Tenant-Bürogebäude Grand Central Berlin mit rund 22.600 m² Bruttogeschossfläche wird von der OVG Real Estate errichtet.

Im Hotelgebäude von HG IMMOBILIEN entsteht der zweite Betrieb des international bekannten spanischen Unternehmens Barceló in Deutschland und der erste in der Hauptstadt, der über 283 Doppelzimmer und Suiten mit überdurchschnittlichen Raumhöhen von bis zu 3 m verfügen wird. Im Staffelgeschoss in der 9. Etage entstehen 30 m über dem Boden der Invalidenstraße großzügige Suiten mit Blick über die Mitte Berlins. Im Erdgeschoss sowie im ersten Obergeschoss sind ein öffentlich zugängliches Konferenzzentrum sowie ein offener Gastronomie- und Barbereich integriert worden.

Entworfen wurde das Gebäudeensemble von Bolwin Wulf Architekten in moderner urbaner Gestaltung mit umlaufender gläserner Bandfassade. Für die Innengestaltung und die Kubatur des Hotelgebäudes ist das renommierte Architekturbüro Aukett + Heese verantwortlich.

Für HG IMMOBILIEN betonte Projektentwickler Valentin Helou anlässlich des Baustarts noch einmal die besonderen Vorteile der Lage: „Das Grundstück liegt gleich an mehreren Verkehrsachsen, wobei die Invalidenstraße die Ost-West-Verbindung markiert, der Tiergartentunnel die Nord-Süd-Verbindung und der direkt benachbarte Hauptbahnhof den wichtigsten Kreuzungspunkt für

Europacity/Gebäudeensemble am Berliner Hauptbahnhof: Direkt neben dem Berliner Hauptbahnhof entsteht bis Ende 2019 ein Gebäudeensemble für Hotel- und Office-Nutzung Abb.: OVG Real Estate

den Schienenverkehr in Berlin. Zugleich sind es von hier aus nur wenige hundert Meter bis in das Regierungsviertel oder die Europacity, die sich zunehmend zu einem wichtigen Geschäftszentrum für international bekannte Unternehmen wie TOTAL und KPMG entwickelt. Das macht die Lage optimal für das erste Barceló-Hotel in Berlin. Und mit dem offenen Bar- und Gastrobereich im Erdgeschoss des Hotels sorgen wir für einen zusätzlichen kulinarischen Anlaufpunkt in der Europacity." Helou hatte die Baufelder MK I und II bereits 2011 erworben und den Grundstücksteil MK I nach umfangreichen städtebaulichen Vorplanungen an die OVG Real Estate veräußert. Beide Partner entwickelten das Grundstück seitdem bis zum jetzigen Baustart fort.

Für die OVG Real Estate, die mit „The Edge" in Amsterdam bereits das weltweit nachhaltigste Gebäude nach BREEAM-Standard realisierte, erklärte Geschäftsführer Martin Rodeck: „Mit seinen flexiblen Grundrissen sowie großen Konferenzflächen ermöglicht Grand Central ein gesundes und modernes Arbeiten auch für kleinere Unternehmen. Zugleich legen wir viel Wert auf ökologische Bauweise. Das Platin-Vor-Zertifikat der DGNB wurde bereits erteilt."

AXEL-SPRINGER-NEUBAU

Am 6. Oktober 2016 war der offizielle Baustart des Axel-Springer-Neubaus in Berlin – genau 50 Jahre nach Eröffnung des goldenen Verlagshochhauses. Seitdem entsteht auf dem 10.000 m² großen Areal zwischen Schützen-, Zimmer- und Jerusalemer Straße ein neues Verlagsgebäude der Axel Springer SE für bis zu 3.500 Mitarbeiter. Der Neubau wird auf dem „Lindenpark-Gelände" im Herzen des früheren Zeitungsviertels und entlang der ehemaligen Berliner Mauer realisiert. Der damalige Grenzverlauf zieht sich quer durch das Gebäude.

Mit dem Neubau rückt die Axel-Springer-Familie in Berlin zusammen. Das ermöglicht eine engere Vernetzung und einen besseren Wissensaustausch. Die außergewöhnliche Architektur steht nicht nur für die Zukunft des Arbeitens, sie ist auch Symbol für die digitale Transformation von Axel Springer.

Der Entwurf für das moderne Bürogebäude stammt vom renommierten niederländischen Architekten Rem Koolhaas (Office for Metropolitan Architecture), der sich in einem vorausgegangenen Planungswettbewerb gegen 17 Architekturbüros durchsetzte.

Der lichtdurchflutete Bau in Kubusform wird in unmittelbarer Nähe zu den beiden Hochhäusern und zur Axel-Springer-Passage errichtet. Das Gebäudeinnere werden miteinander verbundene Terrassen und ein 30 m hohes Atrium prägen. Getönte Glasflächen und Bauelemente in 3D-Optik werden die Fassade bilden. Die außergewöhnliche Architektur steht für die Zukunft des Arbeitens in einem digitalen Verlag. Moderne Arbeitsplätze sol-

Axel-Springer-Neubau: In unmittelbarer Nachbarschaft zu bestehenden Hochhäusern und zur Axel-Springer-Passage in Berlin entsteht der Axel-Springer-Neubau. Nach Fertigstellung werden getönte Glasflächen und Elemente in 3D-Optik die Fassade des lichtdurchfluteten Bürogebäudes prägen
Abb.: Office for Metropolitan Architecture (OMA)

len die Zusammenarbeit und den Austausch der Mitarbeiter fördern.

Seit dem Abschluss der Tiefbauarbeiten im

ABC Tower: Er wird nicht nur das zweithöchste Gebäude Berlins, sondern auch das höchste Wohngebäude der Stadt. Direkt nördlich des Alexa-Einkaufszentrums wird in Kürze mit den Bauarbeiten begonnen
Abb.: Finest Images/O&O

März 2017 wächst der Axel-Springer-Neubau nun Etage um Etage in die Höhe. Geplante Fertigstellung des Neubaus ist im Dezember 2019.

ABC TOWER/ALEXANDER BERLIN'S CAPITAL TOWER

Ausgangspunkt für die Konzeption des ABC Tower ist die Auseinandersetzung mit der Architektur und der Baugeschichte des Alexanderplatzes. Im 20. Jh. wurde der Alexanderplatz in einem Zeitraum von 60 Jahren dreimal einer radikalen Neuplanung unterworfen: 1929 von der Weimarer Republik, 1964 von der Deutschen Demokratischen Republik und 1993 vom wiedervereinigten Deutschland.

Die einzigen beiden Vorkriegsbauten, das Alexander- und das Berolinahaus, prägen den Platz heute im Besonderen. Im Stil des deutschen Rationalismus entworfen, vermitteln sie den Eindruck einer frühen großstädtischen Moderne und bilden den Ausgangspunkt für die Konzeption des ABC Tower. Ein weiterer Bezug ist der russische Konstruktivismus, welcher zugleich eine Referenz an den Alexanderplatz selbst darstellt. Der Platz erhielt seinen Namen anlässlich eines Besuchs von Zar Alexander I. im Jahr 1805.

Die Idee der Begegnung dieser beiden avantgardistischen Bewegungen, die bestehende Bautraditionen revolutioniert und die Klassische Moderne begründet haben, ist die konzeptionelle Grundlage für den Entwurf.

Vier unterschiedlich große, aufeinandergeschichtete Volumen fügen sich zu einem räumlichen Ganzen zusammen. Die Kontur des Turms – entworfen und gestaltet für die MonArch Gruppe durch das Architektenbüro Ortner & Ortner Baukunst – ist an allen vier Kanten durch Vor- und Rücksprünge geprägt. Dadurch sind die einzelnen Module deutlich

PROJEKTDATEN ABC TOWER

Höhen:

Gebäudehöhe Turm	150 m
Geschosse, oberirdisch	39
Geschosshöhe im Turm	3,40 m
Sockel Gebäudehöhe	30 m
Geschosshöhe im Sockel	6 m
4. Untergeschosse	-15,20 m

Flächen:

BGF Gesamt oberirdisch/unterirdisch	54.625 m²

Nutzung:

EG – 2. OG	Retail
3. – 5. OG Wohnen	Gemeinschaftsfläche
6. – 24. OG	Gemeinschaftsfläche Mikroapartments
25. OG	Technik/Gemeinschaftsfläche Wohnen
26. – 38. OG	Wohnen

ABC Tower: Mit der Fertigstellung wird sich der ABC Tower mit seinen 150 m und 39 Stockwerken in der Silhouette Berlins etabliert haben und die Aufmerksamkeit auf sich ziehen Abb.: Finest Images/O&O

voneinander abgegrenzt. Es entsteht ein Wechselspiel aus gefülltem und leerem Volumen, das dem Baukörper eine dynamische Belebung verleiht. Das Prinzip der horizontalen Schichtung ist ein wesentliches Merkmal des Baukörpers.

Der ABC Tower ist das erste Gebäude, das im Rahmen der Neugestaltung des Alexanderplatzes realisiert wird. Es galt, einen Turm zu entwickeln, der sich als Solitär behauptet und gleichzeitig in ein übergeordnetes Gesamtkonzept einfügt.

Das Sockelgebäude übernimmt in seiner Höhe die Traufe des Berolinahauses und des Alexanderhauses von Peter Behrens. Bezugspunkt für die zweite Staffelung ist das „Haus des Lehrers", das stellvertretend für die klassischen Wohnungsbau-Hochhäuser der Stadt steht. Die Staffelung in der Höhe von 100 m ist aus dem Masterplan abgeleitet und verweist zudem auf die Höhenbegrenzung der bisher in Berlin realisierten Bürohochhäuser. Mit dem obersten Gebäudeelement, der Krone, wird die Skyline der Stadt um 50 m erweitert. In dem Turm werden die bisherigen Stadtschichten zusammengefügt und durch eine neue Schicht erweitert.

ABC Tower: Viel Interesse weckt das Projekt auch, weil es der Startschuss zur Umsetzung des vor über 20 Jahren von Hans Kollhoff verfassten Masterplans für die Neugestaltung des Alexanderplatzes sein könnte. Dieser sieht ein Ensemble aus mehren jeweils 150 m hohen Hochhäusern rund um den Alexanderplatz vor – allein gebaut wurde bisher keines Abb.: Finest Images/O&O

ABC Tower: Dieser elegante Wohnturm mit seiner stimmigen geometrischen Form wird einen neuen Standard an Lebensraum, mit seiner spektakulären Aussicht auf die Skyline von Berlin, setzen
Abb.: Finest Images/O&O

Die Fassadengestaltung ist reduziert und klar strukturiert. Über eine gerasterte Fassade mit durchlaufenden Linien werden die vier unterschiedlich großen Gebäudemodule miteinander verbunden und gleichzeitig das Prinzip der Rahmung und Schichtung verdeutlicht.

Die rechteckige Form des Rasters lässt sich als Referenz an die Fassadenstruktur der beiden Behrens-Bauten lesen, bei der jeweils zwei bis drei quadratische Fenster horizontal mit einer Rahmung zusammengefasst sind. Über das Aufnehmen von vorhandenen Proportionen, das Herstellen von Sichtbeziehungen zu benachbarten Gebäuden und eine differenzierte Höhenstaffelung wird der ABC Tower in seine städtebauliche Umgebung eingebunden und zugleich auch mit der Stadtstruktur Berlins vernetzt.

Die Errichtung des ABC Tower als Wohnhochhaus erweitert den hochfrequentierten, überwiegend zum Einkaufen und Umsteigen genutzten Alexanderplatz zum Wohnstandort. Indem Wohnen, Arbeiten und Freizeit an einem Ort zusammengeführt werden, wird das urbane Leben komprimiert und die Notwendigkeit zeitraubender Mobilität reduziert. Die städtebaulichen Strukturen werden so den neuen Anforderungen angepasst: Der Wohnraum wird in die Höhe verlagert und die Stadt in die Vertikale weiterentwickelt.

Die Entwurfs- und Genehmigungsplanung des ABC Tower ist abgeschlossen; mit der Fertigstellung wird für das Jahr 2020 gerechnet.

"Areal am Tacheles":
Quelle Abb.: pwr development/Herzog & de Meuron

AREAL AM TACHELES

Am 4. April 2016 hat eine neue Zeitrechnung für das „Areal am Tacheles" begonnen: Der Projektentwickler pwr development startete an diesem Tag mit dem Voraushub auf dem Gelände. Die Bagger entfernen zunächst Gebäudereste der 1909 eröffneten Friedrichstraßenpassage und bereiten das Gelände für den Aushub der Baugrube im November vor. pwr development will ab Mitte 2018 mit dem Hochbau und den Sanierungsarbeiten beginnen; im Laufe des Jahres 2020 sollen die letzten Gebäude bezugsfertig sein.

Dem für den Start der Erdarbeiten benötigten Bauvorbescheid war ein intensiver Dialog des Bauherren mit Stadt und Bezirk vorausgegangen, in den auch die für das städtebauliche Konzept des Areals verantwortlichen Schweizer Architekten Herzog & de Meuron eingebunden waren. In Gesprächen mit der zuständigen Verwaltung und dem Bezirksstadtrat, der Bezirksverordnetenversammlung (BVV) und den Fraktionen hat pwr development sich dazu bekannt, eine attraktive Mischung von unterschiedlichen Wohnungstypen zu realisieren und den Wohnanteil gegenüber den bisherigen Planungen auf 38 Prozent zu erhöhen, eine urbane Atmosphäre im neuen Quartier zu schaffen und in den Erdgeschossen weitgehend öffentlich zugängliche gewerbliche Nutzungen anzubieten sowie den Anforderungen an eine ökologische Stadtentwicklung umfassend Rechnung zu tragen – u.a. durch begrünte Dachflächen und Plätze, ein öffentliche Durchwegung mit einer abwechslungsreichen Folge von unterschiedlich proportionierten Plätzen und Wegen, ein standortadäquates Parkraumkonzept mit Fahrradstellplätzen, E-Bike-Ladestationen, Carsharing-Plätze und einen niedrigen Stellplatzschlüssel. Dazu die Bestandsgebäude an der Friedrichstraße 112a+b als Wohngebäude zu sanieren und das ehemalige Kunsthaus Tacheles durch eine kulturelle Nutzung als zentralen Bestandteil der Quartiersentwicklung und bedeutenden Anziehungspunkt zu etablieren. „Der konstruktive Austausch mit den Verantwortlichen aus Stadtplanung und Politik hat uns geholfen, die Bedürfnisse des Bezirks besser zu verstehen und in unsere Planungen mit einzubeziehen", betonte Sebastian Klatt, Geschäftsführer von pwr development. „Jetzt geht es darum, das Projekt in gutem Einvernehmen erfolgreich umzusetzen."

Drei Berliner Büros werden die Bebauung und die Sanierung auf dem Areal am Tacheles zusammen mit dem Schweizer Architekturbüro Herzog & de Meuron planen: Grüntuch Ernst Architekten, Kahlfeldt Architekten sowie das Büro von Brandlhuber + Muck Petzet.

Außer der Sanierung der Gebäude Friedrichstraße 112 a und b, Oranienburger Straße 54 sowie dem ehemaligen Tacheles entstehen auf dem Gelände verschiedene Typen von Wohngebäuden, Einzelhandels- und Bürogebäude sowie ein Hotel. Die zulässige Bruttogeschossfläche für die Neubauten beträgt 85.000 m². Zusätzlich sind rund 44.000 m² an unterirdischer Bebauung vorgesehen – vornehmlich für Parken, Einzelhandel sowie Technik- und Logistikflächen.

Mit Herzog & de Meuron übernimmt ein international renommiertes Architektenbüro die gestalterische Gesamtkonzeption des Projekts. Dadurch wird sichergestellt, dass das Areal vielfältig und gleichzeitig harmonisch bebaut wird. Das Schweizer Büro ist zudem für die Planung des Bauabschnitts an der Stelle der ehemaligen Friedrichstraßenpassage verantwortlich, die zu Beginn des 20. Jh. eine wichtige Verbindung zwischen Friedrichstraße und Oranienburger Straße war. Diese Verbindung wird erneut hergestellt. Auch die respektvolle und behutsame Sanierung des Kunsthaus Tacheles, zwei östlich direkt daran anschließende Bauteile (Wohnen, Büros, Einzelhandel) sowie vier weitere Bauteile (Ein-

„Areal am Tacheles": Nutzung der Gebäude und verantwortliche Architekten
Quelle Abb.: pwr development

High Park: Der Wohnkomplex besteht aus zwei annähernd 50 m hohen Türmen mit 14 Etagen und einem Riegelbau Quelle Abb.: Zabel Property AG

zelhandel und Wohnen) an der Johannisstraße werden von Herzog & de Meuron übernommen. Zur Oranienburger Straße wird ein großer innerstädtischer, begrünter Platz geschaffen, der als identitätsstiftender Ort das Areal prägen wird; für das landschaftsplanerische Gesamtkonzept zeichnen Vogt Landschaftsarchitekten verantwortlich.

„Rund um das Areal am Tacheles soll ein öffentliches und vor allem lebendiges Quartier mit vielfältigen Nutzungen entstehen. Wir werden an dieser Stelle die Tradition der historischen Stadtstruktur aufgreifen – adaptiert an das 21. Jh. Berlins Architektur war schon immer vielfältig und keinesfalls monolithisch. Durch die Zusammenarbeit mit verschiedenen Büros wollen wir genau diese Vielfalt erreichen. Für uns war es von Anfang an klar, dass wir Berliner Büros mit an Bord haben wollen, die große Erfahrungen mit der Stadt und ihrer Architektur mitbringen", erklärte Sebastian Klatt, Geschäftsführer von pwr development.

Die Architekten von Grüntuch Ernst werden das Hotel an der Oranienburger Straße, im Nord-Osten des Areals, planen. Außerdem erarbeitet das Büro um Armand Grüntuch und Almut Grüntuch-Ernst die Architektur des im Süden an das Hotel angrenzenden Wohnhauses sowie eines weiteren Geschäfts- und Wohnhaus am Stadtplatz.

Arno Brandlhuber und Muck Petzet verantworten den östlich an den Johannishof angrenzenden Bauteil, der sowohl Wohnungen als auch Einzelhandel im Erdgeschoss beinhalten wird, sowie ein gegenüberliegendes Wohnhaus.

Mit der Sanierung der Gebäude in der Friedrichstraße 112 a und b wurde das Büro der Architekten Petra und Paul Kahlfeldt beauftragt.

WOHNPROJEKT „HIGH PARK"

Das Wohnimmobilienprojekt der gsp STÄDTEBAU entsteht im Herzen der Hauptstadt am Potsdamer Platz in Berlin-Mitte. Der Entwurf stammt vom Berliner Architekturbüro Hilmer, Sattler und Albrecht. Insgesamt werden 165 Eigentumswohnungen, 38 Serviced Apartments und neun Ladenlokale an der Gabriele-Tergit-Promenade 21 angeboten. „Die einmalige Lage hier auf dem letzten verbliebenen Baugrundstück am Potsdamer Platz verlangt geradezu nach einer angemessenen Bebauung", sagt Jürgen Blankenberg, Geschäftsführer der gsp STÄDTEBAU. „Der Name des Projekts – High Park – spiegelt diese Wertigkeit der Architektur und die unverwechselbare Lage am Mendelssohn-Bartholdy-Park wider." Den exklusiven Vertrieb hat die Zabel Property AG übernommen. „Die hohe Nachfrage unterstreicht den Stellenwert des Projekts", ergänzt Thomas Zabel, Vorstand der Zabel Property AG. Der Baustart ist Anfang 2015 erfolgt; die Fertigstellung ist für Dezember 2017 geplant.

Die helle Natursteinfassade und die bei aller Größe luftige Gestaltung des Gesamteindrucks verleihen High Park eine höchst souveräne Ausstrahlung. Es entstehen zwei Türme mit 14 Etagen und ein Riegelbau. Zwischen der vierten und der 14. Etage werden insgesamt 165 Eigentumswohnungen errichtet. Sie werden zwischen zwei und sechs Zimmern auf 31 bis 270 m² das gesamte Spektrum zwischen flächeneffizientem Apartment und großzügigem Penthouse abdecken. „Wir sind uns der hohen städtebaulichen Verantwortung und der damit verbundenen Erwartung an dieses Vorhaben sehr bewusst", sagt Blankenberg. Jede Wohnung wird über einen Balkon, eine Terrasse oder eine Loggia verfügen – für einige der obersten sind Rooftop-Terrassen geplant.

Die Erdgeschossflächen sind für Ladenlokale

High Park: Insgesamt werden 165 Eigentumswohnungen, 38 Serviced Apartments und neun Ladenlokale an der Gabriele-Tergit-Promenade 21 angeboten
Quelle Abbildungen: Zabel Property AG

konzipiert, die der Nahversorgung der zukünftigen Bewohner dienen sollen. In den ersten drei Obergeschossen entstehen 38 Serviced Apartments.

Der entstehende Innenhof wird professionell gärtnerisch gestaltet; die Gemeinschaftsflächen erhalten ein verbindliches, von einem Architekturbüro entwickeltes Farbkonzept, sodass ein in-sich stimmiges Ensemble entsteht. Im Unter- und Erdgeschoss stehen zudem Stellplätze für Fahrräder und Pkw zur Verfügung.

DAS GOTLAND

Der Stadtteil Prenzlauer Berg hat einen lang anhaltenden Aufschwung hinter sich, der nun auch den nördlichen Ortsteil erfasst hat. Bislang war das 7.460 m² große Grundstück an der Gotlandstraße 6 – 10, das den Übergang von der fünfgeschossigen Gründerzeit-Bebauung in das grüne Botschaftsviertel markiert, von einem barackenartigen Discounter und einem Gewerbeflachbau genutzt worden. „Die Nutzung als Parkplatz ist viel zu schade für diese innerstädtische Lage", sagt Bauherr Hubertus Hiller aus Würzburg. Gemeinsam mit dem Wiener Harald Wengust hat er 2015 die Brachfläche erworben und Anfang 2016 die vorhandenen Baracken abgerissen. „Der Netto-Supermarkt wird von uns in das neue Gebäude integriert, das Parken geschieht unterirdisch in der Tiefgarage." Gewohnt wird ab Frühjahr 2018 in 136 Wohnungen über zehn Teilhäuser auf bis zu sechs Etagen. Der Baustart ist am 22. April 2016 efolgt; am 13. Juli 2017 wurde Richtfest gefeiert.

Der Entwurf für „Das Gotland" stammt aus der Feder des Architekten Rolf Gnädinger von Gnädinger Architekten (u.a. Otto Bock Science Center am Potsdamer Platz), der sich bei seinem Entwurf an der typischen Zurückhaltung des schwedischen Designs orientiert hat. Dank der Gliederung wirkt das Projekt recht kleinteilig und passt in seiner Dimension gut zu den benachbarten Gründerzeithäusern. „Die Aufteilung in zehn verschiedene Aufgänge ist ganz außergewöhnlich, denn wir setzen die Bebauung zum Teil direkt an die vorhandenen Brandwände und nehmen dabei die Struktur der historischen Innenhöfe wieder auf", erklärt Bauherr Hiller. So entstehen neben dem Vorderhaus in Blockrandbebauung mit sechs Aufgängen auch vier individuelle Gartenhäuser, die mit den gründerzeitlichen Nachbargebäuden ein Ensemble bilden. Zwischen den Häusern wird ein begrünter, mäandernder Innenhof angelegt, der zum Teil auf dem Dach des Nahversorgers und der Tiefgarage entsteht und dessen Gestaltung mit skandinavischen Steinen, nordischen Pflanzen und offenen Sitzbereichen an die schwedische Insel Gotland, dem Namensgeber des Projekts, erinnert. In das Gebäude integriert wurden zudem großzügige Abstellflächen für Fahrräder und Kinderwagen sowie eine Tiefgarage, bei der auf Wunsch jeder Stellplatz mit einer Schnellladestation für Elektrofahrzeuge ausgerüstet werden kann. So ist Das Gotland gut für die Mobilitätsanforderungen der Zukunft gerüstet.

Der Erstbezug der Wohnungen mit Größen zwischen einem und vier Zimmern ist für Frühjahr 2018 geplant. „Zu unseren Käufern gehören viele Kiezbewohner aus Prenzlauer Berg und Mitte, die eine neue, familienfreundliche Eigentumswohnung suchen und die in ihrem Kiez bleiben wollen", fasst Hiller zusammen. „Hinzu kommen Neuberliner, für die Prenzlauer Berg die Trendgegend schlechthin ist und die sich über die im internationalen Vergleich moderaten Preise freuen. Auch Kapitalanleger, die ihre Wohnungen anschließend vermieten, gehören zu den Erwerbern", ergänzt Hiller.

Der Berliner Ortsteil Prenzlauer Berg gilt als Inbegriff der Urbanität und liegt beim Bevölkerungswachstum seit Jahren an der Spitze Berlins. Ganz im Norden des Ortsteils, an der Grenze zum Bezirk Pankow befindet sich das Nordische Viertel, das mit seinen grünen Innenhöfen, den ausgedehnten Grünflächen und der kleinen Villenkolonie etwas beschaulicher und familienfreundlicher ist als der südliche Teil. Das Nordische Viertel ver-

„Das Gotland": Gewohnt wird ab Frühjahr 2018 in 136 Wohnungen über zehn Teilhäuser auf bis zu sechs Etagen Abb.: Gnädinger Architekten

„Das Gotland": Hofansicht Abb.: Gnädinger Architekten

PANDION FIRST: Für das 6.150 m² große Grundstück in der Nähe des Spittelmarkts entwarfen die Architekten eine Kombination aus klassischer Berliner Gründerzeitarchitektur und moderner Architektursprache für die Weltstadt Berlin
Quelle Abb.: PANDION AG/Adolf Lupp GmbH + Co KG

dankt seinen Namen den nordischen Straßennamen wie Aalesunder Straße, Andersenstraße, Kopenhagener Straße, Stavangerstraße und Gotlandstraße, die das Stadtbild zwischen dem S-Bahnhof Bornholmer Straße und der Nordgrenze von Prenzlauer Berg bestimmen. Genau dort zwischen der dichten Bebauung des südlichen Prenzlauer Berg und der lockeren Villenbebauung des ehemaligen DDR-Botschaftsviertels, in dem sich noch heute diverse Botschaften von Ländern wie Kuba, Bosnien und Herzegovina sowie Eritrea befinden, entsteht nur zwei Blocks vom beliebten Arnimplatz entfernt „Das Gotland – Grünes City Wohnen".

„PANDION FIRST" UND „PANDION COSMOPOLITAN"

Die Bauarbeiten auf dem PANDION-Grundstück an der Beuthstraße/Ecke Kommandantenstraße in Berlin-Mitte haben im September 2015 begonnen: Dort, gegenüber der Bundesdruckerei, entstehen die beiden ersten PANDION-Projekte in der Hauptstadt. Die Unternehmensgruppe Lupp wurde mit der schlüsselfertigen Errichtung der in die zwei Projektabschnitte PANDION FIRST und PANDION Cosmopolitan unterteilten Wohnungskomplexe beauftragt. Die insgesamt 256 Eigentumswohnungen und vier Gewerbeeinheiten mit einer Bruttogeschossfläche von 38.400 m² sowie die 145 Tiefgaragenstellplätze sollen Ende 2017 bezugsfertig sein.

Die Architekten von PANDION FIRST und PANDION Cosmopolitan sind die beiden Berliner Büros Stephan Höhne Architekten und LéonWohlhage. Für das 6.150 m² große Grundstück in der Nähe des Spittelmarkts entwarfen sie eine Kombination aus klassischer Berliner Gründerzeitarchitektur und moderner Architektursprache für die Weltstadt Berlin. Besonders markant ist dabei eine als Eckrundung gestaltete Spitze des dreieckigen Grundstücks. Die Wohnungen in den beiden Objekten sind zwischen 40 und 132 m² groß. Zusätzlich zu den Wohngebäuden ist auch eine gewerbliche Nutzung am Ort vorgesehen: Die geplante Gastronomie wird zur weiteren Belebung des Quartiers rund um die Beuthstraße beitragen.

PANDION FIRST: Die Wohnungen in den beiden Objekten sind zwischen 40 und 132 m² groß
Quelle Abb.: PANDION AG/Adolf Lupp GmbH + Co KG

NEUBEBAUUNG AM SCHINKELPLATZ

Bis 2018/2019 entstehen zwischen Bauakademie und Friedrichswerderscher Kirche insgesamt 4.800 m² Wohn- und 3.700 m² Gewerbefläche. Frankonia Eurobau, ein Stadt- und Projektentwickler mit Spezialisierung auf das Premiumsegment, hatte im Sommer 2014 die Neubebauung direkt am Berliner Schinkelplatz vorgestellt. Projektpartner der Frankonia ist die LVM Landwirtschaftlicher Versicherungsverein Münster a.G. Der Baubeginn ist 2016 erfolgt.

Gemeinsam mit der Stadt hatte die Frankonia Eurobau dafür den Architekturwettbewerb „Von Preußen nach Europa" ausgerufen, zu dem 14 renommierte Architekturbüros eingeladen worden waren. Für die Wohn- und Geschäftshäuser am Schinkelplatz konnten sich Schultes Frank Architekten aus Berlin durchsetzen. Der Gewinnerentwurf für das Boarding-House und die Wohnhäuser an der Niederlagstraße stammt von dem Berliner Architekturbüro Hemprich Tophof. Rafael Moneo Arquitecto aus Madrid reichte den Gewinnerentwurf für das Büro- und Wohnhaus am Werderschen Markt ein, in das eine neue Außenstelle der Gütersloher Bertelsmann-Stiftung einziehen wird.

Die drei Wohnhäuser am Schinkelplatz binden sich auf noble Weise in ihr historisches Umfeld ein. Die Platzfassaden sind von den Architekten des Bundeskanzleramts Axel Schultes und Charlotte Frank wohlabgewogen zwischen solidem Repräsentationsbedürfnis und moderater Modernität, zwischen der hier angemessenen, traditionellen Schwere einer Sandsteinfassade und den lichten Momenten einer filigranen Verglasung. Durchgehende vertikale Pfeiler entsprechen der klassischen Kolossalordnung, wie sie beim Humboldtforum und bei der Bauakademie anzutreffen ist. Alle Wohnungen in den Obergeschossen reichen vom Platz bis zum Hof: Repräsentanz einerseits und Privatsphäre andererseits. Jede Wohneinheit bietet eine großzügige Raumfolge von Empfang, Speisesaal und Wohnzimmer – all das mit einem unvergleichlichen Panoramablick auf das Humboldtforum. Im Erdgeschoss haben die Wohnungen direkten Zugang zum Hof. Zum Platz hin sind kleine Läden vorgesehen. Die beiden nördlichen Wohnhäuser sind in ihrem Grundriss so gestaltet, dass auch eine Zusammenlegung von zwei Einheiten möglich ist. Bis in die Materialwahl und Detailplanung erfolgt die Erstellung nachhaltig gestalteter Bauten an diesem außergewöhnlichen und kulturell einmaligen Ort.

Der spanische Baumeister und Pritzker-Preisträger Rafael Moneo zollt Karl Friedrich Schinkel seinen Respekt durch die Aufteilung des vom Bebauungsplan vorgegebenen Baukörpers und das Auflösen der Ecken in gestaffelte Loggien auf eigenständige Weise. Es entsteht dadurch eine klare, räumliche Tektonik. Der eine Baukörper mit Wohnungen ist auf die Bauakademie ausgerichtet. Der andere blickt auf den Werderschen Markt; seine höhere Position in der Rangordnung wird durch den doppelgeschossigen Sockel aus Naturstein ausgedrückt. Im Erdgeschoss befindet sich ein dem Ort angemessenes Restaurant. In den Obergeschossen haben die Büros außerordentliche Blicke auf den Platz, das Auswärtige Amt, auf die Bauakademie und die Friedrichswerdersche Kirche. Die Büros können unterschiedlich unterteilt werden, eine Verbindung zum ersten Haus von den Architekten Hemprich Tophof in der Niederlagstraße ist möglich. Die oberen Geschosse sind in Pfeilern aus eingefärbtem Edelputz zusammengefasst und erinnern an die gotischen Strebepfeiler der Friedrichswerderschen Kirche sowie an die Kolossalordnung der Bauakademie. An den Gebäudeecken und an dem obersten Geschoss bilden Loggien mit filigranen Balustraden einen feinen Abschluss.

Die Berliner Architekten Hemprich Tophof erweitern das bereits von Friedrich Gilly und Karl Friedrich Schinkel genutzte Thema der

Neubebauung am Schinkelplatz: Büro- und Wohnhaus am Werderschen Markt (Rafael Moneo Arquitecto)
Quelle Abb.: FRANKONIA

Neubebauung am Schinkelplatz: Boarding-House und Wohnhäuser an der Niederlagstraße (Architekturbüro Hemprich Tophof) Quelle Abb.: FRANKONIA

Rahmung des Übergangs aus der privaten Wohnung hin zur Stadtöffentlichkeit. Gillys Skizze eines Pariser Wohngebäudes lässt diese Sehnsucht nach einem „Übergangsraum" mit seinen ungeheuerlich modern erscheinenden Loggien erkennen. Schinkels große Stadtloge des Alten Museums realisiert dieses Thema zum ersten Mal in einem öffentlichen Gebäude. Die Blicke aus den zwei Wohnhäusern und dem Bürogebäude – durch sorgfältig gestaltete Übergangsräume aus Balkongesimsen und Fenstergewänden gefiltert und aus einer zweiten halböffentlichen Schicht von Loggien oder Logen, Stadtbalkonen oder Panoramaöffnungen bestehend – geben diesen neuen Häusern ihre Kraft. Abhängig von Blick und Lage hat sich das Thema jedes einzelnen Hauses entwickelt: das in seiner Fassade bündig gehaltene Bürogebäude am Anfang der Niederlagstraße mit einer möglichen Verbindung zum Bürohaus von Rafael Moneo am Werderschen Markt, dann ein Wohngebäude, dessen prägendes Merkmal seine an Theaterlogen erinnernden, nur sehr fein nach außen tretenden Loggien sind, sowie das Eckhaus an der Prinzengasse, dessen Außenräume das Stadtpanorama in die Wohnungen holen.

Neubebauung am Schinkelplatz: im Vordergrund das Dach der Wohn- und Geschäftshäuser am Schinkelplatz (Schultes Frank Architekten)
Quelle Abb.: FRANKONIA

Mit bestem Dank für die freundliche Unterstützung an:

Bundesministerium des Innern (BMI), Berlin

CA Immo Deutschland GmbH, Frankfurt

Quartier Heidestraße GmbH, Berlin

Richard Ditting GmbH & Co. KG, Hamburg

HG IMMOBILIEN MITTE GmbH, Koblenz

OVG Real Estate GmbH, Berlin

Axel Springer SE Unternehmenskommunikation

Ortner & Ortner Baukunst Gesellschaft von Architekten mbH, Berlin

pwr development GmbH, Berlin

gsp STÄDTEBAU, Berlin

Zabel Property AG, Berlin

Prenzlauer Gotlandhof GmbH, Würzburg

PANDION AG, Köln

Adolf Lupp GmbH + Co KG, Nidda

FRANKONIA Immobiliengesellschaft mbH, Berlin

Winzler GmbH
Spedition & Baustoffhandel

Entsorgung für Berlin und Umland

Die Winzler GmbH – der verlässliche Ansprechpartner für Ihr Bauvorhaben
- Transporte / Spezialtransporte / Tiefladertransporte
- Abbruch und Entsorgung (Teilnehmer am elektronischen Nachweisverfahren)
- Tief- und Erdbauleistungen
- Rekultivierung und Sicherung von Altlagerstätten
- Handel mit mineralischen Massengütern sowie deren Aufarbeitung
- Baugrunderschließung und -verkauf
- Nutzfahrzeugwerkstatt
- Gerätevermietung

Die Winzler GmbH verfügt über eine umfangreiche Referenzliste erfolgreich ausgeführter Bauvorhaben und Aufträge aus allen Leistungsbereichen und vertraut der Zufriedenheit ihrer Kunden. Zur Durchführung unserer Projekte steht uns ein eigener, leistungsstarker und moderner Maschinenpark zur Verfügung.
Auf Wunsch wird eine vollständige Liste von Ansprechpartnern zu ausgewählten Projekten zur Verfügung gestellt.

Winzler GmbH Spedition und Baustoffhandel
Germendorfer Dorfstraße 39| 16515 Oranienburg OT Germendorf
Tel. +49/(0) 33 01/20 32 30 | Fax +49/(0) 33 01/20 32 39
info@winzler.de | www.winzler.de

FASSADEN- UND
PROJEKTMANAGEMENT

INGENIEURBÜRO ■ FRANKE

FASSADENBERATUNG ■ PLANUNG ■ AUSSCHREIBUNG ■ BAULEITUNG ■ SACHVERSTÄNDIGENGUTACHTEN

Das **Ingenieurbüro Franke** ist seit 18 Jahren als Beratungs- und Planungsbüro für komplexe Fassadenlösungen europaweit tätig.

Mit unserem Team von 10 Bauingenieuren und Technikern stehen wir Ihnen gern mit Rat und Tat zur Seite.

Für Sachverständigengutachten, Seminare und Schulungsmaßnahmen im Bereich Fassade steht Ihnen Herr Dipl. Ing. Andree Franke zur Verfügung.

Schwerpunkte unserer Tätigkeit sind:

- Wettbewerbsbegleitung
- Konzeptstudien
- Fassadenplanungen
- Sonderprofilentwicklungen
- Kostenschätzungen und Kostenberechnungen
- Glasstatik – Isothermennachweise
- Ausschreibungen
- Fachbauleitung Gebäudehülle
- Einholung von Zulassungen im Einzelfall
- Sachverständigengutachten
- Vorträge / Weiterbildungen

INGENIEURBÜRO FRANKE
Dipl.-Ing. Andree Franke
Sachverständiger für Schäden an Fassaden (EIPOS)
Mitglied im Verband der unabhängigen Fassadenberater UBF

Oranienburger Chaussee 31 - 33
16548 Glienicke (Nordbahn)
Tel: +49 (33056) 4157-0
Fax: +49 (33056) 4157-29
Web: www.franke-fassaden.de
E-Mail: info@franke-fassaden.de

Digitale Funkversorgung Lückenschluss U5, Brandenburger Tor – Alexanderplatz

Von Dipl.-Ing. (FH) Wolfgang Lehmeyer
Inhaber IfTk – Ingenieurbüro für Telekommunikation, Berlin

1. EINFÜHRUNG UND PROJEKTÜBERSICHT

Die Berliner Verkehrsbetriebe (BVG) realisieren als eine umfangreiche Baumaßnahme in Berlin-Mitte den Lückenschluss U5. Dieser wird künftig die bestehende U5 (Hönow – Alexanderplatz) mit der U55 (Brandenburger Tor – Hauptbahnhof) verbinden.

Der neu zu bauende Streckenabschnitt umfasst eine Gleiswechselanlage (GWA) sowie die drei neuen U-Bahnhöfe „Rotes Rathaus" (BRH) mit einer neuen Aufstellanlage, „Museumsinsel" (MUI) und „Unter den Linden" (UDL) als Kreuzungsbahnhof mit der Linie U6. Die Tunnelstrecke hat eine Länge von ca. 1,6 km. Beginnend mit der GWA (Startschacht), anschließend am Bahnhof BRH, wurden zwei eingleisige Tunnelröhren im Schildvortrieb hergestellt. Sie schließen am U-Bahnhof „Brandenburger Tor" (BRT) an den Bestand U55 an.

Neben den baulichen Aufgabenstellungen kommen nach Abschluss der Rohbauphase im Rahmen des Ausbaus die kommunikationstechnischen Einrichtungen zur Realisierung. Ein wichtiger Bestandteil bei diesen Ausrüstungen ist die flächendeckende sichere, störungsfreie, drahtlose Kommunikation für die Betriebsabläufe des Fahrbetriebs und mit dem Personal (auch Notruffunktion mit der Betriebsleitstelle) sowie für die Einsatzkräfte der Sicherheitsorganisationen (BOS = Behörden und Organisationen mit Sicherheitsaufgaben, Polizei/Feuerwehr/Rettungsdienst etc.). Mit den beteiligten Organisationen und Nutzern von BVG, der Berliner Polizei (Autorisierte Landesstelle für Digitalfunk), der Berliner Feuerwehr und der Bundesbehörde BDBOS (Bundesanstalt für den Digitalfunk der Behörden und Organisationen mit Sicherheitsaufgaben) wurde das funktechnische Konzept definiert.

2. PROJEKTDEFINITION

2.1 Ausgangssituation

Für den reibungslosen Betrieb eines Nahverkehrsunternehmens sowie der Notrufkommunikation (einschließlich Ortung bei einem Hilferuf) und der ständigen Einsatzfähigkeit von Kräften der Sicherheitsorganisationen ist eine Kommunikation unabhängig von äußeren Einflüssen (Witterung, Stromausfall), Verkehrslasten (erhöhtes Verkehrsaufkommen bei Ereignissen oder Großveranstaltungen, Message-Dienste) oder Beschädigungen von technischen Einrichtungen erforderlich.

Für diese hohen Sicherheitsanforderungen unter Berücksichtigung verschiedener, möglicher Beeinträchtigungen und Schutz bzw. Rettung von Leben und Gütern sind eigene Funknetze unabdingbar. Im Gegensatz zu öffentlichen Mobilfunknetzen spielt hierbei auch die situationsbezogene Administration und hohe Verfügbarkeit von Netzkapazitäten bei einem umfangreichen Kommunikationsaufkommen eine wesentliche Rolle.

2.2 Anforderungen und Aufgabenstellung

Im Rahmen der Umstellung von Feuerwehr, Katastrophenschutz und Polizei (BOS) auf den digitalen TETRA Funkstandard (TETRA = Terrestrial Trunked Radio, Bündelfunk) im Bereich 380 MHz bis 395 MHz (TMO-Funkversorgung - Trunked Mode Operation, Netzintegration in das Gesamtnetz mit permanenten Betrieb) wird auf eine passive Einspeisung (praktiziert bei Analogfunk je Bahnhof) nun verzichtet. Die Behörden stellen für den unterirdischen Nahverkehrsbereich dedizierte Basisstationen zur Funkversorgung in gesicherten Räumlichkeiten nach BOS-Planungshandbuch zur Verfügung. Die speisenden BOS-Basisstationen für diesen Bereich werden zwecks höchster Netzverfügbarkeit gedoppelt an georedundanten Standorten installiert. Eine Vernetzung mit den betreffenden Bahnhöfen und Tunnelabschnitten erfolgt über das umfassende und redundante LWL-Netz (Lichtwellenleiter, Glasfasernetz) der BVG.

Seit vielen Jahren betreibt die BVG für die U-Bahn ihr flächendeckendes TETRA-Digitalfunknetz (Frequenzbereich Non-BOS für Industrie, Energieversorger, Nahverkehr usw. im Frequenzband 410 – 430 MHz) mit Endgeräten in den Zügen und beim Betriebspersonal mit zusätzlichen Funktionalitäten auf den Bahnhöfen für den Einsatz von Handfunkgeräten und verschiedenen Notruf-Leistungsmerkmalen.

Der bereitzustellende Gesamtfrequenzbereich erstreckt sich somit von 380 MHz bis 430 MHz (70-cm-Frequenzband).

Für diese Anforderungen zur Funkversorgung von Bahnhöfen und Tunnel (einschließlich Notausstiegen), weiterhin den Betriebsräumen und bahntechnischen Anlagen, die sogenannte Objektversorgung, muss gleichzeitig die Funkversorgung für den BOS-Funk und den Betriebsfunk der BVG sichergestellt wer-

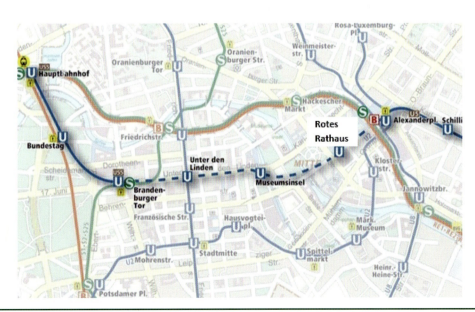

Streckenverlauf Lückenschluss U5
Quelle Abb.: IfTk – Ingenieurbüro für Telekommunikation

den. Die Grundlagen der erfolgten Planung und nachfolgenden Realisierung sind die Vorgaben und Richtlinien der BDBOS (Bundesanstalt für den Digitalfunk der Behörden und Organisationen mit Sicherheitsaufgaben) und der Berliner Feuerwehr.

Für diese Kommunikationseinrichtungen erfolgt die Signalverteilung von den redundanten, zentralen Standorten über das redundante optische Verteilnetz (LWL) mit dem Wellenlängenmultiplexverfahren (WDM); die Funksignale werden lokal über redundant ausgeführte Strahlerkabel (abstrahlende Koaxkabel) und gegebenenfalls Antennen in den Inhouse-/Tunnelumgebungen (Objekte) gleichmäßig verteilt.

3 TECHNISCHE REALISIERUNG

3.1 Berücksichtigung von Parametern

Damit eine ausreichende Funkversorgung gewährleistet ist, sind verschiedene Parameter zu berücksichtigen (gilt in gleicher Weise für Mobilfunk):

- zu übertragender Frequenzbereich
- Parameter und Frequenzspezifizierung von Kabel und Antennen des Antennennetzwerkes und passiven Komponenten (Koppelnetzwerke) zur Signalverteilung in den Objektbereichen
- Mitnutzung der Infrastruktur durch andere Funkdienste
- Sende- und Empfangsleistungen von Endgeräten
- Antennendaten bei Endgeräten
- Abstände von Endgeräten zu Antennennetzwerken
- Dämpfungsverhalten der umgebenden Objektstruktur (unterschiedliche Werte je nach Baumaterial und Raumstrukturen)
- äußere Einflüsse durch benachbarte Leitungen oder aktive Einrichtungen (Einstrahlungen und Grundrauschen)
- Installationsmöglichkeiten und Einhaltung der technischen und behördlichen Rahmenbedingungen
- Einhaltung von Mindestpegel bei den Funksignalen und Nutzung von Handfunkgeräten unter ungünstigen Bedingungen (Trageweise = Körperdämpfung, Haltung, Bewegung etc.).

Im Vorfeld ist somit eine gründliche Planung anhand von Objektgrundrissen und den nutzbaren Kabeltrassen und Kabelwegen erforderlich. Eine wesentliche Rolle spielen dabei auch die späteren Installationsmöglichkeiten und weitere technische Einrichtungen. Zusätzlich kommt der nahtlose Übergang vom Objekt zum Freifeld (äußere Umgebung) mit in die Betrachtung (meist Zugänge/Treppen, Aufzüge).

3.2 Projektumsetzung

Für diese gesicherte und flächendeckende Funkversorgung sind die Redundanzanforderungen und Sicherheitsmerkmale von Kabelwegen, Stromversorgung, Räumlichkeiten und Überprüfung der Funkpegel in 96 Prozent des zu versorgenden Objekts einzuhalten und nachzuweisen.

1. Installation/Verlegung (Hauptmerkmale) von Strahlerkabel/Leckkabel – passive Technik:

* Werden generell auf Abstand montiert, entsprechend den hier verwendeten Kabeltypen kommen Abstandshalter zum Einsatz.
* Je nach Kabeltyp (Dimension), gibt es unterschiedliche Vorgaben der Hersteller für die minimalen und maximalen Abstände der Befestigungen und Einhaltung von Biegeradien.
* Entsprechend den BOS-Richtlinien sind die Halterungen abwechselnd mit Kunststoff und Metallschellen gegen Herabfallen des Kabels im Brandfall zu installieren.
* Maßnahmen zum Schutz gegen äußere Einwirkungen (Feuchtigkeit, Bremsstaub) an Kabel-/Kupplungsverbindungen zur Verhinderung von zusätzlichen Dämpfungen, Reflexionen oder Modulationseinflüssen.

Für die Kabelmaterialausführung (z.B. Mantel, Isolation) gilt seit 1. Juli 2017 für Neubauten eine neue EU-weite Bauproduktenverordnung (Brandverhalten).

* IEC 60754 Teil 1 und 2 (halogenfrei, nicht korrosiv)

Baustelle „Rotes Rathaus", zu versorgende Bahnsteigebene E-2 (Juli 2017)
Quelle Abb.: IfTk – Ingenieurbüro für Telekommunikation

* IEC 61034 Teil 1-1 und Teil 1-2 (Brandprüfung)
* IEC 60332 Teil 1-1 und Teil 1-2 (Brandprüfung am Kabelbündel)
* IEC 60332 Teil 3-10 (geringe Rauchemission)

2. Systemtechniken – aktive Komponenten:

* Der Raum ist als F90-Ausführung bereitzustellen und nur für diese technischen Einrichtungen nutzbar.
* Für die Stromversorgung USV (unterbrechungsfreie Stromversorgung) wird eine Überbrückungszeit bei Volllast aller technischen Einrichtungen von mindestens zwölf Stunden gefordert.
* Die signaleinspeisenden Systemtechniken (hier zentral Basisstation und optische Master Units, dezentral optische Remote Units zur lokalen Funksignal-Verteilung) sind als hochverfügbare und redundante Systeme zu betreiben.
* Das Gesamtnetz wird zentral überwacht und alle beteiligten Netzkomponenten alarmieren unterschiedliche Zustände als Kontaktmeldungen und an das zentrale Netzmanagement.
* Klärung der Lüftung und Klimatisierung.

3. Messtechnische Überprüfung und Abnahme:

Für einen störungsfreien Betrieb und Dokumentation der Funkversorgung sowie Grundlage der Abnahme mit den Sicherheitsbehörden ist neben den Kabelmessungen eine umfangreiche Funknachweismessung mit Dokumentation der Pegel in den Grundrissen notwendig. Ergänzt werden die Daten und Unterlagen für den Abnahmeprozess mit Fehlerratenmessungen und Überprüfung auf Störpegel.

Bei allen Punkten der Abnahme und Bereitstellung zur endgültigen Nutzung sind seitens der Sicherheitsbehörden die abnehmende Feuerwehr, die Landesstelle für Digitalfunk https://www.berlin.de/digitalfunk und Bundesbehörde BDBOS http://www.bdbos.bund.de/DE/Fachthemen/fachthemen_node.html einbezogen.

Neubau Investitionsbank des Landes Brandenburg

Die drei Gebäude vermitteln auf spielerische Weise zwischen der urbanen Blockstruktur am Potsdamer Bahnhof und den Flussauen

Die Investitionsbank des Landes Brandenburg (ILB) mit Sitz in Potsdam ist die Förderbank des Landes Brandenburg. Das Kerngeschäft liegt bei der Förderung öffentlicher und privater Investitionsvorhaben in den Bereichen Wirtschaft, Arbeit, Infrastruktur und Wohnungsbau. Im Jahr 2016 sagte die Bank rund 2 Mrd. Euro Fördermittel für über 5.000 Projekte zu.

Seit dem 2. Mai 2017 ist die Brandenburger Förderbank in ihrem Neubau in der Babelsberger Straße 21 zu erreichen. Im neuen Sitz der ILB mit Raum für rund 700 moderne Arbeitsplätze sind die zentralen Wirtschaftsfördereinrichtungen Brandenburgs an einem Ort konzentriert. Das Verwaltungsgebäude, welches sich in drei Baukörper gliedert, befindet sich an der Schnittstelle zwischen Potsdamer

Durch den Neubau rückt die ILB kundenfreundlich in eine zentrale Lage zwischen Potsdamer Innenstadt, dem neuen Landtag und dem Regierungsviertel
Abb.: Leo Seidel/ILB

Hauptbahnhof und Nuthe-Park, umgeben von einer natürlichen Auenlandschaft.

Durch die direkte Anbindung des neuen Standortes an den öffentlichen Nahverkehr ist die Erreichbarkeit der ILB für Kunden und Partner optimal. In dem neuen Gebäude sind zudem erstmals alle Ansprechpartner und Förderbereiche der Bank an einem Ort konzentriert. Seit der Übernahme der Arbeitsförderung Anfang 2014 war die Belegschaft in unterschiedlichen Gebäuden untergebracht. Tillmann Stenger, Vorsitzender des Vorstandes der ILB, sagte anlässlich des Umzugs: „Ich möchte mich zunächst bei allen Mitarbeiterinnen und Mitarbeitern, Partnern und Dienstleistern, die an unserem Neubauvorhaben mitgewirkt haben, für die durchweg konstruktive Zusammenarbeit bedanken. Es freut mich sehr, dass das Gebäude auf der Grundlage des damals prämierten Entwurfs des Architektenbüros KSP in nur zweieinhalbjähriger Bauzeit gegenüber dem Potsdamer Hauptbahnhof realisiert werden konnte. Ich bin davon überzeugt, dass die Investition in einen energieeffizienten Neubau an dem neuen Standort mit direkter Anbindung an

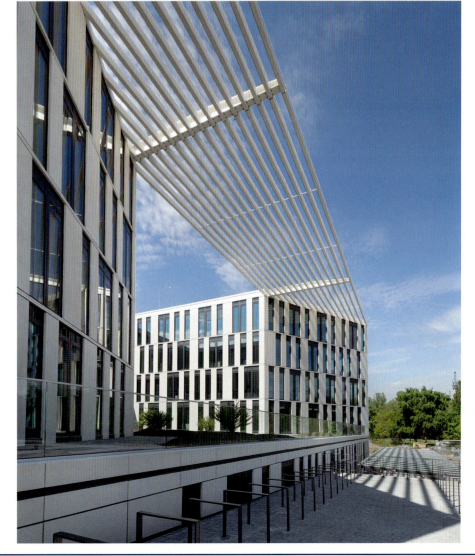

Die moderne Fassadengestaltung mit ihrem Wechsel von offenen und geschlossenen Elementen aus glasfaser-armiertem Beton (GFB) ist hell und freundlich
Abb.: Leo Seidel/ILB

Der Neubau erreicht durch seine baulichen Parameter und die Einhaltung der EnEV 2014 einen sehr hohen Nachhaltigkeits-Standard Abb.: Leo Seidel/ILB

den ÖPNV eine langfristig nachhaltige Entscheidung gewesen ist."

Der ILB-Neubau, bestehend aus einem Stahlbetonskelett mit Elementfassade und Stahlflugdach, ist mit einer Gesamtfläche von ca. 27.900 m² BGF eines der größten Neubauvorhaben in der Landeshauptstadt Potsdam. 2010 hatte der ILB-Verwaltungsrat dem Grundstückskauf sowie 2012 der Umsetzung des Bauvorhabens zugestimmt. Nach der Durchführung eines Architekturwettbewerbes wurde das Bauvorhaben mit dem ersten Spatenstich am 11. Dezember 2014 begonnen. Das geplante Gesamtinvestitionsbudget für den ILB-Neubau in Höhe von 94 Mio. Euro konnte eingehalten werden.

Die KSP Jürgen Engel Architekten GmbH aus Berlin beschreibt die Architektur des Neubaus wie folgt: Unser Entwurf gliedert sich in drei Gebäudevolumen, die über eine zweigeschossige Eingangshalle miteinander verbunden sind. Die drei Bauteile verfügen jeweils über einen Innenhof, der sich an einer Seite zur Landschaft hin öffnet. Das „Auengeschoss" bildet als Sockelgeschoss die Basis für die drei Pavillons und beherbergt gemeinschaftliche Nutzungen wie Besprechungsräume, Mitarbeiter-Restaurant und Cafeteria. Die moderne Fassadengestaltung mit ihrem Wechsel von offenen und geschlossenen Elementen aus glasfaser-armiertem Beton (GFB) ist hell und freundlich. Der Entwurf war im Jahr 2012 als 1. Preis aus einem Architektenwettbewerb hervorgegangen.

Ziel war auch, das Neubauensemble in die vorhandene Auenlandschaft ohne optisch störende Barrieren zu integrieren und so den Charakter dieser einmaligen Landschaft nachhaltig zu sichern. Die ILB hat bewusst auf eine Einfriedung des Grundstückes verzichtet und so den Freiraum der Auenlandschaft erlebbar gelassen.

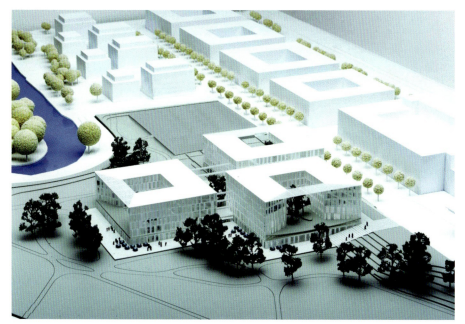

Der Entwurf des Neubaus im Modell. Die drei Gebäudevolumen sind über eine zweigeschossige Eingangshalle miteinander verbunden
Abb.: KSP Jürgen Engel Architekten GmbH

Bauherr:
Investitionsbank des Landes Brandenburg (ILB), Potsdam

Architekt:
KSP Jürgen Engel Architekten GmbH, Berlin

Partner am Bau:
- Keller Grundbau GmbH
- Zi-Do Gerüstbau GmbH

Öffentliche Bauten

Wasser marsch!

Ein Betriebs- sowie ein Labor- und Leittechniktechnikgebäude für die Berliner Wasserbetriebe

Die Berliner Wasserbetriebe sind das größte städtische Wasserunternehmen in Deutschland. Sie nehmen die Wasserversorgung und die Abwasserentsorgung für Berlin und Teile Brandenburgs wahr.

Die Berliner Wasserbetriebe haben anlässlich eines geplanten Neubaus im Sommer 2016 einen nichtoffenen Realisierungswettbewerb für Generalplaner mit offenem Teilnahmewettbewerb im Zulassungsbereich der EU ausgelobt. Für eine Liegenschaft der Berliner Wasserbetriebe entlang der Motardstraße in Berlin-Spandau wurden Entwürfe für eine Rohrnetzbetriebsstelle und ein Bürogebäude mit mehreren Funktionen – u.a. für das Labor und für Leittechnik – erwartet. Die zu errichtende Nutzfläche beträgt ca. 4.100 m². Davon sind ca. 1.000 m² Fläche für Garagen und Stellplätze kalkuliert.

Unter den acht teilnehmenden Verfassern wurden im Dezember 2016 vier Preise vergeben. Der Entwurf des Berliner Architekturbüros Lehrecke Witschurke Architekten wurde mit dem 1. Preis ausgezeichnet. Die Jury bescheinigte dem Entwurf eine hohe Realisierbarkeit. In der Begründung wurde u.a. herausgestellt, dass das von Lehrecke Witschurke Architekten geplante Gebäude mit seinem Äußeren ein hohes Maß an Identifikation mit dem Thema Wasser bzw. Wasserversorgung transportiert. Beim repräsentativen Gebäude mit Besucherzentrum wird nach außen hin sichtbar gemacht, was die meisten von historischen Trinkwasserbehältern kennen: das Kreuztonnengewölbe, das gleichzeitig wie ein Aquädukt wirkt, das Wasser transportiert. Die spektakuläre Raumwirkung beim Funktionsgebäude bleibt hingegen den Mitarbeiterinnen und Mitarbeitern vorbehalten. Weiterhin wurde positiv bewertet, dass mit der vorgeschlagenen Farbgebung des Entwurfs die Verbindung von bebautem Raum und Landschaft betont wird.

Da die Gebäude jeglicher Massivität widersprechen, fügen sie sich gut in die Landschaft ein. Mit der so generierten Anmutung würde das Selbstverständnis und Bild der Berliner Wasserbetriebe als Trinkwasserproduzent gut nach Außen transportiert.

Die Gebäude A (Rohrnetzbetriebsstelle) und

Betriebsgebäude der Berliner Wasserbetriebe: Das Besucherzentrum ist im Erdgeschoss vorgesehen. Zwei kleine Patios im Kunden- und im Mitarbeiterbereich versprechen eine hohe Qualität und variable Möglichkeiten der Nutzung in der Zukunft
Abb.: Berliner Wasserbetriebe/Lehrecke Witschurke Architekten

Betriebsgebäude der Berliner Wasserbetriebe: Für die Jury des Architekturwettbewerbs verspricht der mit dem 1. Preis prämierte Entwurf eine hohe Realisierbarkeit. Es wurde herausgestellt, dass die formell klare Architektur sowohl aus den funktionalen Bedürfnissen der Berliner Wasserbetriebe als auch aus der Eigenart des Vorgefundenen am Ort entwickelt wurde
Abb.: Berliner Wasserbetriebe/Lehrecke Witschurke Architekten

Labor und Leittechniktechnikgebäude der Berliner Wasserbetriebe: Das Preisgericht stellte zusammenfassend fest, dass die Leichtigkeit der nachhaltigen Konstruktion sich gut in den großen Landschaftsraum einfügt und das ökologische Selbstverständnis der Berliner Wasserbetriebe widerspiegelt
Abb.: Berliner Wasserbetriebe/Lehrecke Witschurke Architekten

B (Funktionsgebäude mit Laborbüros) bilden eine Spange, die eine gute Grundlage für die weitere Entwicklung bietet. Die straßenbegleitenden Baukörper bilden ein neues stilbildendes, ästhetisches Element auf dem Gesamtgelände. Markant sind die Lamellen, die beide Gebäude als Teil einer ästhetischen Einheit erkennen lassen. Insbesondere durch die architektonische Gestaltung der oberen Geschosse werden die Neubauten als Ensemble wirksam. Das Betriebsgebäude bietet mit seiner Grundstruktur durchgängig natürlich belichtete Büros und zeichnet sich durch funktionelle Klarheit aus. Der Besuchereingang erfolgt von Osten. Die markante Straßenfassade ist einerseits eigenständig und belebend und fügt sich zugleich durch die Robustheit in die nähere Umgebung der Siemensstadt mit ihrer Industrie-Architektur ein. Beim Entwurf für das Funktionsgebäude, in dem u.a. die Laborbüros untergebracht sind, bewertete das Preisgericht die angemessene und respektvolle Integration eines bestehenden Sockelbauwerks eines ehemaligen Tanklagers als sehr positiv. Mit minimalen Eingriffen kann dieses alte Gebäude umgenutzt in den Neubau integriert werden. Als Plus im Sinne der Statik und Realisierbarkeit wurde auch ein auf das bestehende Tragwerk aufgesetzter Leichtbau bewertet. Begrüßt wurde auch das vorgeschlagene Gründach, das sich vorteilhaft auf Raum- und Außenklima auswirkt. Gleichermaßen gut aufgenommen wurden die kleinen Patios für jede Funktionseinheit, die durchgängig belichtete und belüftete Arbeits- und Aufenthaltsbereiche erlauben.

Die Berliner Wasserbetriebe gehen davon aus, dass das Siegerprojekt realisiert werden soll und haben das Berliner Büro Lehrecke Witschurke Architekten mit der Ausarbeitung des Entwurfs beauftragt. Der Wettbewerbsbeitrag sieht ein breites Angebot aus verschiedenen Technologien für Energie- und technische Gebäudeausrüstung vor, die in der weiteren Bearbeitung sukzessive angepasst werden müssen.

Betriebsgebäude, Labor und Leittechniktechnikgebäude der Berliner Wasserbetriebe: Das Modell des mit einem 1. Preis ausgezeichneten Entwurfs des Berliner Büros Lehrecke Witschurke Architekten
Abb.: Berliner Wasserbetriebe/Lehrecke Witschurke Architekten/Modellbau Hans-Joachim Wuthenow

Bauherr:
Berliner Wasserbetriebe, Berlin
Generalplaner/Objektplanung bei Gebäuden:
Lehrecke Witschurke Architekten, Berlin
Objektplanung bei Freianlagen:
Albert Armbruster – Büro für Landschaftsarchitektur, Berlin
Tragwerksplanung:
SFB Saradshow Fischedick Berlin, Berlin
Technische Ausrüstung:
Planungsgemeinschaft DUO, Frankfurt a.M.

U5 verbindet: Das Projekt „Lückenschluss U5"

Baustand im September 2017: Das Projekt „Lückenschluss U5" verbindet die traditionelle Linie U5 von Hönow bis Alexanderplatz mit der U55 zwischen Alexanderplatz und Brandenburger Tor und umfasst 2,2 km Tunnelstrecke und drei neue U-Bahnhöfe

„U5 verbindet" liest man auf den Bauzäunen entlang dem Boulevard Unter den Linden, am Marx-Engels-Forum und vor dem Roten Rathaus. Voraussichtlich ab Ende 2020 werden dort die ersten U-Bahnen der U5 von Hönow bis Hauptbahnhof durchfahren. Denn das Projekt „Lückenschluss U5" verbindet die traditionelle U5-Linie (Alexanderplatz <> Hönow) mit der U55 (Hauptbahnhof <> Brandenburger Tor). Es umfasst den Bau von 2,2 km Tunnelstrecke und drei neuen U-Bahnhöfen: Den U-Bahnhof „Rotes Rathaus" direkt vor dem Berliner Regierungssitz, den U-Bahnhof „Museumsinsel" vor dem Humboldtforum im Neuen Schloss sowie den Umsteigebahnhof „Unter den Linden" an der Kreuzung Friedrichstraße/Unter den Linden.

Trotz der räumlichen Nähe unterliegt jedes der Teilprojekte in Berlins Mitte ganz eigenen Herausforderungen, die durch die äußeren Bedingungen determiniert sind. Entsprechend unterschiedlich zeigt sich auch der Baustand der verschiedenen U-Bahnhöfe.

SPANNUNG AM U-BAHNHOF MUSEUMSINSEL

Am U-Bahnhof Museumsinsel ist die Spannung am größten, da sich dort entscheidet, ob Ende 2020 die Strecke in ihrer Gesamtlänge in Betrieb genommen werden kann. Aufgrund der besonders herausfordernden Lage des U-Bahnhofs unter dem Spreekanal mit der Schlossbrücke, den umliegenden Gebäuden sowie dem Boulevard Unter den Linden ist der Rohbau sehr anspruchsvoll: Zunächst musste auf die zweimalige Durchfahrt der Tunnelbohrmaschine „Bärlinde" gewartet werden, die prompt im schwierigen Untergrund vor dem U-Bahnhof Museumsinsel einige Monate pausieren musste.

Die vier Zugänge zum U-Bahnhof und die Brillenwände nach Ost und West sind mittlerweile fertiggestellt. Jedoch steht die größte Herausforderung noch bevor: Das bergmännische Herausgraben der Bahnhofshalle im Schutz eines riesigen Eiskörpers, der das Grundwasser abhält. Um diesen 28.000 m³ starken Vereisungskörper herzustellen, sind zunächst ca. 100 horizontale Vereisungsbohrungen von einer Länge von ca. 100 m um die

Die Tunnel zwischen der östlichen und westlichen Baugrube am U-Bahnhof Museumsinsel wurden aus statischen Gründen mit Stahlbeton-Elementen ausgesteift
Abb.: A. Reetz-Graudenz

Tunnelröhren herum horizontal in den Baugrund zu bohren. Bis September 2017 wurden rund 80 dieser Bohrungen erfolgreich absolviert. Doch gerade die tieferen Bohrungen zeigen sich äußerst kompliziert und materialverbrauchend. Denn dort hat die Eiszeit Geschiebemergel und Geröllllagen im Boden hinterlassen, die das Durchbohren erschweren. Damit die Vereisung stabil aufgebaut werden kann, dürfen die Bohrungen aber nur marginal (max. 50 cm) abgelenkt werden. Dafür arbeiten die Bauleute in 24-Stunden-Schichten rund um die Uhr mit höchster Konzentration. Doch die Mühe lohnt sich: Der U-Bahnhof wird eine zusätzliche Attraktion an der Museumsinsel darstellen, darüber sind sich alle einig. Für die Gestaltung des U-Bahnhofs ist das Büro von Professor Max Dudler verantwortlich. Um den Bezug zu den von dem preußischen Architekten Karl Friedrich Schinkel (1781 – 1841) gebauten Gebäuden der Umgebung herzustellen, hat sich Professor Dudler von einem Bühnenbild Schinkels inspirieren lassen. So mutet die gewölbte Bahnhofsdecke in Dunkelblau mit 7.200 Lichtpunkten wie ein Sternenhimmel an.

Am U-Bahnhof Unter den Linden sind aufwendige Mauerwerksarbeiten fertiggestellt
Abb.: A. Reetz-Graudenz

Sichtbar wird sein Entwurf aber erst ab dem Zeitpunkt, wenn in 2018 die Säulen eingebaut werden. Der Sternenhimmel selbst wird voraussichtlich erst 2019 installiert.

FERTIGSTELLUNG DES ROHBAUS AM U-BAHNHOF UNTER DEN LINDEN

Einige hundert Meter in Richtung Westen sind die Bauleute schon jetzt einen Schritt weiter: Der Rohbau des U-Bahnhofs Unter den Linden wird noch in 2017 fertiggestellt.

Über 100 horizontale Vereisungsbohrungen müssen über 100 m Länge in den fordernden Berliner Untergrund gebohrt werden   Abb.: A. Reetz-Graudenz

Der Umsteigebahnhof verfügt über drei Stockwerke: die U6-Ebene, die Zwischenebene und die U5-Ebene. So werden dort im Grunde genommen zwei U-Bahnhöfe in einem gebaut: zunächst der Rohbau der U6-Ebene, dann – bei wieder durchfahrendem Verkehr auf der U6-Linie – die U5-Ebene.

Öffentliche Bauten 41

Auf der U5-Ebene des U-Bahnhofs muss noch die mittlere Bahnsteigplatte hergestellt werden
Abb.: A. Reetz-Graudenz

Die Baugrube für den U-Bahnhof Unter den Linden wurde, genau wie beim U-Bahnhof Rotes Rathaus, in Wand-Sohle-Deckel-Bauweise errichtet. Durch diese Baugrube hindurch wurden die zwei Tunnelröhren im maschinellen Tunnelvortrieb hergestellt, während sich zeitgleich und direkt über dem Tunnelvortrieb gelegen die U-Bahnlinie U6 im laufenden Betrieb befand. Wegen der verkehrlichen Zwänge im Kreuzungsbereich der beiden Straßen erfolgte die Produktion der Schlitzwände, der Dichtsohlen und der Decken abschnitts- und baufeldweise. Innerhalb dieser Baugrube wurde das Erdreich des über 150 m langen U-Bahnhofs ausgehoben und die Tübbingröhren abgebrochen.

Auf der U6- und der Zwischenebene hat im Juli 2017 bereits der Ausbau begonnen. Dort werden nun schon Elektroleitungen einge-

Frisch gestrichen! Am U-Bahnhof Rotes Rathaus läuft bereits der Ausbau   Abb.: A. Reetz-Graudenz

baut und die Wände gestrichen. Auf der U5-Ebene wird der Rohbau voraussichtlich Ende 2017 fertiggestellt. Dort muss u.a. noch die Bahnsteigplatte betoniert werden. Die temporären Primärstützen wurden bereits durch die finalen Rundsäulen ersetzt, die den Entwurf der Architekten Ingrid Hentschel und Professor Axel Oestreich ausmachen.

Die Architekten haben bereits den U-Bahnhof Brandenburger Tor gestaltet und sehen den neuen U-Bahnhof Unter den Linden mit diesem in Zusammenhang. Daher liegt der Gestaltung ein ähnliches Konzept zugrunde, und es werden die gleichen Materialien verwendet: Muschelkalk für die Wände, weißer Terrazzo für die Fußböden und dazwischen die schwarzen tragenden Rundsäulen.

LAUFENDER AUSBAU AM U-BAHNHOF ROTES RATHAUS

Der Bau des vom Architekturbüro Collignon Architektur entworfenen U-Bahnhofs Rotes Rathaus ist am weitesten fortgeschritten. So erstrahlen die ovalen Pilzkopfstützen in frischem Weiß; auch die Betriebsräume sind bereits verputzt und gestrichen; im Juli 2017 wurden die Gleise in den U-Bahnhof verlegt.

Bevor die Terrazzoplatten an die Wand kommen werden Musterplatten hergestellt
Abb.: A. Reetz-Graudenz

Die Muster der schwarzen und weißen Terrazzoplatten, die die Wände und Böden des U-Bahnhofs schmücken werden, stehen schon bereit. Die Platten – insgesamt über 5.800 Bauteile aus 2.600 m³ Betonwerkstein – werden in Babelsberg hergestellt und geschliffen, bis sie den vom Architekten gewünschten Effekt haben. Dabei stellen die vom Architekten vorgesehenen konkaven und konvexen Bauteile aus dünnwandigem Textilbeton, die zum Beispiel für die Verkleidung der Wände an den Treppenenden eingesetzt werden, eine besondere Herausforderung dar.

Inspiriert wurde die Gestaltung von dem bei archäologischen Grabungen wiederentdeckten Deckengewölbe des mittelalterlichen Berliner Rathauses. Sieben mittig angeordnete Stützen tragen einen Großteil der Deckenlast. Die Stützenköpfe wirken mit ihrer Trichterform wie Pilze und erinnern an das gotische Gewölbe. Kombiniert mit den außenliegenden Bahnsteigen ergibt sich eine offene, großzügige Bahnhofshalle. Farblich wird der U-Bahnhof Rotes Rathaus in Schwarz und Weiß gestaltet. Handgeschliffene Terrazzofliesen verleihen dem U-Bahnhof schlichte Eleganz.

Der U-Bahnhof Rotes Rathaus verfügt über zwei Ebenen. In der oberen befinden sich die Bahnsteige für die neue U5, in der unteren wird eine viergleisige Kehr- und Aufstellanlage als Ersatz für die Kehranlage Alexanderplatz hergestellt. Auch in dieser läuft bereits der Ausbau.

Die Baugrube für den U-Bahnhof Rotes Rathaus wurde in Wand-Sohle-Deckel-Bauweise errichtet. Dabei werden zuerst Schlitzwände aus Stahlbeton als seitliche Baugrubenumschließung hergestellt. Anschließend wird mittels Düsenstrahlverfahren eine wasserdichte Sohle als untere Baugrubenabgrenzung in den Boden eingebracht. Als Abschluss nach oben wird dann ein Deckel betoniert. Dieser minimiert die Belastung durch Lärm und Staub.

Innerhalb dieser Baugrube wurde das Erdreich ausgehoben und die Bauwerkssohle und -wände aus Stahlbeton hergestellt. Beim U-Bahnhof Rotes Rathaus gibt es die Besonderheit, dass der Baugrubendeckel gleichzeitig die Bahnhofsdecke ist. Als diese hergestellt wurde, wurden darin auch die Köpfe der Pilzsäule mit betoniert. Die Säulenteile wurden danach von unten her errichtet.

OBERFLÄCHENWIEDERHERSTELLUNG

Auch an der Oberfläche geht es voran: Die Vorfahrt vor dem Berliner Regierungssitz sowie die östliche Seite der Spandauer Straße werden seit Juli 2017 wiederhergestellt. Das heißt, von Fahnenfundamenten bis zur Grünfläche – die gesamte Oberfläche wird so wieder errichtet, dass die Baustelleneinrichtungsfläche in diesem Bereich voraussichtlich zu Beginn des kommenden Jahres geräumt werden kann.

> **Bauherr:**
> Berliner Verkehrsbetriebe (BVG) – AöR –, Berlin
>
> **Projektmanagement:**
> Projektrealisierungs GmbH (PRG U5), Berlin

In Richtung U-Bahnhof Rotes Rathaus hat der Gleisbau bereits begonnen
Abb.: A. Reetz-Graudenz

> **Partner am Bau:**
> - ig nu5 Ingenieurgemeinschaft Neubau U5
> - Pöyry Deutschland GmbH
> - DOUBLE SKILL BUSINESS CONCEPTS & SOLUTIONS GMBH
> - Schneider & Partner Computervernetzung GmbH
> - Engel & Handke Gmbh Handel & Montage
> - Lahmeyer Deutschland GmbH
> - ATB Aufzugtechnik Berlin GmbH
> - DEGAS® Deutsche Gesellschaft für Anlagensicherheit GmbH / atd® GmbH
> - Keller Grundbau GmbH
> - Zi-Do Gerüstbau GmbH
> - Böhning Energietechnik Berlin GmbH
> - Bleck & Söhne Hoch- und Tiefbau GmbH & Co. KG

Anzeige

Lückenschluss der U-Bahn-Linie U5 in Berlin

Der Lückenschluss der Linie U5 der Berliner U-Bahn wurde in zwei Stufen vom Alexanderplatz zum Hauptbahnhof geplant. Während die erste Stufe des Projektes bereits realisiert wurde (Linie U55 seit 2009 in Betrieb), befindet sich die zweite Stufe vom Brandenburger Tor bis zum Alexanderplatz aktuell noch im Bau. Auf einer Gesamtlänge von 2,2 km entstehen drei neue U-Bahnhöfe. Nach Gesamtfertigstellung wird die neue U5-Linie die erste barrierefreie U-Bahnlinie sein.

- Die Baugruben der neuen U-Bahnhöfe „Berliner Rathaus" und „Unter den Linden" wurden in Schlitzwand-Deckel-Bauweise mit tiefliegender Dichtsohle hergestellt.
- Der U-Bahnhof „Museumsinsel" wird im Schutze einer Vereisung im bergmännischen Vortrieb gebaut.
- Die zwei Tunnelröhren zwischen den Bahnhöfen wurden mit einer Tunnelvortriebsmaschine (Hydroschilddurchmesser 6,7 m) auf einer Länge von 1,6 km aufgefahren.
- Jeder Bahnhof wird individuell nach Vorgaben der jeweiligen Architekten höchst anspruchsvoll ausgebaut.
- Eine Besonderheit waren die archäologischen Grabungen, die im Vorfeld der Baumaßnahme durchgeführt wurden. Hierbei wurden sehr gut erhaltene Kellergewölbe des alten Berliner Rathauses aus dem 15. Jahrhundert vorgefunden.

Nahezu alle Ingenieurleistungen in diesem Projekt (Projektsteuerung, Bauoberleitung, Bauüberwachung) werden derzeitig von Schüßler-Plan Berlin im Rahmen der Ingenieurgemeinschaft ignu5 erbracht.

> **ig nu5**
> Ingenieurgemeinschaft Neubau U5,
> Berlin

 Schüßler-Plan

WIR BAUEN
DIE MOBILITÄT
FÜR BERLIN

Nach 8-jähriger Planungszeit ist der Bau der U-Bahnlinie U5 weit fortgeschritten. Das Erfolgsrezept? Know-how und integrierte Zusammenarbeit aller Projektbeteiligten.

   INGENIEURGEMEINSCHAFT NEUBAU U5 Bauoberleitung | Bauüberwachung | Projektsteuerung

Anzeige

Experten für innere Gebäudewerte: Spitzenleistung in der TGA

Neubau U5 Ausbau Bahnhof

Sie fällt nicht gleich ins Auge, und doch hat sie enorme Auswirkungen auf Funktionalität, Wirtschaftlichkeit und Umweltverträglichkeit einer Immobilie: die Technische Gebäudeausrüstung. Daher stellen Bauinvestoren hohe Ansprüche an diesen maßgeblichen Teil ihres Anlagevermögens. Denn während der gesamten Lebensdauer einer Immobilie müssen Anpassungen, Erneuerungen und selbst komplette Neuausrichtungen der Gebäudetechnik immer wieder höchste Erwartungen erfüllen.

Die interdisziplinären Spezialistenteams der Pöyry Deutschland GmbH entwickeln und realisieren für öffentliche und private Bauvorhaben funktional anspruchsvolle und ökologisch wie ökonomisch hochwertige TGA-Konzepte. Unsere Teams zeichnen sich durch breitgefächerte Fachkompetenz aus und arbeiten bevorzugt dort, wo das Gebäude entsteht. Mit interdisziplinärer Teamarbeit und innovativer Technik garantieren wir schnelle und qualitativ überzeugende Ergebnisse für die Bauherren.

Die TGA-Spezialisten von Pöyry stehen ihren Auftraggebern in jeder Leistungsphase als qualifizierte Ansprechpartner zur Verfügung. Wir sind international tätig, regional präsent und setzen auf persönliche Erreichbarkeit. Mit TGA-Systemen von Pöyry Deutschland realisieren Sie Ihre Immobilienprojekte nachhaltig und erfolgreich. Denn wir sind die Experten für die inneren Werte Ihres Gebäudes.

Pöyry Deutschland GmbH, Berlin

Die Pöyry Deutschland GmbH bietet Beratungs- und Ingenieurleistungen im Bereich Technische Gebäudeausrüstung, Infrastruktur und Verkehrswege.

Für unsere Auftraggeber, Kommunen und Länder sowie Privatunternehmen und Investoren, erstellen wir seit über 50 Jahren Verkehrsinfrastrukturkonzepte, planen den Bau von Schienenwegen, Straßen, Brücken, Gebäuden und Industrieanlagen, erarbeiten Studien zur Umweltverträglichkeit, überwachen Baumaßnahmen und beraten Kunden bei der Instandsetzung und Sanierung ihrer Objekte.

Pöyry Deutschland GmbH
Büro Berlin
Marburger Straße 10
10789 Berlin
Tel. 030 21304 165
ralf.schirmer@poyry.com

www.poyry.de

Lösungen für Stadt, Verkehr und Gebäude

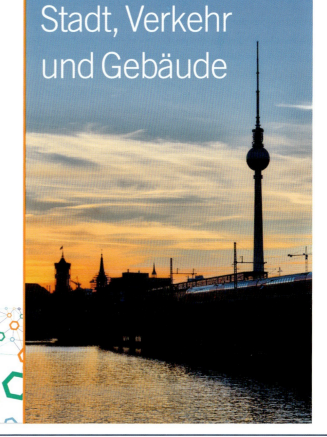

Ausführende Firmen — Anzeige

DOUBLE SKILL Business Concepts & Solutions GmbH

Wir sind eines der führenden Unternehmen in der professionellen Gesamtplanung für ITK-Systeme und deren flankierenden Prozessen und Managementsystemen.

Double Skill Business Concepts & Solutions GmbH ist spezialisiert auf ITK-Planungsleistungen, Service- und Projektmanagement und Projektsteuerung (nach AHO). Der Fokus der Leistungserbringung liegt in der Herstellerneutralität, Objektivität und Ergebnissicherung.

Durch erfahrene Double Skill Fachexperten, welche auf umfangreiche Referenzen in Großprojekten von Top Unternehmen zurückblicken können, bieten wir die ganzheitliche Umsetzung für Ihre Projekte an.

Double Skill begleitet Sie von der Konkretisierung Ihrer Ideen, übernimmt die Planung der gesamten Infrastruktur, unterstützt Sie von Anfang an beim Ausschreibungsverfahren bis hin zur termingerechten Steuerung der Umsetzung.

Unsere Beratung umfasst eine E2E Betrachtung, beginnend bei den passiven Netzwerkkomponenten bis hin zu den aktiven Systemen wie z. B. Videomanagementsysteme.

Double Skill hat für die professionelle Video-

planung und für den mobilen und autarken Einsatz den Vidro© entwickelt, welcher durch die integrierten Systemkomponenten den gesamten Videoplanungsprozess verschlankt.

Unsere Referenzprojekte:
- Neu- und Umbau der Leitstellen (BVG)
- Bauüberwachung U5 Lückenschluss (BVG)
- Ausrüstung von 40 Bahnhöfen mit Videotechnik (BVG)
- Grundinstandsetzung des Bahnhofes Kienberg, Gärten der Welt (BVG)
- Umbau der Betriebsleitstelle Sicherheit der BVG

DOUBLE SKILL BUSINESS CONCEPTS & SOLUTIONS GMBH, Berlin

Professionelle ITK-Fachplanung für Ihr Bauvorhaben

Wir stehen Ihnen über die gesamte Projektdauer, von der Ideenfindung über die Konzeptionierung bis zur Inbetriebnahme kompetent zur Seite.

- ✓ Planungsleistungen (HOAI, BIM)
- ✓ Projektsteuerung (AHO)
- ✓ Ausführungsplanung (CAD)
- ✓ Ist-Analyse
- ✓ Marktanalyse
- ✓ Life-Cycle Kostenmodell
- ✓ Projektdokumentation

- ✓ ITK-Technologieberatung
- ✓ Konzeptentwicklung
- ✓ Anforderungsmanagement
- ✓ Mobile Videoprintverortung
- ✓ Mitwirkung Vergabeverfahren
- ✓ Fachtechnische Abnahmen
- ✓ Objektbetreuung

www.double-skill.com …more than words

Anzeige Ausführende Firmen

SCHNEIDER & PARTNER
COMPUTERVERNETZUNG GMBH

Ihr verlässlicher Partner für Computervernetzungen

- Projektierung von strukturierten Gebäudeverkabelungen
- Installation von Inhouse- und Campusverkabelungen
- Glasfaserverkabelungen im Carrierbereich
- Elektroinstallation
- Gebäudeautomation
- Schaffung von Komplettlösungen

TEL: 030 300 23 1000

Dorfstraße 21a, 16356 Ahrensfelde ○ Fax: 030 300 23 1020 ○ Webseite: www.sp-berlin.net

Meister- und Ausbildungsbetrieb seit 2012

Montage und Installation von
Elektrotechnischen Anlagen für die Industrie
Schwerpunkt: Berliner U-Bahn

Greifstr. 16, 12487 Berlin, Tel. 030 636 75 88, Fax 030 50 369 609, info@engel-handke.de, **www.engel-handke.de**

Ausführende Firmen Anzeige

Wir bringen Ihr Projekt auf den Punkt.

Projektmanagement – Planung – Beratung – Ökomanagement

Lahmeyer Deutschland GmbH · Standort Berlin · Sachsendamm 3 · 10829 Berlin ·
Tel.: +49 30 787913-0 · info-lb@de.lahmeyer.com · www.lahmeyer-deutschland.de

A company of

AUFZUGTECHNIK BERLIN GMBH
Kompetenz durch Erfahrung

ATB Aufzugtechnik Berlin GmbH
Buchholzer Str. 55-61
13156 Berlin
Tel. +49 (0)30 773 28 12-0
Fax +49 (0)30 773 28 12-5
info@atb-aufzugtechnik-berlin.de

Produktinfo ◄

Feuerwehrschalter trennt Photovoltaik-Anlagen vom Netz

(epr) Ist auf einem Gebäude eine Solaranlage installiert, stehen die Stromleitungen, die ins Haus führen, permanent unter Spannung. Im Brand- und Überflutungsfall sind sie lebensgefährlich. Hier sorgt der Feuerwehrschalter von Eaton für mehr Sicherheit. Wird er in unmittelbarer Nähe der Photovoltaik-Module in die Gleichstromleitung zwischen Panel und Wechselrichter eingebaut, gewährleistet er, dass alle spannungsführenden Leitungen abgeschaltet werden können. Weil die Leitungen zwischen den Solarmodulen und dem Wechselrichter selbst bei vermindertem Lichteinfall noch mit mehreren hundert Volt unter Spannung stehen, bestünde nämlich beim Löschen im Innenangriff Lebensgefahr. Mehr unter www.feuerwehrschalter.de.

Der Feuerwehrschalter unterbricht die elektrische Spannung zwischen den PV-Modulen und dem Wechselrichter. So können Feuerwehrleute im Brandfall gefahrlos löschen
(Foto: epr/Eaton)

Im Brandfall unterbricht man mit dem Feuerwehrschalter auf Knopfdruck unter Spannung stehende Leitungen zwischen Solarmodulen und Wechselrichter
(Foto: epr/Eaton)

Bodenstabilisierung durch Bodenverschraubung

Von Ronald Grube
Geschäftsführer von GEOTOP GbR Grube + Grote, Berlin

Die Bodenverschraubung ist als geotechnische Methode zur Bodenstabilisierung bisher unbekannt. Dagegen stellt die Bodenvernagelung sowie die Bodenarmierung bereits ein bewährtes Verfahren zur Erhöhung der Stabilität von Böden dar.

Seit ein paar Jahren werden Erdschrauben von KRINNER hergestellt, die als „Schraubfundament" vielseitig einsetzbar sind. Bisher haben sich diese Schrauben u.a. für Solarmodule, Blockhäuser, Werbetafeln, Hallen und Containeranlagen als alternative Gründungslösung durchgesetzt. Mit der Bodenverschraubung eröffnet sich ein weiteres Anwendungsfeld der Schrauben.

In Berlin war das Bauvorhaben in der Moritzstraße 13 in Berlin-Spandau das nunmehr dritte Bauvorhaben, in dem diese Lösung zum Einsatz kam. Dabei waren zwei verschiedene Einsatzgebiete erforderlich: die Sicherung von Bestandsfundamenten sowie die Bodenstabilisierung im Bereich sehr locker gelagerter oder auch aufgeweichter Schichten.

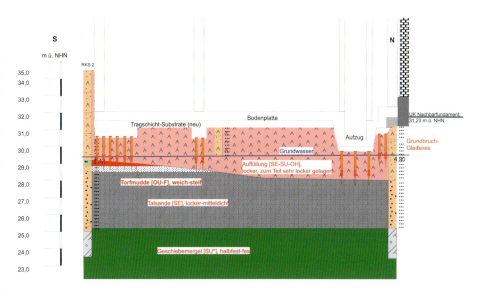

Bodenverschraubung zur Bodenverbesserung und Erhöhung der Grundbruchsicherheit von Nachbarfundamenten

Da die neuen Fundamente tiefer liegen als die Bestandsfundamente der Nachbarbebauung, konnte ohne zusätzliche Maßnahmen keine Grundbruchsicherheit der Bestandsfundamente nachgewiesen werden.

Skizze Bodenverschraubung   Quelle Abb.: GEOTOP

Durch „Festschrauben" des Grundbruchgleitkreises konnte eine kostengünstige Lösung angeboten werden. Ausschlaggebend ist hierbei insbesondere die Erhöhung der Kohäsion der Schicht, durch die der Gleitkreis verläuft. Aber auch Reibungswinkel und Wichte werden aufgrund der Materialeigenschaften der Schrauben und der Verzahnung mit den anstehenden Schichten erhöht. Die Schrauben wurden jeweils in zwei Reihen abschnittsweise zusammen mit Betonblöcken oberhalb der Schrauben eingebaut.

Ein weiteres Problem auf der Baustelle bestand darin, dass teilweise die Havelniederung das Grundstück querte. Dies hatte zur Folge, dass lokal noch Reste von Torfmudden anstanden, teilweise auch sehr locker gelagerte Auffüllsubstrate bis unterhalb des Grundwasserspiegels im Gründungsbereich reichten. Mithilfe von 1,6 m bis 2 m langen Schrauben wurden diese Schichten überbrückt und deren Steifeziffern im Bereich von erhöhten Lasteinträgen deutlich erhöht.

Mit der Bodenverschraubung eröffnet sich ein weiteres Anwendungsfeld der Schrauben

Quelle Abb.: GEOTOP

Ein MEHR aus Farben

Die Internationale Gartenausstellung Berlin 2017 – eines der wichtigsten Stadtentwicklungsprojekte der Dekade in Berlin

Vom 13. April bis zum 15. Oktober 2017 hat die Internationale Gartenausstellung (IGA) Berlin 2017 unter dem Motto „Ein MEHR aus Farben" zu einem erlebnisreichen und überraschenden Festival schönster internationaler Gartenkunst und grüner urbaner Lebenskultur eingeladen. Das abwechslungsreiche Festival findet nur alle zehn Jahre in Deutschland statt, 2017 erst- und einmalig in Berlin. Zur Planung, Durchführung und Vermarktung der IGA Berlin 2017 wurde im Juni 2010 die IGA Berlin 2017 GmbH gegründet. Gesellschafter sind das Land Berlin durch die Grün Berlin GmbH und die Deutsche Bundesgartenschaugesellschaft mbH.

Zur IGA Berlin 2017 ist in Marzahn-Hellersdorf eine neue Parklandschaft und eine touristische Destination mit internationaler Strahlkraft entstanden. Die Gärten der Welt mit dem Schwerpunkt auf gärtnerische Aus-

Blick über den Wuhleteich, auf das Umweltbildungszentrum und den Kienberg während der IGA Berlin 2017
Abb.: Nikolai Benner

stellungen und der Kienbergpark mit dem bewaldeten Kienberg und dem wasserreichen Wuhletal – das abwechslungsreiche IGA-Gelände gliederte sich in zwei große Teilbereiche. 186 Tage lang drehte sich dort auf 104 ha Fläche und bei mehr als 8.000 Veranstaltungen alles um zeitgemäße Gartenkunst und Landschaftsgestaltung, Naturerlebnisse, grüne Stadträume und Lebenskultur in unterschiedlichster Dimension und Gestalt.

Die IGA Berlin 2017 war Ideen- und Impulsgeberin, Lern- und Experimentierort, eine Plattform für den Dialog der Kulturen und Labor für Innovation. Mit der IGA Berlin 2017 initiierte die landeseigene Grün Berlin GmbH über die vielfältigen gärtnerischen Ausstellungen hinaus zukunftsweisende Projekte und zeigte Ausstellungsbeiträge zur nachhaltigen Lebenskultur.

Den internationalen Besucherinnen und Be-

Die Seilbahn eröffnet in bis zu 30 m Höhe und einer 1,5 km langen Fahrtstrecke den Blick auf das Ausstellungsgelände und die markante Hochhaussilhouette von Marzahn-Hellersdorf. Als wichtige barrierefreie und attraktive Anbindung der Gärten der Welt an die U-Bahn wird die Seilbahn auch nach der IGA weiterbetrieben
Abb.: Frank Sperling

50 Öffentliche Bauten

Über Treppen und einen Aufzug ist die in rund 120 m Höhe gelegene Plattform „Wolkenhain" auf dem Kienberg auch nach der IGA zu erreichen und bietet einen Panoramablick über die gesamte Metropole
Abb.: Frank Sperling

suchern präsentierte sich Berlin als nachhaltige grüne Metropole, die weltoffen und innovativ die Weichen für eine lebenswerte urbane Zukunft stellt.

BAULICHE HÖHEPUNKTE

Vom Wolkenhain über das moderne Besucherzentrum bis hin zur schwebenden Plattform der „Seeterrasse" – die IGA Berlin 2017 hat nicht nur grüne und blühende Attraktionen geboten. Mit ihrer Vielzahl an neuen gestalterisch ambitionierten Bauten von international namhaften Architekten und innovativen Gestalterinnen und Gestaltern war die IGA nicht nur Gartenschau, sondern auch Bauausstellung.

Markant erhebt sich über den Wipfeln der Bäume auf dem Kienberg die Aussichtsplattform Wolkenhain. Sie bildet eine neue Landmarke in der Stadtlandschaft und ermöglicht beste Aussichten bis ins Zentrum der Hauptstadt und in die umgebende brandenburgische Landschaft.

Mit Berlins erster Kabinenseilbahn erlebten die IGA-Gäste spektakuläre Aussichten aus der Vogelperspektive. Die Arena für bis zu 5.000 Gäste, das neue Besucherzentrum und der IGA-Campus mit dem Umweltbildungszentrum zählten ebenso zu den baulichen Höhepunkten. Weitere IGA-Bauten sind die Tropenhalle, das Landschaftsfenster „Belvedere", der Wuhlesteg für Naturentdecker und die „Promenade Aquatica".

NACHNUTZUNG

Dass bei der Konzeption und der Realisierung aller IGA-Bauten Natur- und Umweltschutz besondere Beachtung fanden, versteht sich von selbst. Die Bauwerke und gestalteten Areale, die auch nach der IGA erhalten bleiben, wurden von der Grün Berlin GmbH realisiert und dabei von der Senatsverwaltung für Wirtschaft, Energie und Betriebe im Rahmen der Gemeinschaftsaufgabe „Verbesserung der regionalen Wirtschaftsstruktur (GRW)" mit Bundes- und Landesmitteln in Höhe von rund 49 Mio. Euro finanziert und von der Senatsverwaltung für Umwelt, Verkehr und Klimaschutz und Umwelt kofinanziert. Als dauerhafte touristische Anziehungspunkte bereichern sie die Gärten der Welt und den Kienbergpark.

Der neu entstandene Kienbergpark ist für die Bevölkerung und Besucher nach der IGA Berlin 2017 frei zugänglich. Die Grün Berlin GmbH wird die Flächen des Kienbergparks im Sinne eines nachhaltigen Nachnutzungskonzeptes eintrittsfrei betreiben. Dieses Konzept folgt dem Anspruch, nachhaltig und verantwortungsvoll zu handeln und für die Bürgerinnen und Bürger von Berlin bleibende Werte zu schaffen. Gleichzeitig werden damit Umweltbildungs- und Sportangebote sowie die weitere Umsetzung des Waldentwicklungskonzeptes für den Kienberg gesichert. Die erweiterten „Gärten der Welt" werden als touristisches, eintrittspflichtiges Ausflugsziel mit internationaler Strahlkraft weitergeführt.

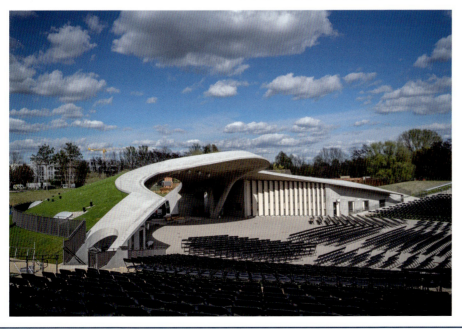

Der Arena-Neubau war einer der baulichen Höhepunkte zur IGA Berlin 2017. Für die Zukunft bleibt sie als neuer Veranstaltungsort in den Gärten der Welt dauerhaft erhalten
Abb.: Dominik Butzmann

Planung, Durchführung und Vermarktung IGA Berlin 2017:
IGA Berlin 2017 GmbH, Berlin

Partner am Bau:
- FLÖTER & USZKUREIT Garten-, Landschafts- und Sportplatzbau GmbH
- LEUKA Tiefbau GmbH
- GUBIN Trockenbau GmbH
- GaLaBau Latist GmbH
- Klaus Slischka Mess- und Regelungstechnik GmbH

FLÖTER & USZKUREIT

Landschaftsbau als gelebte Unternehmenskultur

Dichter werdende Städte, sich laufend verändernde Arbeits- und Lebensformen, neue Trends für Land und Stadt und nicht zuletzt die spürbaren Auswirkungen des Klimawandels fordern zeitgemäße, aber auch zukunftstaugliche Konzepte für den Umgang mit Freiräumen.

Diesem Anspruch stellt sich die Firma FLÖTER & USZKUREIT Garten-, Landschafts- und Sportplatzbau GmbH (F & U) täglich neu. Mit innovativen Ideen und spezialisiertem Know-how bringt sich das Unternehmen aktiv in die Beratung, Planung und Umsetzung ein, um mit Landschaftsplanern, kommunalen Auftraggebern und privaten Bauherren Neuanlagen und Umgestaltungen bestmöglich auf den Weg zu bringen. Garten- und Landschaftsbau ist für das Unternehmen nicht Pflichterfüllung von Mindestanforderungen, sondern immer die Kür im Erschaffen von erfahrbarem und naturnahem Lebensraum, der von seinen Nutzern auch wirklich angenommen wird.

Das inhabergeführte Unternehmen wurde vor vierzig Jahren von Hartmut Flöter und Wilfried Uszkureit gegründet. Seit 1996 sind Michael Schindel und Georg Firsching Geschäftsführer und Inhaber, die mit über 60 Mitarbeitern sowie einem hochmodernen Maschinenpark Vorhaben verschiedenster Größen in Berlin, Brandenburg und bundesweit umsetzen. Die Bandbreite umfasst den Bau von Wegen, Straßen und Plätzen, das Anlegen hochwertiger Pflanz- und Rasenflächen, die Herstellung von Park- und Freizeitanlagen, den Bau von Spiel- und Sportplätzen, die Anlage und Bepflanzung von öffentlichen und gewerblichen Grünflächen sowie die Ausführung aller erforderlichen Erd- und Kanalbauarbeiten.

FLÖTER & USZKUREIT beweist jeden Tag an vielen Orten, wie Mehrwert konkret erfahrbar wird: Alles Know-how sowie die für die Ausführung der kompletten Gesamtleistung erforderlichen Gewerke werden für das jeweilige Projekt zusammengeführt und koordiniert. Das Baumanagement bringt alle an einen Tisch, um bauliche Anforderungen passgenau zu gestalten. Die Relation von Flexibilität, Qualität und Kosten wird – auch im laufenden Prozess – ständig angepasst und optimiert. Service versteht das Unternehmen in kurzen Entscheidungswegen und zügig umsetzbaren, praktikablen Ergebnissen. Oberste Maxime ist aber immer der auf Augenhöhe respektvolle Umgang aller am Projekt Beteiligten.

WIR WOLLEN MEHR.

Und zwar für Sie. Wir verwenden dauerhafte Produkte wie langlebigen Naturstein oder pflegeleichte Pflanzen. Entscheidend ist, dass Sie den geschaffenen Mehrwert vor allem genießen können. Deswegen haben wir nur das Wesentliche im Auge.

WIR HABEN KRAFT.

Denn wir haben tolle Mitarbeiter. Diese sind hochmotiviert und gestalten mit viel guter Laune erlebbaren Freiraum. Wir stehen für sichere Einkommen und eine solide Altersversorgung. Nur ein eingespieltes Team schafft wirklichen Erfolg.

WIR BILDEN AUS.

Damit wir auch in Zukunft am Puls der Zeit sind. Zukünftige Mitarbeiter erlernen in unserem Unternehmen das Handwerk, aber bringen auch Impulse und theoretische Grundlagen ein. Wir sorgen dafür, dass sich unsere Auszubildenden individuell entfalten können.

Garten-, Landschafts- und Sportplatzbau GmbH

Dieses Engagement zahlt sich aus. Die wachsende Vertrauensbasis zu verschiedensten Auftraggebern beschert volle Auftragsbücher und hat das Unternehmen zu einem der Marktführer am Standort Berlin gemacht – insbesondere seit den letzten Jahren auf dem stark umkämpften öffentlichen Auftragsmarkt. Eigentlicher Gewinner dieser Kür ist bei Projektübergabe aber immer der Kunde, dessen Ansprüche an erstklassige Qualität, maximale Transparenz, exzellentes Management und eine Lösung auf Maß rundum erfüllt werden können.

Die schönste Bestätigung für diese täglich gelebte Unternehmenskultur kam kürzlich von der Jury der Deutschen Bundesgartenschau-Gesellschaft mbH (DBG). Im Vorfeld der Eröffnung der IGA Berlin 2017 ging die große Goldmedaille an FLÖTER & USZKUREIT für die hochwertige Ausführung differenzierter Garten- und Landschaftsbauleistungen in verschiedenen IGA-Teilbereichen. Zitat der Jury: „Mit hohem personellem Einsatz wurden u.a. umfangreiche Wegebauarbeiten, Baum- und Heckenpflanzungen unter oft schwierigen logistischen Bedingungen sehr erfolgreich realisiert."

WIR SIND FLEXIBEL.

Die Aufgaben unserer Kunden sind oft komplex. Das braucht Innovation und Kreativität. Als All-in-One-Dienstleister interessiert uns alles Neue am Markt, ob robustere Pflanzen, effizienteres technisches Gerät oder clevere Planungssoftware.

WIR SCHAFFEN VIEL.

Einen großen Teil noch von Hand. Hochwertiger Freiraum kann daher nur entstehen, wenn wir sorgfältig arbeiten, die Regeln der Technik beachten und Maschinen fehlerfrei bedienen können. Hier helfen uns aktuelle Fortbildungen und langjährige Erfahrung.

WIR DENKEN VOR.

Weil wir Mensch und Natur in einem Kreislauf sehen. Nachhaltigkeit ist für uns keine Floskel, sondern gelebtes Verständnis von Artenvielfalt, naturnaher Gestaltung, Schaffung gesunden Lebensraums, wirtschaftlichen Instandhaltungskosten, minimaler Versiegelung von Flächen.

Mehr Informationen: www.fundu.de

Ausführende Firmen Anzeige

Wir, die LEUKA Tiefbau GmbH, sind im Herzen Berlins verwurzelt und bieten Ihnen unsere Leistungen und langjährigen Erfahrungen für Ihr Bauvorhaben an.

Unser Leistungsspektrum ist breitbandig aufgestellt und Sie können auf unsere ingenieurtechnische Erfahrung angefangen vom Ingenieurtiefbau über den Rohrleitungsbau (Gas, Wasser, Kanal) bis hin zum Stahlbetonbau zugreifen.

- **Erd- und Tiefbau**
- **Stahlbetonbau**
- **Rohrleitungs- und Kanalbau**
- **Sonderlösungen im Ingenieurtiefbau**
- **Abbrucharbeiten**
- **Abdichtungsarbeiten**
- **Straßenbau**
- **Privatkunden**
- **Ingenieurleistung Beratung**

LEUKA Tiefbau GmbH
Reichsstraße 92a, 14052 Berlin
Tel. (030) 26369354, Fax (030) 26391392
info@leuka-tiefbau.de, www.leuka-tiefbau.de

Anzeige Ausführende Firmen

Ihr Fachmann und starker Partner für Trockenbau, Messebau, Ladenbau und Montagen. Als eines der erfolgreichsten Trockenbauunternehmen unterstützen wir seit über zehn Jahren unsere Auftraggeber mit der Realisierung Ihrer Projekte.
Sie wollen bauen, ausbauen, anbauen, sanieren oder renovieren? Dann wenden Sie sich an uns! Unser Angebot lässt keine Kundenwünsche offen.

GUBIN Trockenbau GmbH
Kaiserdamm 113, 14057 Berlin
Tel. 030/522 855 95, Fax 030/522 855 97
vladimirgubin@gubin-gmbh.de
www.gubin-gmbh.de

KLAUS SLISCHKA
MESS- UND REGELUNGSTECHNIK
GmbH

MSR-Anlagen für
Heizung • Lüftung • Sanitär

Ehrlichstr. 39 · 10318 Berlin-Karlshorst
Telefon +49 (0) 30/5 09 01 75
www.slischka-msr-technik.de
kontakt@slischka-msr-technik.de

40 Jahre Erfahrung
... wir regeln das für Sie

- *Projektierung und Planung von MSR-Anlagen*
- *Schaltschrankbau*
- *DDC-Programmierung, Gebäudeleittechnik*
- *Feldgeräte- und Elektroinstallation*
- *komplette Montage und Inbetriebnahme*
- *Wartung gemäß VDMA und VDI*

Qualität aus Tradition

Ausstellungs- und Veranstaltungsgebäude „Futurium" in Öffentlich-Privater-Partnerschaft errichtet / „MEININGER Hotel Berlin East Side Gallery" eröffnet am 1. Dezember / „East Side Office" Am Postbahnhof/ Mühlenstraße in Berlin-Friedrichshain

Die BAM Deutschland AG – hervorgegangen aus der Fusion von Müller-Altvatter Bauunternehmung und Wayss&Freytag Schlüsselfertigbau – ist eines der führenden deutschen Bauunternehmen. Als Tochter der niederländischen Royal BAM Group mit einem Jahresumsatz von über 8 Mrd. Euro gehört das Unternehmen zu einem der größten Baukonzerne Europas. Kernkompetenzen sind: Planung, Ausstattung, Sanierung, Umbau und Errichtung schlüsselfertiger Großprojekte in Deutschland.

Im Anschluss stellen wir drei Projekte der BAM Deutschland AG, Niederlassung Berlin vor.

FUTURIUM

In prominenter Lage direkt an der Spree ist Mitte September 2017 in Berlin das Futurium eröffnet worden. Der Bau des Futuriums ist in Öffentlich-Privater-Partnerschaft erfolgt: Die BAM Deutschland AG ist privater Partner der Bundesanstalt für Immobilienaufgaben, die als Grundstückseigentümerin

Futurium: Direkt am Berliner Spreeufer, zwischen Reichstag und Hauptbahnhof, ist das Futurium gelegen, dessen außergewöhnliche, moderne Architektur das städtebauliche Umfeld des Regierungsviertels auf besondere Weise ergänzt
Abb.: Schnepp Renou

und Bauherrin das Projekt im Auftrag des Bundesministeriums für Bildung und Forschung realisierte. Der Entwurf des Ausstellungs- und Veranstaltungsgebäudes stammt von dem Berliner Architektenduo Christoph Richter und Jan Musikowski in Zusammenarbeit mit den Landschaftsarchitekten JUCA. Getragen wird das Futurium von einer gemeinnützigen GmbH, an der Politik, Wissenschaft und Wirtschaft beteiligt sind. Das Bundesministerium für Bildung und Forschung gehört zu den Gründungsgesellschaftern. Das Futurium ist zugleich Zukunftsbühne, Zukunftsmuseum, Zukunftslabor und Zukunftsforum. Unter einem Dach beherbergt es im Herzen Berlins eine Ausstellung mit lebendigen Szenarien, ein Mitmachlabor zum Aus-

Futurium: Innerhalb der umgebenden Bebauung entwickelt das Ausstellungs- und Veranstaltungsgebäude eine eigenständige skulpturale Form
Abb.: Schnepp Renou

Futurium: Zwei große Glasflächen – im Süden 8 m mal 28 m im Norden 11 m mal 28 m groß – bieten spektakuläre Ausblicke und stellen die ausgestellten Denkräume in Kontext zum gegenwärtigen Stadtraum
Abb.: Schnepp Renou

probieren und ein Veranstaltungsforum als Ort des Dialogs. Das Futurium steht allen offen, die Lust auf Zukunft und Zukunftsgestaltung haben. Erkunden, diskutieren, testen – das Futurium ermöglicht seinen Besucherinnen und Besuchern einen Blick in die Welt von morgen. Es zeigt die Herausforderungen, Chancen und Risiken ebenso wie die Bausteine, mit denen Zukunft gestaltet werden kann. Dabei ist das Futurium zugleich ein Ort der Begegnung: Politik, Wissenschaft, Wirtschaft, Kunst und Gesellschaft kommen dort zum Austausch über die Zukunft zusammen. Über 3.000 m² stehen dafür auf drei Etagen zur Verfügung.

Das Futurium liegt eingebettet zwischen dem Bundesministerium für Bildung und Forschung, Spreebogen und Humboldthafen, Hauptbahnhof und Gelände der Charité. Innerhalb dieses Ensembles entwickelt das Haus der Zukunft eine eigenständige skulpturale Form. An den Hauptzuwegungen Alexanderufer und Kapelle-Ufer werden durch Zurücksetzen der Bauflucht zwei Plätze geschaffen. Die schmetterlingsförmige Auffaltung des Baukörpers zu städtebaulichen Hochpunkten verleiht dem Futurium die visuelle Prägnanz zwischen Spree und Hochbahn. Das Futurium ist als Niedrigstenergiegebäude konzipiert und erreicht in der Nachhaltigkeitsbewertung den Status BNB-Gold. Zwei große Vorplätze gliedern den Freiraum rund um das Futurium. An den Vorplätzen befinden sich die Haupteingänge. Diese werden von bis zu 18 m auskragenden Vordächern überspannt. Geschützt und dennoch im Freien entsteht so ein öffentlicher Aufenthaltsort. Ein Punktmuster überzieht die komplette Platzfläche und gibt dem Platz einen eigenen Charakter. Innerhalb des Musters sind spielerisch Sitzmöglichkeiten, Durchwegungen, aber auch Ruhezonen angeordnet. Bepflanzte Rundbänke bilden einen Treffpunkt an zentraler Stelle auf dem Platz. Entlang der Passage zur Charité befindet sich zwischen schattenspendenden Baumreihen die Terrasse des Veranstaltungsbereiches.

Das Futurium verfügt über zwei Untergeschosse, ein Erdgeschoss sowie ein Obergeschoss mit zwei Zwischengeschossen. Der Baugrubenverbau erfolgte mit Spundwänden, unterhalb der Bodenplatte ist eine Sohlabdichtung ausgeführt worden. Die Untergeschosse wurden als „weiße Wanne" ausgebildet. Das Gebäude erhielt ein Stahlbetontragwerk, bestehend aus Stahlbetonwänden und -stützen sowie Flachdecken bzw. Stahlbetondecken mit Stahl-Verbundträgern. Die Außenwände sind in Teilbereichen vorgespannt. Das Dachtragwerk wurde als Stahlkonstruktion ausgeführt. Für die Fassaden kamen diagonale bzw. orthogonale Pfosten-Riegel-Konstruktionen im Structural-Glazing-System zur Ausführung. Die Fassade besteht aus über 8.000 Kassettenelementen. Die jeweils 1 m großen Elemente bestehen aus unterschiedlich gefalteten Metall-Reflektoren und keramisch bedrucktem Gussglas. Diese erzeugen ein changierendes, sich mit dem Lichteinfall beständig änderndes Wolkenbild.

Der öffentlich zugängliche Skywalk auf dem Dach ist sowohl zu Fuß als auch mit dem Aufzug erreichbar und läuft einmal komplett um das gesamte Dach. Er bietet den BesucherInnen des Hauses spektakuläre Ausblicke auf den Berliner Stadthorizont von der Reichstagskuppel bis zum Fernsehturm. Im Süden sind das Bundeskanzleramt und der Spreebogen in Sichtweite, im Norden richtet sich der Blick auf das Charitégelände und den Berliner Hauptbahnhof.

Noch stehen die Räume des Futuriums leer, aber schon im nächsten Jahr werden an ausgewählten Wochenenden interaktive Forschungsexperimente durchgeführt und themenspezifische Programmwochen angeboten. Im Frühjahr 2019 wird das Futurium dann dauerhaft seine Pforten öffnen.

Futurium: Das Foyer dient als zentraler Ort der Zusammenkunft und des Austauschs von Informationen
Abb.: Schnepp Renou

Öffentliche Bauten / Gewerbebauten 57

MEININGER HOTEL BERLIN EAST SIDE GALLERY

Der Name ist Programm: Das MEININGER Hotel Berlin East Side Gallery entsteht direkt gegenüber dem längsten noch erhaltenen Teilstück der Berliner Mauer, das heute eine Open-Air-Galerie ist. Die MEININGER Hotels und die NDC Gruppe konnten am 31. August 2017 Richtfest feiern. Das Hotel wird am 1. Dezember 2017 eröffnen und das fünfte Hotel der MEININGER Gruppe in Berlin sein. Das Hotel wird über eine Bruttogeschossfläche von 6.000 m² verfügen.

Die MEININGER-Hotels sind Pächter des Gebäudes, welches Teil des neuen Quartiers am Postbahnhof sein wird. Der Pachtvertrag ist auf 25 Jahre angelegt. Generalunternehmer ist die BAM Deutschland AG. Deren Leistungsumfang umfasst die Erbringung der Planungsleistungen für die Errichtung des Bauvorhabens, das Freimachen des Grundstückes, die Erstellung der Baugrube und die schlüsselfertige Errichtung des Gebäudes. Die Fassadengestaltung und die Entwicklung einer Ensemblewirkung zur geplanten Nachbarbebauung ist Teil des Planungsauftrages. Das Hauptgebäude hat eine Traufhöhe von ca. 26 m über Gelände, acht Vollgeschosse sowie ein Untergeschoss mit Tiefgarage. Gemäß Bebauungsplan wird eine dreigeschossige Aufstockung als Turmgebäude auf das Hauptgebäude aufgesetzt. Der Fertigfußboden des obersten Geschosses liegt ca. 33 m über Geländeoberfläche und somit über der Hochhausgrenze.

Der Neubau, entworfen vom Architekturbüro nps tchoban voss, verfügt über 245 Zimmer und 833 Betten auf zehn Etagen. Peter Sauter, Gesellschafter der NDC Gruppe, betonte in seiner Rede anlässlich des Richtfests die harmonische Architektur des Gebäudes: „Der wundervolle Baukörper mit seiner prägnanten Eckbetonung, das Spiel mit Licht und Schatten, die Materialität, schaffen eine moderne und doch dem historischen Ort verbundene Architektur."

Alle Zimmer werden über eine sehr gute Ausstattung mit TV, kostenfreiem W-LAN, USB-Steckdosen und ein eigenes Badezimmer mit hochwertiger Einrichtung verfügen. Durch die flexible Zimmerstruktur der MEININGER-Hotels werden die Unterbringungsmöglichkeiten vom klassischen Doppelzimmer über private Mehrbettzimmer bis hin zum Bett im Schlafsaal reichen. Alle öffentlichen Bereiche, wie Lobby, Lounge, Bar und Frühstücksraum, werden im Erdgeschoss des Gebäudes untergebracht sein. Ebenso die für ein MEININGER-Hotel typische Gästeküche und Gamezone. In der gut ausgestatteten Gästeküche können sich Gäste rund um die Uhr selbst versorgen. Die Küche verfügt außerdem über eine Waschmaschine und einen Trockner. Im Untergeschoss wird es eine Tiefgarage mit 17 Pkw-Stellplätzen geben.

EAST SIDE OFFICE

Das Bürohaus East Side Office, das in drei Bauabschnitten am historischen Postbahnhof in Berlin-Friedrichshain entsteht, kann sehr individuelle Bedürfnisse von potenziellen Mietern und Investoren erfüllen. Helle und modern gestaltete Räumlichkeiten mit Spreeblick sorgen für eine lichtdurchflutete und repräsentative Arbeitsumgebung. Das Objekt wird als sieben- bis zehngeschossiges Gebäude inklusive Untergeschoss mit 76 Tiefgaragenstellplätzen errichtet. Die Gesamtmietfläche wird rund 17.000 m² umfassen. Der 1. Bauabschnitt ist bereits fertiggestellt, der 2. befindet sich zurzeit in Bau.

Die BAM Deutschland AG, Niederlassung Berlin hat im 1. Bauabschnitt im Bauteil 1.1 und 1.2 in der Mühlenstraße 38 die Errichtung geplant. Im Leistungsumfang enthalten waren das Freimachen des Grundstückes, die Erstellung der Baugrube und die schlüsselferti-

MEININGER Hotel Berlin East Side Gallery: Das Hotel wird am 1. Dezember 2017 eröffnen und das fünfte Hotel der MEININGER Gruppe in Berlin sein
Abbildungen: Sabine Renz

East Side Office: Das hochwertige Bürohaus wird in drei Bauabschnitten errichtet. Dabei wird eine Natursteinfassade aus Travertin mit Eichenholzfenstern verwirklicht
Abbildungen: Sabine Renz

-Proj. „Futurium"
Planungsoptimierung und Errichtung sowie Betrieb und Instandhaltung über 28 Jahre:
BAM Deutschland AG,
Niederlassung Berlin
Bauherr:
Bundesanstalt für Immobilienaufgaben Direktion Berlin FN, Berlin
Planung:
Richter Musikowski GmbH, Berlin

-Proj. „MEININGER Hotel Berlin East Side Gallery"
Schlüsselfertige Errichtung, einschließlich Planungsleistungen:
BAM Deutschland AG,
Niederlassung Berlin
Bauherr:
Grundstücksgesellschaft
am Postbahnhof GmbH & Co. KG, Berlin
Planung:
nps tchoban voss GmbH & Co. KG, Berlin

-Proj. „East Side Office"
Sämtliche Planungsleistungen und schlüsselfertige Errichtung sowie Außenanlagen gemäß Budget:
BAM Deutschland AG,
Niederlassung Berlin
Bauherr:
Nippon Development Real Estate Management GmbH, Berlin
Planung:
Thomas Müller Ivan Reimann Architekten,
Berlin (Entwurf)/
WEP Effinger Partner Architekten BDA, Berlin (Ausführungsplanung)

Partner am Bau:
- Schüßler-Plan
  Ingenieurgesellschaft mbH
- Ingenieurbüro Walther GmbH
- INGENIEURGRUPPE
  HTPS / HTGS GMBH
- HTW HETZEL, TOR-WESTEN + Partner Ingenieurgesellschaft mbH
- BAT Automatisierungstechnik-
  Planungs GmbH
- ib-bauArt GmbH
- enuTEC GmbH
- Wolfgang Lüttgens
  GmbH Berlin
- Norenz Foliensysteme GmbH
- Dorstenstein & Noack
  Bodentechnik GmbH
- Kemmer Engineering GmbH
- Ronny Gassner Deckendämmung
- Winzler GmbH Spedition und Baustoffhandel
- INGENIEURBÜRO FRANKE
- BAUER Spezialtiefbau GmbH
- meergans gmbh
- PLANTEAM SCHWARZ
  Planungsgesellschaft für
  Gebäude- und Umwelttechnik mbH
- Böhning Energietechnik
  Berlin GmbH

ge Errichtung des Bauteils 1 einschließlich der Außenanlagen. Ab dem 1. Obergeschoss des Bürohauses ist ein unverbaubarer Blick auf die Spree und die East Side Gallery gewährleistet. Es ist ein siebengeschossiges Gebäude mit einem Untergeschoss mit Tiefgarage entlang der straßenbegleitenden Baugrenzen mit einer Traufhöhe von max. 26 m entstanden. Die Gebäudestruktur erlaubt die in Bürobauten übliche Flexibilität, sodass eine auf die Bedürfnisse des jeweiligen Nutzers zugeschnittene Nutzungskonzeption möglich ist. Die Außenhaut ist als Bandfassade gestaltet, die die notwendigen Anforderungen an Schallschutz, Wärmeschutz und Brandschutz erfüllt. Hierbei wurde besonders auf eine energieeffiziente Bauweise geachtet. Es ist ein Raster über die gesamte Fassade gelegt, das sich auf der Horizontalen am Maß 1,25 m orientiert und auf der Vertikalen an den Stockwerkshöhen. Durch diese Raster wird die Fassade in die folgenden Konstruktionsarten aufgeteilt: Pfosten/Riegelkonstruktion, Vorgehängte Fassade aus Naturstein sowie Einzelfenster aus Eichenholz als Dreh-Kippfenster.

Die Architektur stammt von Thomas Müller Ivan Reimann Architekten.

Anzeige

FUTURIUM Berlin: Räume für die Zukunft

Mit thematisch gefassten Szenarien Zukunft erlebbar machen, Räume für ausstellungsreife innovative Technologien und aktuelle Projekte aus Forschung und Entwicklung – der Entwurf des Futurium von Richter Musikowski Architekten hatte hohe Anforderungen:

- sehr anspruchsvolle Architektur: jedes Detail ist gestaltet und zu Ende gedacht, nichts bleibt dem Zufall überlassen.
- sehr anspruchsvolles Tragwerk: weite Auskragungen, schwebende Treppenhäuser und abgehängte Konstruktionen. Das Tragwerk tritt dabei nicht wahrnehmbar in den Hintergrund.
- sehr anspruchsvolle Haustechnik: Niedrigst-Energiehaus, BNB-Goldstandard, vor allem aber sehr komplexe, unterschiedliche Anforderungen und Abhängigkeiten in den einzelnen Ebenen und Bereichen.

Ausschlaggebend für die erfolgreiche Umsetzung des Projektes war u.a. die Nutzung der Planungsmethode (BIM) in der Zusammenarbeit der Teams.

STARK KONZIPIERT. STARK KONSTRUIERT.

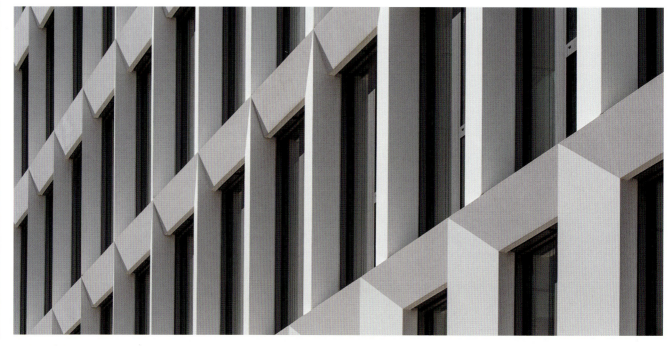

Weil Kopfarbeit auch Hand und Fuß haben sollte, beraten wir ganzheitlich und lösungsorientiert. Mit dem Interesse unserer Kunden an oberster Stelle und der Verantwortung für unsere gebaute Umwelt im Blick. Unser Grundsatz: ein offener Dialog auf Augenhöhe. Objektiv und vertraulich. Bei öffentlichen oder privaten Investoren. Unser Ziel: die funktionale, wirtschaftliche und nachhaltige Lösung für ihr Projekt. Jeden Maßstabs, jeder Typologie.
www.schuessler-plan.de

PLANUNG ANLAGENBAU HANDELSVERTRETUNG

  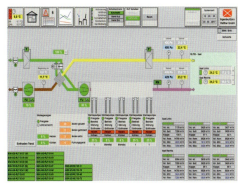

Die Ingenieurbüro Walther GmbH bietet Ihnen mit über 50 Mitarbeitern maßgeschneiderte Lösungen als Projektant, Anlagenbauer, Lieferant und Servicepartner in der Gebäudeautomation.

Unsere Mitarbeiter erarbeiten mit Ihnen gemeinsam Lösungskonzepte für Ihre speziellen Anforderungen, betreuen Sie während des gesamten Bauablaufes und sichern mit unseren Servicedienstleistungen die weitere Anlagenverfügbarkeit.

An unseren Standorten Berlin, Wittenberg, Hannover und Leuna betreuen wir Sie gerne mit unserem Team und unserem Know-how. Neben schnellen Reaktionszeiten garantieren wir Ihnen zusätzlich beste Lieferzeiten und ein hohes Maß an Qualität.

Alle Systemlösungen bieten wir Ihnen gesondert oder in einem kompletten Paket an. Von der ersten Planung bis hin zur Ausführung bieten wir Ihnen alles aus einer Hand an. Durch unser Angebot an Komplettlösungen kennen wir bereits die Schnittstellen und können somit die Bauzeiten optimieren.

Egal ob Gewerbe oder Wohnungsbau - Ihre technischen Anlagen sind bei uns in guten Händen und wir betreuen Sie gerne 24/7.

Auch nach der Fertigstellung betreuen und pflegen wir Ihre technische Anlage um Störungen vorzubeugen, sie auf dem aktuellen Stand zu halten bis hin zu einer energieeinsparenden Optimierung vorzunehmen.

Wir bieten Ihnen komplette Systemlösungen in den Bereichen:
- ▶ Gebäudeautomation
- ▶ Elektrotechnik
- ▶ Gebäudeleittechnik und Fernüberwachung
- ▶ Systemlösungen der Regelungstechnik
- ▶ Gaswarnanlagen
- ▶ elektrische Begleitheizung
- ▶ Schaltschrankbau sowie
- ▶ Service und Wartung ihrer speziellen technischen Anlagen

ISO 9001 zertifiziert

Gartenfelder Straße 29 | 13599 Berlin
Tel.: (030) 53 14 122 71 | Fax. (030) 53 14 122 87
ibw@ib-walther.de

www.ib-walther.de

HTPS INGENIEURGRUPPE HTGS GMBH

Planitzstraße 1 12621 Berlin
Tel. 030 / 56 54 69-0 Fax 030 / 56 54 69-10
info@htps.de info@htgs.de

www.htps.de

HTPS Hoch-und Tiefbau-Planung Schröder
Partnerschaft von
Planungsingenieuren mbB

Hoch- und Tiefbau-Generalplanung
Schröder GmbH

UNSERE LEISTUNGEN

- Architektur / Tragwerksplanung / Bauleitung
- Generalplanung
  (Speziell im Bereich Wohnungsbau sowie Ingenieur- und Kraftwerksbau)
- Sachverständigengutachten
- Brandschutzkonzepte / -gutachten
- Bautechnischer Wärme- und Schallschutz
- Ausschreibungen
- Sicherheits- und Gesundheitsschutzkoordination

Müllbunker Leverkusen - Luftbildaufnahme

Neubau eines Einkaufszentrums Glacis Galerie – Außenansicht

Neubau eines Hotels; BBI-Airport Hotel Steigenberger

Neubau einer Wohnanlage in der Chausseestr. 57 – 60 in Berlin

Congress Center Skyline Plaza in Frankfurt am Main

Erweiterungsneubau Seniorenzentrum „Regine Hildebrandt" in Bernau bei Berlin

Bürohaus am Osthafen, Coca-Cola Hauptquartier in Berlin

BERATENDE INGENIEURE

Die Ingenieurgruppe bietet mit rund 40 qualifizierten und hoch motivierten Mitarbeiterinnen und Mitarbeitern mit langjähriger Berufserfahrung besondere Fachkenntnisse in der Neubauplanung von Gebäuden, konstruktiven Sanierungsplanung von Geschäfts- und Wohnbauten, von denkmalgeschützten Wohn-, Gewerbe- und Industriebauten, Kraftwerksbauten und speziell von Müllverbrennungsanlagen. Die Büros sind zudem als Fachplaner im vorbeugenden Brandschutz tätig.

DIPL.-ING. HANS-JOACHIM SCHRÖDER
bauvorlageberechtigt im Land Berlin
Öffentlich bestellter und vereidigter Sachverständiger für Schäden an Gebäuden und Brandschäden der IHK Berlin
Öffentlich bestellter und vereidigter Sachverständiger für Vorbeugenden Brandschutz der IHK Berlin
Sachverständiger für Bautenschutz und Bausanierung (EIPOS)
Sachverständiger für Energieeffizienz von Gebäuden (EIPOS)
Fachplaner für vorbeugenden Brandschutz (EIPOS) Bestellung als Sachverständiger im Sinne des § 62 Abs. 4 Wasserhaushaltsgesetz – WHG in Verbindung mit der Verordnung über Anlagen zum Umgang mit wassergefährdenden Stoffen und über Fachbetriebe Anlagenverordnung – VawS (TOS Prüf GmbH)

DR.-ING. KARL SCHRÖDER
bauvorlageberechtigt im Land Berlin
Zertifizierter Sachverständiger für Statik und Konstruktion
Sachverständiger für bautechnische Prüfung, Sachgebiet Eisenbahnbrückenbau und Konstruktiver Ingenieurbau im Eisenbahnbau, Tätigkeitsbereich Massivbau em.
öffentlich bestellter und vereidigter Sachverständiger für Tragwerke im Massivbau em.
Prüfingenieur für Baustatik im Massivbau em.
Schweißverantwortlicher für Betonstähle / im Stahlbetonbau

Anzeige Ausführende Firmen

HETZEL, TOR-WESTEN + Partner
Ingenieurgesellschaft mbH
Berlin - Leipzig - Düsseldorf

Seit über 40 Jahren Ihr Partner
für ganzheitliche Beratung und Planung

Technische Gebäudeausrüstung

Sanitärtechnik
Heizungstechnik
Raumlufttechnik
Kältetechnik
Starkstromtechnik
Schwachstromtechnik
Fördertechnik
Feuerlöschtechnik
Gebäudeautomation

Gewerbe / Büro
Einzelhandel
Hotel
Wohnen
Öffentliche Gebäude

Neue Grünstraße 26
10179 Berlin

Telefon: +49 30 253714 0
E-Mail: htw-b@htw-ingenieure.de

Als Anbieter von Komplettlösungen und als Dienstleistungsunternehmen sind wir im Bereich der Automatisierungstechnik tätig!

Automatisierungstechnik-Planungs GmbH

Friedrich-Franz-Straße 19
14770 Brandenburg an der Havel
Tel.:   0 33 81 / 410 40-0
Fax: 0 33 81 / 410 40-19
Internet: www.bat-gmbh.de
E-Mail: info@bat-gmbh.de

Unsere Schwerpunkte liegen in den Bereichen:
- **Haus- und Gebäudeautomation**
- **Energieoptimierung**
- **Automatisierung für Heizungs-, Lüftungs- und Klimaanlagen**
- **Automatisierung für Fern- und Nahwärmeanlagen**
- **Automatisierung für Wasser- und Abwasseranlagen**

---

ib-**bau**Art GmbH
Ingenieurbüro für Tragwerksplanung im Bestand und Neubau

Dipl.-Ing. Anja Richter
Prüfsachverständige für energetische Gebäudeplanung

Dipl.-Ing. Peter Klaus
Prüfingenieur für Standsicherheit

Storkower Straße 99a · 10407 Berlin
Tel. 030/419 34 60-0 · Fax 030/419 34 60-10
info@ib-bauart.de · www.ib-bauart.de

Ausführende Firmen — Anzeige

Ihr Partner für technische Gesamtplanung

enuTEC GmbH
Bernauer Str. 50 • 16515 Oranienburg
Tel.: 03301 / 70 26 80
Fax: 03301 / 70 26 77
www.enutec.de

Technische Gebäudeplanung
- fachlich kompetente Planungen
- durchdachte effektive Konzepte und Systemlösungen
- Projektmanagement, Bauüberwachung und Bauleitung

Als beratende und planende Ingenieure begleiten wir Neubau- und Sanierungsprojekte in allen Leistungsphasen. Für den Bauherren bedeutet dies: Neueste Technik mit höchster Wirtschaftlichkeit. Mit modernsten Werkzeugen und professionellen Methoden bearbeiten wir Projekte als Fachplaner aller elektrotechnischen Gewerke.

Technische Gesamtplanung
- Energietechnik, Elektrotechnik
- Sicherheits- und Datentechnik, EIB-KNX
- technische Gebäudeausrüstung (Heizung, Klima, Sanitär, Lüftung)

Über 100 Jahre Malereibetrieb in Berlin

Wir verfügen über langjährige Erfahrungen bei der Sanierung von Altbaufassaden, im Vollwärmeschutz, der Betoninstandsetzung und bei Maler- und Lackierleistungen im Innenbereich. Unser Motto: „Traditionelles Malerhandwerk und moderne Sanierungstechnologien".

Für mehr Informationen und Referenzen besuchen Sie bitte unsere Internetseiten.

Wolfgang Lüttgens GmbH Berlin
Akazienallee 28 • 14050 Berlin • Tel.: 030 - 300 679-0 • Fax: 030 - 300 679-29

www.luettgens-malereibetriebe.de

Maßgeschneiderte Produkte und Leistungen – zu einem fairen Preis

| SONNENSCHUTZ | FASSADENVEREDELUNG | SICHTSCHUTZ & DEKOR | GLASMARKIERUNG & PIKTOGRAMME |
| UV-SCHUTZ | SPLITTERSCHUTZ & SICHERHEIT | LICHTSTREUUNG | OBERFLÄCHENVEREDELUNG | FARBIGES GLAS |

NORENZ — WIR KÖNNEN FOLIE

Norenz Foliensysteme GmbH
Dorfstraße 48
12529 Schönefeld
Tel.: +49 (0) 3379 446948
Fax: +49 (0) 3379 446958
folien@norenz.de

www.norenz.de

- Estrich
- Doppelböden
- Hohlraumböden
- Dämmstoffe

Dorstenstein & Noack Bodentechnik GmbH

Bergstraße 10, 15749 Mittenwalde/OT Motzen
Tel. 033 769/189 94, Fax 033 769/189 95, Mobil 0173/211 37 18
dorstensteincom@freenet.de, rene.noack.online@freenet.de

Anzeige   Ausführende Firmen

Unsere Leistungen
- Computergestütztes Sondieren von Landflächen
- Überprüfung von Geländeabschnitten mit Suchgeräten
- Bohrlochsondierung
- Kampfmittelräumung und -bergung
- Kampfmitteltechnische Baubegleitung
- Flächenräumung

Kemmer Engineering GmbH
Oderstraße 188, 12051 Berlin, Tel. 030/ 30061-0/-163, Fax 030/ 30061-106, www.kemmer-engineering.de, info@kemmer-engineering.de

Firma Gassner
Wendenschlossstraße 239
12557 Berlin
0176 20526636
fa.gassner@yahoo.de

Die Firma Gassner hat sich auf die Verarbeitung von Tiefgaragendämmung spezialisiert. Eine hohe Qualität sowie Wirtschaftlichkeit bei der Verarbeitung sind dabei maßgeblich.

Damit Kosten nicht durch die Decke gehen: Deckendämmung mit Multipor

Ob bei großflächigen Tiefgaragendecken oder privaten Kellerdecken, beim Bauen im Bestand oder im Neubau: Seit über 15 Jahren erfüllt die ökologisch unbedenkliche Multipor Mineraldämmplatte sowohl energetische Ansprüche als auch Brandschutz-Anforderungen sicher und zuverlässig.

Vorteile der Deckendämmung mit Multipor:
- Schnelle und wirtschaftliche Klebemontage
- Helle Oberfläche für freundliche Atmosphäre
- Nicht brennbar A1 nach DIN EN 13501-1
- Rein mineralisch, faser- und schadstofffrei
- Einfache Verarbeitung ohne zusätzliches Verdübeln
- Hinterströmungssicher
- Ökologisch ausgezeichnet durch natureplus und IBU-Deklaration

Produktinfo ◀

Kaffee für den Fußboden – wohngesunde Fliesen in cremigen Farben

(epr) Da Fliesen weder Milben noch Bakterien oder anderen Krankheitserregern einen Nährboden bieten, können sich nicht nur Allergiker über ein gesundes Wohnklima freuen. Dank ihrer optischen Vielfalt machen sich Fliesen in Küche und Bad, aber auch im

Ein Fliesenboden in sanften Pastelltönen sorgt für ein harmonisches Ambiente, in dem man sich nur wohlfühlen kann
(Foto: epr/cero-epr.de)

Helles „Latte", braunes „Cappuccino" oder kräftiges „Choco" – die cremigen Kaffeefarben machen jeden Fußboden zu einem modernen Hingucker
(Foto: epr/cero-epr.de)

Wohn-, Schlaf- und Arbeitsbereich gut. Dass sie Wohnräume in Wohlfühlräume verwandeln, das beweist die Steinzeugfliesen-Serie CERO®CAFE. Mit sanften Beige- und Brauntönen gestalten die drei Varianten „Choco", „Cappuccino" und „Latte" jeden Boden modern und stilvoll. Bauherren können zwischen unifarbenen Fliesen, kreativen Mosaiken und Bordüren wählen. Dabei sorgen die cremigen Kaffeefarben immer für ein harmonisches Bild. Mehr unter www.cero-epr.de.

Neuer Mercedes Platz Anziehungspunkt für ganz Berlin

Nach amerikanischem Vorbild entsteht derzeit vor der Mercedes-Benz Arena ein „Entertainment District" mit Music Hall, Kinos, Bowling-Center, Restaurants und Hotels

Bis Herbst 2018 werden direkt vor der Mercedes-Benz Arena vier Gebäude mit einer Bruttogeschossfläche von insgesamt 70.000 m² entstehen. Auf dem rund 20.000 m² großen Areal konnte im Juni 2016 der Spatenstich für den zukünftigen Mercedes Platz gefeiert werden, der das Zentrum eines neuen Stadtquartiers entlang der East Side Gallery bilden wird. Entwickler und Betreiber des Mercedes Platz ist die Anschutz Entertainment Group (AEG) mit Hauptsitz in Los Angeles, die dafür 200 Mio. Euro investieren wird. Mercedes-Benz ist Namensgeber des Platzes.

PHILOSOPHIE

Erleben, Erholen, Unterhalten, Übernachten und Genießen – der Mercedes Platz wird zukünftig die einzelnen Lebensbereiche auf dem Stadtquartier an der Mühlenstraße miteinander verknüpfen und für die Menschen, egal ob sie nun hier leben, arbeiten oder nur zu Besuch sind, ein lebendiges und attraktives Zentrum bieten. Somit sorgt der Mercedes Platz entscheidend dafür, dass hier ein Quartier entsteht, das der Stadt und dem Bezirk eine neue urbane Facette hinzufügen wird. Ein Ort der Arbeit für Tausende Menschen, Lebensmittelpunkt für Familien, Ausgehmeile, Veranstaltungsort und ein Karree, in dem Touristen aus aller Welt zusammenkommen werden.

STÄDTEBAULICHE KONZEPTION

Arbeiten und wohnen allein erzeugen noch keine Urbanität – es braucht vor allem öffentliches Leben. Mit mehr als 20 Millionen Nutzern und Besuchern jährlich wird der Mercedes Platz zukünftig das vitale Zentrum des neuen Stadtquartiers. Denn nach dem Ab-

Vor der Mercedes-Benz Arena entwickelt die Anschutz Entertainment Group für rund 200 Mio. Euro den Mercedes Platz – das vitale Herzstück für das dynamisch wachsende Stadtquartier entlang der East Side Gallery Abb.: Archimation 2017 für AEG

schluss der gesamten Entwicklung des Areals werden hier gut 20.000 Menschen arbeiten und 4.000 wohnen. Rund 4 Millionen Touristen kommen jetzt schon jedes Jahr. Zu den bereits bestehenden Attraktionen entlang des Spreeufers wird der Mercedes Platz weitere Anziehungspunkte schaffen und das Stadtquartier so zu einem der wichtigsten Sport-, Kultur- und Unterhaltungsstandorte in Berlin machen.

Geplant sind u.a. eine Veranstaltungshalle für bis zu 4.000 Besucher, ein hochmodernes UCI KINOWELT Premierenkino, eine Lifestyle-Bowling-Lounge der Marke Bowling World mit 28 Bahnen, ein Indigo Design-Hotel by InterContinental Hotels Group mit 118 Zimmern und ein Hampton by Hilton mit 254 Zimmern. Rund 15 Cafés, Restaurants und Bars werden den Platz beleben und zum Verweilen einladen. Derzeit werden Gespräche mit möglichen Betreibern geführt; entscheidend ist eine ausgewogene Mischung aus Neuem und Etabliertem, Internationalem und Lokalem.

Auch Mercedes-Benz wird auf dem Platz vertreten sein und rund 650 m² verteilt auf zwei Standorte nutzen: Geplant sind dort moderne, junge Formate wie beispielsweise ein Mercedes me Store, der ein interaktives Marken- und Produkterlebnis bietet und Information, Beratung, Gastronomie und Events unter einem Dach vereint. Zwischen 9.000 und 10.000 m² Bürofläche rundet das Angebot am Mercedes Platz ab.

All das wird sich auf vier Gebäude mit einer Gesamtbruttogeschossfläche von 60.000 m² verteilen. Jeweils zwei Gebäudegruppen westlich und östlich des öffentlichen Platzes, der fast ein Drittel der gesamten Grundstücksfläche einnimmt und auf 50 m Breite vom Arena Vorplatz bis zur Mühlenstraße das sogenannte Spreefenster bildet. Hier wird man zukünftig nicht nur flanieren und verweilen, auch gelegentliche Außenveranstaltungen werden Teile der weitläufigen Fläche bespielen. Darüber hinaus sollen Bereiche der Dachflächen öffentlich genutzt und somit belebt werden. Angedacht ist z.B. ein Besucherinformationszentrum mit Blick über den gesamten Spreeraum.

Herzstück des neuen Quartiers soll ein 7.000 m² großer öffentlicher Platz vor der Arena werden: der Mercedes Platz   Abb.: Archimation 2017 für AEG

Der Mercedes Platz wird sich nach den unterschiedlichen Angebotsschwerpunkten aufgliedern. So werden sich die großteiligen Unterhaltungsangebote wie das Kino und die Veranstaltungshalle in Richtung Arena wiederfinden, während die Fassaden der Hotel- und Bürogebäude mit einem dazwischenliegenden Platz eine klassische Stadtkante Richtung Mühlenstraße bilden werden.

Am Mercedes Platz werden sich die wichtigsten Achsen des öffentlichen Raums kreuzen und somit alle Bereiche des gesamten Stadtquartiers miteinander verbinden. Hierfür wird auch eine noch bessere Anbindung an die öffentlichen Verkehrsmittel und eine Verbesse-

Bis Herbst 2018 werden auf dem rund 20.000 m² großen Areal vier Gebäude mit einer Bruttogeschossfläche von insgesamt 70.000 m² entstehen
Abb.: Archimation 2017 für AEG

rung der Fußläufigkeit durch Aufpflasterung der Kreuzungsbereiche sorgen.

GESCHICHTE DES AREALS

Der Mercedes Platz wird das Zentrum eines lebendigen Stadtquartiers sein, auf dessen Grundstück sich bis Anfang der 2000er Jahre eine größtenteils gewerblich genutzte innerstädtische Brache mit Bahn- und Industrieanlagen des ehemaligen Ostgüterbahnhofs befunden hat. Verrottete Lagerschuppen, Büroruinen, stillgelegte Gleise, eine Betonfabrik und eine Autolackiererei und eine Tankstelle prägten das Bild. Nicht mal 1,5 km vom Alexanderplatz entfernt, war von Urbanität nichts zu spüren.

Brachen zu lebendigen Stadtquartieren zu entwickeln, hat die Anschutz Entertainment

Teil des Areals sind eine neue Veranstaltungshalle für ca. 4.000 Besucher, ein UCI KINOWELT Premierenkino mit 2.500 Plätzen, eine Lifestyle Bowling Lounge der Marke Bowling World mit 28 Bahnen, zwei Hotels sowie rund 15 Cafés, Restaurants und Bars
Abb.: Archimation 2017 für AEG

Group bereits an anderen Standorten erfolgreich umgesetzt. Wie zuvor in Los Angeles und London diente auch in Berlin eine Multifunktionsarena als Katalysator der Entwicklung. Bereits im Jahre 2000 begann AEG zusammen mit der Stadt Berlin, geeignete Standorte zu evaluieren. Gemeinsam entschied man sich für das Gelände des ehemaligen Ostgüterbahnhofs, welches AEG 2001 erworben hat.

Die derzeitige Entwicklung des Stadtquartiers basiert auf einem städtebaulichen Gutachterverfahren und dem daraus aufgestellten Bebauungsplan, dem 2004 die Bezirksverordnetenversammlung zustimmte. Parallel dazu wurden in einem städtebaulichen Vertrag sämtliche beiderseitigen Verpflichtungen zwischen AEG, Bezirk und der Stadt Berlin im Rahmen des Vorhabens festgeschrieben.

Im Zuge dessen führte AEG alle infrastrukturellen Erschließungsmaßnahmen (z.B. Straßenbau und Versorgungsanschlüsse) sowie Maßnahmen zur Verbesserung öffentlichen Stadtraumes (Begrünung, Beleuchtung) durch und übergab diese Anlagen 2006 dem Land Berlin. Parallel stellte AEG dem Bezirk die finanziellen Mittel zum Kauf des Ufergrundstücks bereit, auf dem sich heute der East Side Park befindet. Die Eröffnung der O2 World im Jahre 2008 rückte das Areal endgültig in den Fokus – und der Zuzug der Mercedes-Benz Vertriebszentrale gab den Startschuss zur Entwicklung des zukünftigen Stadtquartiers.

BERLIN MUSIC HALL

Die Berlin Music Hall entsteht auf der Ost-Seite des Mercedes Platz. Flexibel in Kapazität, Bestuhlung und Ausrichtung, ideal für Musik oder Show, Corporate Event oder Präsentation: Berlins größter Ballsaal oder kleinstes Stadion – die Berlin Music Hall ist alles das.

Als perfekte Ergänzung zur Mercedes-Benz Arena ist er ein bisschen kleiner, viel intimer, ein Stück alternativer – und wird jährlich mehr als 100 Events mit je bis zu 4.000 Besuchern anziehen.

KINO

Ein weiterer Meilenstein auf dem Weg zur Fertigstellung des Mercedes Platz konnte im Februar 2017 gesetzt werden: Zusammen mit dem Bauherren Anschutz Entertainment Group (AEG) und dem Generalunternehmer HOCHTIEF Infrastructure legte das Unternehmen UCI KINOWELT in Anwesenheit zahlreicher Gäste den Grundstein für sein neues State-of-the-Art Kino mit 14 exklusiven Kinosälen und 2.500 Plätzen in der Hauptstadt. Die neue UCI KINOWELT am Mercedes Platz wird mit ihrem Fokus auf Premiumangebote ein für Berlin und Deutschland neuartiges Kino-Erlebnis bieten.

Für die UCI KINOWELT bedeutet das neue Haus in der Hauptstadt eine der größten Investitionen seit 25 Jahren und einen entscheidenden Schritt in der Erweiterung ihres Premiumsegments. Einen wichtigen Teil des Angebotes bildet dabei der iSens-Kinosaal: Mit neuester Projektionstechnik, dem raumfüllenden Soundsystem Dolby Atmos, einer komfortablen VIP-Bestuhlung auf allen Plätzen und der größtmöglichen Leinwand, ist iSens das UCI-eigene Premiumkonzept, das jeden Besucher einlädt, mit allen Sinnen in das Filmgeschehen einzutauchen.

Als weiteres Premiumformat hält ein IMAX®-Saal Einzug in die neue UCI KINOWELT. Im-

Die Berlin Music Hall entsteht auf der Ost-Seite des Mercedes Platz – als perfekte Ergänzung zur Mercedes-Benz Arena Abb.: Archimation 2017 für AEG

mersion ist auch hier das Stichwort, denn mit einem neuen Konzept bietet IMAX als The IMAX Experience® ein Kinoerlebnis, das Sound, Bild und Sitzqualität vereint.

BOWLING

Die Bowling World Berlin am Mercedes Platz wird mit 28 WM-tauglichen Brunswick Bowlingbahnen ausgestattet sein. Auf insgesamt 3.000 m² wird das Bowling-Erlebnis eingebettet in ein hochwertiges Lounge-artiges Ambiente, das Sport, Party und Gastronomie verbindet, abgerundet durch eine geräumige Terrasse mit Blick auf den Mercedes Platz.

RESTAURANTS UND CAFÉS

Im Juni 2017 konnte die AEG mit den Restaurants „ALEX", „Hans im Glück" und „Sausalitos" drei weitere namhafte Mieter bekant geben.
„ALEX" wird auf 450 m² moderne Ganztagesgastronomie bieten – vom Frühstücksbuffet bis zum Late-Night-Cocktail. Auf die Besucher des Mercedes Platz wartet loungiges Wohnzimmer-Ambiente mit vielen hochwertigen Materialien wie Holz, Leder und Glas sowie vielen Grünpflanzen. Die über 100 Innen-Sitzplätze verteilen sich auf unterschiedlich gestaltete Café-, Bar-, Kaminecken-, Lounge- und Living-Kitchen-Bereiche. Dort werden die Gerichte – vom Burger über Steak bis zur Pasta, vom Flammkuchen bis zum Salat – vor den Augen der Gäste frisch zubereitet.
„Hans im Glück" wird auf rund 500 m² mit seiner naturnahen Inneneinrichtung, den Birkenstämmen und vielen liebevollen Details eine besondere Wohlfühl-Atmosphäre inmitten des niemals ruhenden Mercedes Platz schaffen. Der Burgergrill steht für frische Zutaten, beste Qualität und ein einmaliges gastronomisches Erlebnis: So gehören Burgerklassiker mit saftig gegrilltem Rindfleisch oder zarter Hähnchenbrust ebenso zum Angebot wie vegetarische und vegane Burgerkreationen. Frische Salate, hausgemachte Durstlöscher und Cocktails runden das vielseitige Angebot ab.
„Sausalitos" wird am Mercedes Platz auf 475 m² kalifornisch-mexikanische Küche mit leckeren Cocktails und cooler Musik verbinden. Die Mischung aus szeniger Bar, gemütlichem Bistro-Ambiente mit offener Küche und ausgedehntem Restaurantbereich wird der ideale Ort, um zu feiern und sich eine Auszeit vom Alltag zu gönnen.
Neben diesen drei Restaurants stehen bereits „coa", „dean&david" und „L'Osteria" als Gastronomiekonzepte für den Mercedes Platz fest. Darüber hinaus sind u.a. noch ein Biergarten, eine Sportsbar, ein Steak-Restaurant, ein Coffee Shop und ein Deli geplant.

HOTELS

Berlin gehört zu den Top-Reisezielen der Welt. Der Mercedes Platz wird mit zwei weiteren Hotels für das passende Hauptstadtzuhause auf Zeit sorgen: Zum Design-Hotel Indigo gehören 118 Zimmer, ein Fitnessraum, ein Restaurant sowie eine Bar auf dem Dach mit einer Außenterrasse. Und das Hampton by Hilton Berlin City East wird mit insgesamt 254 Zimmern, die sich über sieben Stockwerke verteilen, eines der größten Hotels der Marke in Europa sein.

Der Mercedes Platz wird mit zwei weiteren Hotels für das passende Hauptstadtzuhause auf Zeit sorgen: dem Design-Hotel Indigo und dem Hampton by Hilton Berlin City East Abb.: Archimation 2017 für AEG

Bauherr:
Anschutz Entertainment Group, Los Angeles
Generalübernehmer:
HOCHTIEF Infrastructure GmbH Building Berlin, Berlin
Architektur
–Konzept/Entwurf:
RTKL Associates, London
–Entwurf/Ausführung:
AUKETT + HEESE GmbH, Berlin

Partner am Bau:
- Schindler Aufzüge und Fahrtreppen GmbH
- Keller Grundbau GmbH
- ChandlerKBS Beratungsunternehmen
- Elektroservice Uwe Mahrholz
- Winzler GmbH Spedition und Baustoffhandel
- INGENIEURBÜRO FRANKE
- Norenz Foliensysteme GmbH

Öffentliche Bauten / Gewerbebauten

Ausführende Firmen — Anzeige

Keine Prüfungsangst

Wer einen Aufzug betreibt, muss diesen regelmäßig prüfen lassen. Dabei gibt es vieles zu beachten

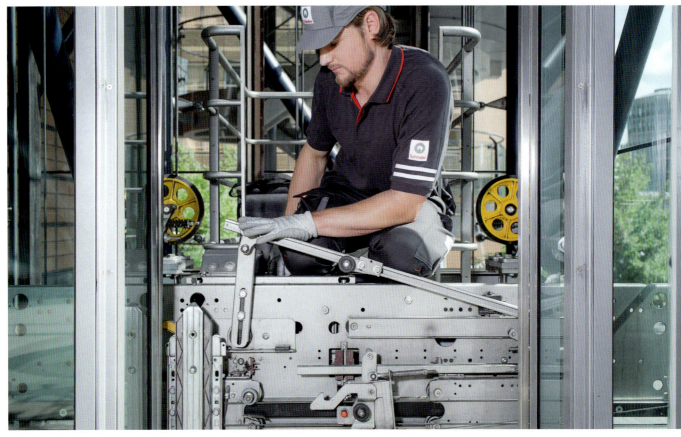

Aufzüge zählen zu den sichersten Verkehrsmitteln. Das hat sicher auch damit zu tun, dass der Betrieb von Aufzügen in Deutschland an eine Vielzahl von Normen und Vorschriften gebunden wurde. So hat der Gesetzgeber zum Beispiel festgeschrieben, dass Aufzüge regelmäßig von einer zugelassenen Überwachungsstelle (ZÜS) wie TÜV, Dekra oder GTÜ geprüft werden müssen. Dafür hat der Betreiber der Aufzugsanlage Sorge zu tragen.

Allerdings geht der Verband der Technischen Überwachungsvereine davon aus, dass noch immer 20 Prozent aller Aufzüge in Deutschland ihrer Prüfpflicht entzogen werden. Dabei macht Schindler mit seinem Servicemodul Prüfung plus Betreibern die Erfüllung ihrer Prüfpflichten kinderleicht.

BETREIBER ARBEITGEBERN GLEICHGESTELLT

In keinem Fall sollte man die Prüfpflichten auf die leichte Schulter nehmen: Erhöhte Haftungsrisiken und Bußgelder drohen, da laut Betriebssicherheitsverordnung (BetrSichV) alle Aufzüge wie Arbeitsmittel behandelt und die Betreiber Arbeitgebern gleichgestellt werden. Daher ist jeder Betreiber gut beraten, eine Beurteilung der Gefährdungen seiner Anlagen erstellen zu lassen, und mit dem Serviceunternehmen zu definieren, was notwendig ist, damit die gesetzlichen Auflagen erfüllt und die Sicherheit der Nutzer gewährleistet ist.

PRÜFUNG FÜR NEUE ANLAGEN

Das beginnt schon, wenn man einen neuen Aufzug in Betrieb nehmen will. Bis vor zwei Jahren war es möglich, die neue Anlage zu nutzen, sobald sie in Verkehr gebracht, d.h. entsprechend den gültigen Normen und Vorschriften betriebsbereit vom Montagebetrieb übergeben wurde. Heute darf der Aufzug erst eingeschaltet werden, wenn die Anlage vor der Inbetriebnahme von der ZÜS geprüft wurde. Auch wenn Aufzugsfirmen wie Schindler die Koordinierung und Abwicklung der Prüftermine im Auftrag des Kunden übernehmen – die Verantwortung liegt hierfür in der Hand des Betreibers.

JEDES JAHR WIRD GEPRÜFT

In der BetrSichV ist auch geregelt, dass Aufzüge regelmäßig durch eine zugelassene Überwachungsstelle geprüft werden müssen. Die Prüffristen legt der Betreiber gemeinsam mit dem Wartungsunternehmen fest. Dabei sind Art, Alter, Nutzung und Zustand der Anlage ausschlaggebend. Die Höchstfrist von zwei Jahren zwischen zwei Hauptprüfungen darf allerdings nicht überschritten werden. Dazwischen sieht die BetrSichV jeweils Zwischenprüfungen vor. Die Frist für die spätestens alle zwei Jahre anstehende wiederkehrende Prüfung kann jedoch verkürzt werden, wenn die Anlage in einem schlechten Zustand ist. Damit drohen häufigere Prüfungen und höhere Kosten.

DELEGIEREN VON BETREIBERPFLICHTEN

Qualifizierte Aufzugsunternehmen wie Schindler unterstützen im Rahmen ihrer Wartungsverträge die Betreiber auch bei der Erfüllung ihrer Prüfpflichten. Mit dem Servicemodul Prüfung plus übernimmt das Unternehmen zum Beispiel einen Teil der Betreiberpflichten – von der Koordination der Prüftermine über die Dokumentation bis zur Gefährdungsbeurteilung zum Abgleich des Anlagenzustands mit dem aktuellen Stand der Technik – und das für die Anlagen aller Hersteller. Dabei entscheidet der Betreiber selbst, welche Pflichten und Ausgaben er an das Serviceunternehmen delegiert, und um was er sich selbst kümmert.

Schindler Aufzüge und Fahrtreppen GmbH, Berlin

Ihr Aufzug gibt alles
Und wir alles für ihn

Aufzüge und Fahrtreppen von Schindler transportieren täglich eine Millarde Menschen weltweit. Dabei gilt auch hier: Sicherer und reibungsloser Betrieb kann nur durch regelmäßige und vor allem fachkundige Wartung gewährleistet werden. Am besten von Schindler – einem weltweit führenden Aufzugsunternehmen mit mehr als 140 Jahren Erfahrung. Heute schon Schindler gefahren?

Schindler Aufzüge und Fahrtreppen GmbH
Region Berlin

Ringstraße 45, 12105 Berlin
Tel.   +49 30 7029-2328
Fax   +49 30 7029-2879
christian.mueller@de.schindler.com
www.schindler.de

Ausführende Firmen • Anzeige

Altes Gemäuer in neuem Gewand: Deutsche Staatsoper in Berlin

Vorhang auf… für den umfangreichen Spezialtiefbau zur Herstellung einer komplexen Trogbaugrube für die Errichtung eines Tunnelbauwerkes zwischen Opernhaus, Intendanz, Werkstatt und Magazingebäude. Diese Tunnelanlage wurde notwendig, um eine zeitgemäße und witterungsunabhängige Verbindung zu ermöglichen, insbesondere für den Transport der bis zu 8 m hohen Kulissenteile der Bühnenbilder.

Gemeinsam mit unserem Partner Bauer Spezialtiefbau haben wir die ca. 3.300 m² große Trogbaugrube mit einem breiten Spektrum an Einzelgewerken, wie überschnittene Bohrpfahlwände, Gründungspfähle, Schlitzwände, Dichtwände, Spundwände, Trägerbohlverbau, Düsenstrahlsohle, DS-Unterfangung, Mikropfähle, Acrylatgelinjektion, Vereisung, Verankerung, Aussteifung, Wasserhaltung und Erdbau erstellt.

Darin bedingt durch die zum überwiegenden Teil unmittelbar angrenzenden, historischen Bauwerke sowie das hoch anstehende Grundwasser ergaben sich umfangreiche Qualitätsanforderungen an Planung, Konstruktion und letztlich Ausführung der Baugrubenumschließung einschließlich der horizontalen Abdichtung im Düsenstrahlverfahren. Die nahezu üblichen „Überraschungen" im Baugrund erforderten darüber hinaus ein erhebliches Maß an Flexibilität sowie ein perfekt funktionierendes Qualitätsmanagement. Insgesamt eine technische und logistische Herausforderung mit hervorragendem Ergebnis.

Also Vorhang auf… für die Deutsche Staatsoper in Berlin.

Keller Grundbau GmbH, Oranienburg

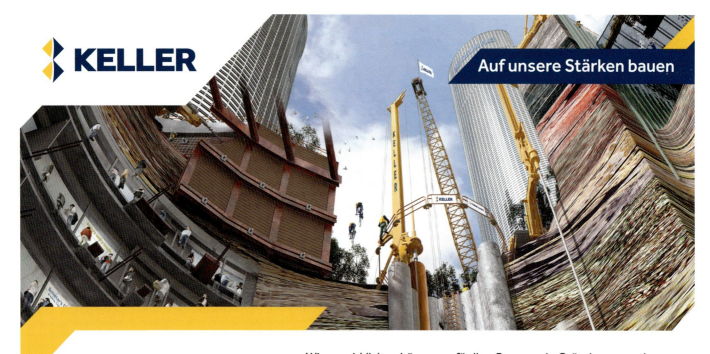

Keller Grundbau GmbH
Kaiserleistraße 8
63067 Offenbach
Deutschland

Telefon +49 (0)69 80 51-0
Telefax +49 (0)69 80 51-221

info@kellergrundbau.com
www.kellergrundbau.de

Wir verwirklichen Lösungen für Ihre Baugrund-, Gründungs- und Grundwasserprobleme. Komplexe Grundbauaufgaben wickeln wir gerne ab und greifen dabei auf selbst entwickelte Verfahren und eine breite Palette moderner Technologien zurück.

Fragen Sie uns, wir beraten Sie gern!

Anzeige	Ausführende Firmen

Inspired Innovative Individual

ChandlerKBS ist ein führendes Beratungsunternehmen mit Niederlassungen in Deutschland und im Europäischen Ausland.

Schwerpunkt unserer Tätigkeit ist eine umfassende Beratung und Durchführung des Kosten- und Projektmanagements auf dem Bau- und Immobiliensektor.

- Projektmanagement
- Kostenmanagement
- Objektüberwachung (Bauleitung)
- Projektentwicklung
- FF&E und OS&E Beschaffung
- Bauherrenvertretung
- Technical Due Diligence
- Erstellen von Baugutachten
- Fund Monitoring

Weitere Informationen zu unserem Leistungsspektrum sind auf Anfrage erhältlich.

Chandlerkbs.com

Elektroservice
Uwe Mahrholz
Grunewaldstraße 14/15
10823 Berlin
Tel. (030) 31 80 07 20
Fax (030) 31 80 07 22
e.s.mahrholz@web.de

www.elektrotreff.de

▸ Produktinfo ◂

Neugierig auf innovative Zutrittslösungen? - Fingerscanner

(epr) Beim intelligenten Fingerscanner „ekey home" zahlen sich neugieriges Tasten und Anfassen direkt aus – im wahrsten Sinne des Wortes. Hat man nach dem Wocheneinkauf die Hände voller Plastiktüten, versteckt sich der Haustürschlüssel in der untersten Falte der Handtasche oder regnet es in Strömen, bietet der Fingerscanner großen Komfort. Ist er in der Haustür installiert, genügt ein Ziehen des Fingers über den Sensor, und der Eingang öffnet sich: Kein Verlieren oder Vergessen mehr, denn den Finger hat man immer zur Hand. Dies bietet den Bewohnern ein hohes Maß an Sicherheit und wird daher auch von kriminalpolizeilichen Beratungsstellen empfohlen.
Mehr unter www.ekey.net.

Vor der Haustür müssen Kinder nicht warten, sondern können direkt eintreten
(Foto: epr/ekey)

Der Fingerscanner speichert Fingerabdrücke ein und entscheidet auf dieser Basis automatisch, ob er die Eingangstür öffnet
(Foto: epr/ekey)

„M_Eins" – ein Neubau auf dem Anschutz-Gelände

In einem der dynamischsten Entwicklungsgebiete der Hauptstadt wurde mit dem „M_Eins" ein Bürohaus mit rund 15.000 m² Gewerbefläche fertiggestellt

Optisch auffällig ist das energetisch optimierte Gebäude durch eine aufwendige Klinkerfassade mit rundum großzügiger Verglasung   Abb.: Ed. Züblin AG

Das Anschutz-Areal im Osten Berlins ist ein Entwicklungsgebiet an der Mühlenstraße im Bezirk Friedrichshain-Kreuzberg, das sich rasant entwickelt. Direkt gegenüber dem Touristenmagnet „East Side Gallery", und damit an der Spree gelegen, entstehen Geschäfte, Büros, Hotels und Wohnungen inmitten einer bereits heute an Kultur- und Freizeitangeboten reichen Stadtlandschaft. Viele Unternehmen haben sich angesiedelt: Die neue Vertriebszentrale von Mercedes-Benz beispielsweise und im Frühjahr 2015 eröffnete mit dem Holiday Inn das erste Hotel. An der Ostseite des Areals befindet sich neben der Mercedes-Benz-Multifunktionsarena ein neues Shoppingcenter im Bau.

Hier wurde unter dem Namen M_Eins vom Büro KSP Jürgen Engel Architekten ein modernes Bürogebäude mit einem ausgeklügelten Flächenkonzept für kleine und große Unternehmen entwickelt. Die ehemalige Senatorin für Wirtschaft, Technologie und Forschung, Cornelia Yzer, betonte bei der Grundsteinlegung im Februar 2016: „Mit der

Grundsteinlegung für das Bürogebäude M_Eins wird auch ein weithin sichtbares Signal für das wirtschaftliche Wiedererstarken Berlins gesetzt. Lange lag dieses Areal brach, doch nun entwickelt sich im Schulterschluss erfolgreicher Berliner Start-ups und leistungsfähiger Bauwirtschaft an vielen Orten ein neues Stadtbild und damit die wirt-

74 Gewerbebauten

schaftliche Gegenwart und Zukunft der Hauptstadt."

Schon vor Baubeginn hatte sich Zalando SE im Juni 2015 entschieden, die gesamten Büroflächen anzumieten. Das Start-up-Unternehmen aus Berlin ist in nur wenigen Jahren zu Europas größtem Onlineanbieter für Schuhe und Mode avanciert und beschäftigt derzeit rund 5.000 Mitarbeiterinnen und Mitarbeiter in Berlin.

M_Eins bietet 800 Mitarbeitern Platz und passt mit seinen flexiblen Räumen für Open-Space-Bürokonzepte optimal zum Unternehmen. Der Standort ist Teil des neuen Zalando-Campus, wo Ende 2018 mit der geplanten Fertigstellung des neuen Zalando Headquarters (s. Beitrag: „Büro-, Wohn- und Hotelimmobilien in Berlin" in dieser Ausgabe) bis zu 2.700 Mitarbeiter arbeiten werden.

Ende Juni 2017 wurde vom Generalunternehmer Ed. Züblin AG das Gebäude schlüsselfertig an die Joint Venture Partner LBBW Immobilien und OVG Real Estate GmbH übergeben. Die Mitarbeiterinnen und Mitarbeiter von Zalando zogen in den folgenden Wochen Zug um Zug in die ca. 3 m hohen, lichten Räume ein. M_Eins entspricht den modernsten Anforderungen an ein nachhaltiges Konzept. Auf 15.000 m² Gewerbefläche treffen sich Energieeffizienz und Flexibilität. Das Raum- und Klimakonzept beinhaltet eine Bauteilaktivierung, Bodeninduktionsgeräte mit Kühl-, Heiz- und Lüftungsfunktion, eine kanallose Abluftführung am Kern des Gebäudes sowie die di-

Die Dachterrasse im siebten Stock bietet mit einer Fläche von 400 m² einen perfekten Platz für Firmenveranstaltungen oder entspannte Pausen im Arbeitsalltag
Abb.: Ed. Züblin AG

Auf einem der größten innerstädtischen Entwicklungsareale rund um die Mercedes-Benz-Arena wurde im Sommer 2017 in der Mühlenstraße 25 das siebenstöckige Bürogebäude M_Eins schlüsselfertig vom Generalunternehmen Ed. Züblin AG übergeben
Abb.: Ed. Züblin AG

rekte Raumlüftung durch zu öffnende Fenster. Durch seine nachhaltige Bauweise unterschreitet M_Eins die aktuell gültige Einsparverordnung 2014 und bietet darüber hinaus eine sehr gute Tageslichtversorgung in den Büroflächen. Durch den Einsatz emissionsarmer Baustoffe im Innenraum und die Berücksichtigung des vollständigen Stoffkreislaufes durch ein Rückbau- und Entsorgungskonzept sowie die Optimierung des Reinigungs- und Instandhaltungsaufwandes für die spätere Nutzung werden hohe Standards bezüglich Ökologie und Ökonomie des Hauses erreicht. M_Eins erfüllt die hohen Anforderungen an die ökologische Qualität, Energieeffizienz und Zukunftsfähigkeit einer nutzerfreundlichen Immobilie und soll in Kürze mit dem DGNB-Zertifikat in Gold vorzertifiziert werden.

Generalunternehmen:
Ed. Züblin AG
Bereich Brandenburg/Sachsen-Anhalt, Berlin

Bauherr:
LBBW Immobilien Management GmbH / OVG MK6 GmbH, Berlin

Planender Architekt:
KSP Jürgen Engel Architekten GmbH, Frankfurt a.M./Berlin (Lph. 1 – 5); D + S projekt GmbH (Lph. 6 – 8), Falkensee

Ausgezeichnete Projekte in Berlin-Mitte

Firmenzentrale der 50Hertz Transmission GmbH – erstes Gebäude weltweit, das eine „DGNB Diamant"-Auszeichnung erhielt / Sanierung des Bettenhochhauses und Neubau eines OP-Gebäudes für die Charité Berlin: eine der modernsten Kliniken Europas

Die Ed. Züblin AG mit Sitz in Stuttgart beschäftigt rund 14.000 MitarbeiterInnen und zählt zu den führenden deutschen Bauunternehmen. Seit der Firmengründung im Jahr 1898 realisiert das zur weltweit agierenden STRABAG SE gehörende Unternehmen erfolgreich anspruchsvolle Bauprojekte im In- und Ausland. Der Bereich Berlin hat sich auf die regionalen Marktbedingungen einer sich stets neu erfindenden Hauptstadt ausgerichtet. Das Leistungsspektrum reicht von erweiterten Rohbauten über Wohnungsbauten vielfältiger Qualitätsansprüche bis zur Herstellung komplexer Büro- und Gewerbeimmobilien oder anspruchsvoller Umbaumaßnahmen im Bestand.

Zu den in jüngster Zeit realisierten Bauprojekte zählen der im Folgenden vorgestellte Büroneubau sowie eine komplexe Bauaufgabe für die Charité Berlin.

50HERTZ NETZQUARTIER

Im September 2016 wurde der Neubau eines Büro- und Verwaltungsgebäudes für die 50Hertz Transmission GmbH übergeben. Mit über 950 MitarbeiterInnen sorgt 50Hertz für den Betrieb und den Ausbau des Übertragungsnetzes im Norden und Osten Deutschlands. Das Netz erstreckt sich über eine Fläche von 109.360 km² und hat eine Länge von rund 10.000 km. Es sichert die Netzintegration von etwa 40 Prozent der gesamten in Deutschland installierten Windkraftleistung und die Stromversorgung von rund 18 Mio. Menschen.

Die neue Firmenzentrale des Übertragungsnetzbetreibers 50Hertz liegt in der Berliner Europacity, in unmittelbarer Nähe zum Hauptbahnhof und dem Parlaments- und Regierungsviertel mit dem Bundeskanzleramt, dem Bundestag sowie dem Bundesministerium für Bildung und Forschung. Das neue Gebäude mit einer Bruttogeschossfläche von ca. 24.000 m² ist in ökologischer und nachhaltiger Bauweise entstanden und umfasst 13 oberirdische und ein unterirdisches Geschoss. Der Entwurf basiert auf dem Wettbewerbsbeitrag des Grazer Architekturbüros LOVE architecture and urbanism ZT Ges.m.b.H., das als Sieger eines nicht offenen, zweistufig ausgelobten Architekturwettbewerb im Jahr 2013 prämiert worden ist.

Für das Unternehmen 50Hertz wurde ein von innen nach außen gedachtes „Netzquartier" errichtet. Das Gebäude besteht aus flexibel nutzbaren Bürodecks, die über ein außenliegendes Tragwerk verbunden sind. Die Büroflächen wurden so konzipiert, dass sie die unterschiedlichen Anforderungen für offene Landschafts-, Hybrid- und geschlossene Teambüros erfüllen. Der Fokus liegt dabei auf vielseitigen und individuellen Arbeitswelten, die von großen Terrassen und Balkonen durchzogen werden. Jede Abteilung des Unternehmens konnte während des Planungsprozesses ihr Arbeitsumfeld selbst definieren. Der Neubau strahlt nach innen und außen Offenheit aus und setzt ein starkes Signal für den Kunst-Campus in der „Europacity" mit dem angrenzenden Museum für Gegenwartskunst und dem Kulturareal „Am Hamburger Bahnhof".

Das Bauwerk wird durch Überlagerung von drei verschiedenen Strukturen bestimmt – dem horizontalen Rhythmus der Geschossebenen, dem außenliegenden Tragwerk (netzartige Struktur) und den innenliegenden orangefarbenen Kernen. Das Tragwerk aus weißen Stahl-Verbundstützen (Dia-Grid) prägt die architektonische Gestaltung wesentlich und macht zugleich stützenfreie In-

50Hertz Netzquartier: Das Zickzacklinien-Bild der geneigten Fassadenstützen der neuen Unternehmenszentrale erinnert an die Frequenz des Wechselstroms. Rund 650 MitarbeiterInnen, die zuvor in den Bezirken Treptow und Marzahn gearbeitet haben, sind seit Herbst 2016 im Neubau, der ein offenes, transparentes und kommunikatives Bürokonzept bietet, in der „Europacity" in Berlin-Mitte tätig

Abb.: Franz Brück Fotografie

nenräume entlang der Fassade und somit eine flexible Innenraumnutzung möglich. Das Fachwerk bildet ein Netz aus regelmäßig angeordneten diagonalen Stützen, das den Unternehmenszweck von 50Hertz (Netzbetreiber) abstrakt symbolisiert. Aus dieser regelmäßigen Diagonalstruktur wurden einzelne Stützen entfernt, ohne eine noch leicht zu bewältigende freie Spannweite von rund 8,3 m im Kragplattenbereich zu überschreiten. Das geometrisch komplex verwobene Äußere, ein Fachwerk aus druck- und zugbelasteten Stützen, ist Ergebnis dieser spielerischen Herangehensweise.

Die orangefarbenen Kerne, in denen alle Lifte, Treppenhäuser, Schächte, Haustechnik-

Netzquartier: Die rundum transparente Gebäudehülle garantiert hocheffizienten Wärmeschutz mit hoher Tageslichtverfügbarkeit und maximalem Außenraumbezug.
Der Neubau in Berlin erhielt für seine herausragende gestalterische und baukulturelle Qualität als erstes Gebäude weltweit die Auszeichnung „DGNB Diamant" der Deutsche Gesellschaft für Nachhaltiges Bauen – DGNB e.V.   Abb.: Franz Brück Fotografie

und Sanitärräume gebündelt sind, lenken den Blick durch das außenliegende Netz tief in das Innere des Gebäudes.

Nachts wandelt sich das Erscheinungsbild des Bauwerkes durch die Illuminierung einzelner Stützensegmente des Tragwerkes – aus der Netzstruktur wird eine Linienstruktur.

Das 50Hertz Netzquartier erfüllt mehrere Nachhaltigkeitskriterien: die gute Anbindung an den öffentlichen Nahverkehr, die Nutzungsvielfalt der Räume, eine erhöhte Barrierefreiheit und bei den Materialien die DGNB-Ökologie-Qualitätsstufe 4. Insgesamt wurden die EnEV-Anforderungen beim Wärmebedarf um 86 Prozent, beim Strombedarf

Die als offene Bürolandschaften gestalteten, bis zu 1.300 m² großen 13 Etagen des 56 m hohen Gebäudes wurden in Absprache mit den Mitarbeitern entwickelt. Und wer in frischer Luft arbeiten möchte, kann sich mit seinem Laptop auf eine der vielen Außenterrassen setzen   Abb.: Franz Brück Fotografie

um 49 Prozent unterschritten. Der Strombedarf wird zu 100 Prozent aus erneuerbaren Energien gedeckt.

Als Generalunternehmer zeichnete das Bauunternehmen Züblin verantwortlich.

BAUPROJEKTE DER CHARITÉ BERLIN

Die Charité nimmt eine zentrale Rolle für die gesundheitliche Versorgung der Menschen in der wachsenden Hauptstadtregion ein. Sie ist ein Leuchtturm der Wissenschaft, zählt zu den großen öffentlichen Arbeitgebern Berlins und bleibt ein wichtiger Ausbilder für den medizinischen Nachwuchs.

Das 1982 eröffnete Charité Bettenhaus Mitte wurde von Januar 2014 bis November 2016 umfangreich umgebaut und kernsaniert, um die PatientInnen in einem hochmodernen und ansprechend gestaltetem Umfeld zu versorgen. Das Hochhaus hat eine energieeffiziente Fassade erhalten. Östlich vom Bettenhochhaus ist das Charité Notfallzentrum Mitte – Rudolf-Nissen-Haus entstanden, das drei große Bereiche beherbergt: den OP-Bereich mit 15 hochmodernen OP-Sälen, zwei davon als Hybrid-OP mit integrierter Bildgebung, den intensivmedizinischen Bereich mit 71 Patientenbetten sowie die neue Zentrale Notaufnahme. Das Gesamtbudget der komplexen Baumaßnahmen beträgt 202,5 Mio. Euro.

Charité Mitte: Die Patienten erfahren bei einem Aufenthalt in dem neuen Bettenhaus einen höheren Komfort in vorwiegend 1- und 2-Bett-Zimmern. Jedes Zimmer ist mit einem eigenen Bad ausgestattet; die großzügigen Fensterflächen lassen besonders viel Tageslicht hinein   Abb.: Franz Brück Fotografie

BETTENHOCHHAUS CHARITÉ MITTE

Der nach europaweiter Ausschreibung an Züblin und VAMED (internationales Unternehmen im Errichten und Betreiben von Krankenhäusern und Gesundheitseinrichtungen) vergebene Auftrag umfasste neben der gesamten Ausführungsplanung sowie vollständigen Entkernung und Sanierung des Hochhauses auch den Bau des angrenzenden fünfgeschossigen Neubaus für Intensivstationen, 15 Operationssäle und eine Rettungsstelle. Die Planung der Medizintechnik sowie die Begleitung des medizinischen Probebetriebs gehörten ebenfalls zu den Aufgaben der Arbeitsgemeinschaft. Der Zeitplan für die umfangreichen Bauarbeiten war ambitioniert. Ab Ende 2016 sollten sowohl der Neubau als auch das modernisierte Bettenhochhaus – dann mit zentralisierten Behandlungs- und Diagnosebereichen auf den Etagen eins bis fünf – in Betrieb gehen. Nach weniger als drei Jahren Bauzeit erhielt die Charité – Universitätsmedizin Berlin termingerecht das vollständig modernisierte 21-stöckige Bettenhochhaus saniert und auf den neuesten medizintechnischen Stand gebracht vom Generalunternehmer zurück. Im weiteren Verlauf erfolgte die medizinische Ausstattung des Gebäudes. Noch vor Jahresende konnte die erste Station einziehen.

Der Umzug aller Stationen wurde im März 2017 vollzogen. Für die Beschäftigten der Charité haben sich die Arbeitsbedingungen mit Bezug des Bettenhauses deutlich verbessert. Neben neuen Pflegestützpunkten sind alle Stationen mit modernster Technik ausgestattet.

Mit der Übergabe des Charité Bettenhauses Mitte zählt die traditionsreiche Berliner Universitätsmedizin zu den modernsten Unikliniken Europas. Die erfolgreiche Sanierung des Gebäudes blieb im Zeit- und Kostenplan. Das größte Bauprojekt der Charité ist ein weiterer Meilenstein auf dem Weg zur Umsetzung des Masterplans für die Modernisierung der fusionierten Charité. Die Bauabteilung der Charité ist stolz auf das Erreichte, denn alle Projektbeteiligten, vom Vorstand der Charité über die eigenen Mitarbeiter bis hin zum Generalunternehmer, haben immer wieder an die Umsetzung des Kosten- und Zeitplanes erinnert und stringent auf die Einhaltung der Ziele geachtet.

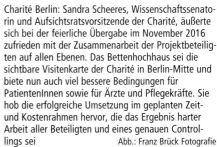

Charité Berlin: Sandra Scheeres, Wissenschaftssenatorin und Aufsichtsratsvorsitzende der Charité, äußerte sich bei der feierliche Übergabe im November 2016 zufrieden mit der Zusammenarbeit der Projektbeteiligten auf allen Ebenen. Das Bettenhochhaus sei die sichtbare Visitenkarte der Charité in Berlin-Mitte und biete nun auch viel bessere Bedingungen für PatientenInnen sowie für Ärzte und Pflegekräfte. Sie hob die erfolgreiche Umsetzung im geplanten Zeit- und Kostenrahmen hervor, die das Ergebnis harter Arbeit aller Beteiligten und eines genauen Controllings sei
Abb.: Franz Brück Fotografie

CHARITÉ NOTFALLZENTRUM MITTE – RUDOLF-NISSEN-HAUS

Der Neubau des Charité Notfallzentrum Mitte trägt den Namen „Rudolf-Nissen-Haus" und ist östlich vom Bettenhochhaus ebenfalls im Rahmen des Masterplans Charité errichtet worden. Die Baukosten des Neubaus, der über eine Nutzfläche von 7.785 m² verfügt, in Höhe von rund 70 Mio. Euro sind Teil des Gesamtbudgets von 202,5 Mio. Euro (s. vorangegangene Seite). Noch vor der Übergabe des Bettenhochhauses hatte die Charité –

Charité Mitte: Bettenhochhaus und Rudolf-Nissen-Haus beherbergen zusammen rund 620 Betten
Abb.: Franz Brück Fotografie

Universitätsmedizin Berlin bereits im September 2016 vom Generalunternehmer den Schlüssel zum Neubau erhalten. Nachdem die medizinische Ausstattung des Gebäudes erfolgt war, konnte Ende Oktober der klinische Betrieb aufgenommen werden. Die neue Zentrale Notaufnahme unterstützt und verbessert die Notfall- und Akutversorgung mit ihrer kompakten und funktionellen Architektur wesentlich. Sie ist für jährlich rund 60.000 Behandlungskontakte ausgelegt. Das Gebäude ist ein fünfgeschossiger Kubus mit einem zentralen Lichthof. Im obersten Vollgeschoss werden der Aufwachraum und die Überwachungseinheit des zentralen OP-Bereichs durch Oberlichter erhellt. Die OP-Säle sind so angeordnet, dass sie indirekt Tageslicht erhalten. Eine architektonische Maßnahme, die wesentlich zur Aufenthaltsqualität für Patienten und Personal im zentralen OP-Bereich beiträgt. Der Neubau ist durch ein fünfgeschossiges Verbindungsbauwerk mit dem Bettenhochhaus gekoppelt. Auch für den bestehenden Campus der Charité auf der westlichen Luisenstraße wurde mit einer leichten Stahlglasbrücke bereits im Jahr 2015 eine Verbindung zum Bettenhochhaus geschaffen.

Generalunternehmer:
Ed. Züblin AG,
Direktion Nord, Bereich Berlin
-Proj. „50Hertz Netzquartier"
Bauherr:
50Hertz Transmission GmbH
Planender Architekt:
LOVE architecture and urbanism
Ziviltechniker Ges.m.b.H., Graz
in Kooperation mit
kadawittfeldarchitektur gmbh
(LPH 4-9), Aachen

-Proj. „Charité Berlin – Sanierung Bettenhochhaus und Neubau OP/ITS-Gebäude"
Bauherr:
Charité - Universitätsmedizin Berlin, Berlin
Planender Architekt:
SAA Schweger Architekten, Hamburg (Fassadengestaltung) /
Ludes Generalplaner GmbH, Berlin

Partner am Bau:
- meergans gmbh
- neuform-Türenwerk Hans Glock GmbH & Co. KG
- AAMEX REinigungs-Service KG „ROSCHI" Beteiligungs-GmbH & Co.
- Zi-Do Gerüstbau GmbH
- KATZOR Gerüstbau GmbH
- SD Stein-Doktor Steindienstleistungen GmbH
- Böhning Energietechnik Berlin GmbH
- Briga Trockenbau GmbH
- STOLTZ Fußbodenbau
- Bauschlosserei & Metallbau Toralf Mertin GmbH
- ELEKTRO-KATTUSCH
- Morina Bau
- ABIA Hoch- & Tiefbau GmbH

Öffentliche Bauten / Sanierung / Gewerbebauten   79

Anspruchsvolle Architektur braucht anspruchsvolle Türen

Jedes Gebäude hat eigene Anforderungen an Türen in Bezug auf Ästhetik, Funktion und Ausführung. Die Tischlerei Meergans findet zusammen mit dem Hersteller neuform-Türenwerk für die unterschiedlichsten Gebäudetypen die passenden Lösungen.

Für uns bedeutet eine moderne und ganzheitliche Architektur die Detaillierung des Gebäudes bis in den Türenbereich.
Wir sind auf individuelle Wünsche von Bauherren, Architekten und Planern eingerichtet und diese sind auch Grundlage unserer Neuentwicklungen.

Das Produktportfolio unserer Firmen bietet eine komplette Projektlösung. Alle Varianten der Drehtüren, Schiebetüren, Fensterverglasungen in Brand- und Schallschutz werden mit allen Oberflächen, Kanten und Zargenvarianten abgedeckt.

**neuform-Türenwerk
Hans Glock GmbH & Co. KG**

- Gottlieb-Daimler-Straße 10
  D-71729 Erdmannhausen
  Tel. 071 44 / 3 04 - 0
  info@neuform-tuer.de

- Weißendorfer Straße 7
  07937 Zeulenroda-Triebes
  Tel. 03 66 28 / 6 95 - 0

meergans gmbh

- Pistoriusstraße 6A
  13086 Berlin-Weißensee
  Tel. 030 / 29 00 00 91
  info@meergans.eu

neuformtür   meergans

Objekttüren für Ihren Anspruch

- türen aus holz
- technische beratung
- service & wartung

Anzeige   Ausführende Firmen

AAMEX Reinigungs-Service KG
"ROSCHI" Beteiligungs-GmbH & Co.
Düsseldorfer Straße 67, 10719 Berlin

Tel. 030 864735-0, Fax 030 864735-99
info@aamex.de, **www.aamex.de**

Die Reinigungsprofis, von denen Sie mehr erwarten dürfen!

AAMEX GEBÄUDE SERVICE ....   EIN UNTERNEHMEN MIT TRADITION SEIT 1972

Basierend auf jahrzehntelanger Branchenerfahrung möchten wir unseren Kunden unsere Sichtweise einer perfekten Dienstleistung vermitteln. Hierzu gehört sowohl die fachliche mängelfreie Erbringung der Leistungen als auch der persönliche und intensive Kontakt zu unseren Kunden. Durch diese enge Zusammenarbeit reagieren wir auf Ihre Wünsche und Anforderungen kurzfristig.

Lassen auch Sie sich von unserer Qualität und Zuverlässigkeit überzeugen.

Leistungsspektrum:
- Büroreinigung
- Mall- und Verkaufsflächenreinigung
- Serviceleistungen
- Industrie- und Hallenreinigung
- Baureinigung
- Parkhausreinigung komplett
- Glas- und Fassadenreinigung
- Grünflächenpflege

Reinigungsverfahren:
- Teppichshampoonierung / -extrahierung
- Teppichreinigung im Garn-Pad-Verfahren
- Linoleum / PVC / Kautschuk grundreinigen und versiegeln
- Steinböden schleifen und kristallisieren
- Parkettböden schleifen, wachsen bwz. ölen und versiegeln
- Fliesenböden grundreinigen
- Industrie- und Parkhausböden – maschinelle Reinigung
- Glasreinigung im Osmose-Verfahren

Referenzen:
- **Behörden & Dienststellen**
- **Botschaften**
- **Kulturzentren**
- **Industrie**
- **Shoppingzentren**

Qualität hat einen hohen Stellenwert…
AAMEX erfüllt mit hoher Fachkompetenz die Erwartungen seiner Auftraggeber an Qualität und Zuverlässigkeit.
Mit modernsten Maschinen und Geräten sorgen hochmotivierte und regelmäßig geschulte Mitarbeiter auf täglich über 950.000 m² Fußboden und Glasflächen für perfekte Sauberkeit und Hygiene.

- Zertifiziert gem. ISO 9001:2008
- Zertifiziert gem. ISO 14001:2004
- Mitgliedsbetrieb der Gebäudereiniger-Innung
- Zertifiziert gem. Qualitätsverbund Gebäudedienste
- Elektronische Qualitätskontrollen sowie deren lückenlose Dokumentation
- Erarbeitung objektabhängiger Qualitätssicherungssysteme

Ausführende Firmen Anzeige

Geht nicht, gibt's nicht – wir machen jedes Gerüst möglich

Industrie- und Bauunternehmen, Maler, Dachdecker, Hausverwaltungen, Messe- und Event

Wir sind ein mittelständisches Unternehmen mit Firmensitz in Berlin-Reinickendorf. Im Jahr 2001 gründeten Herr Zimmermann und Frau Dornwirth die Zi-Do Gerüstbau GmbH. Herr Zimmermann absolvierte im Jahre 2011 erfolgreich die Meisterprüfung. Unser Mitarbeiterstamm besteht aus qualifizierten und regelmäßig geschulten Gerüstbaumonteuren. Saisonbedingt bzw. entsprechend der Auftragslage erweitern wir unser Team.

Als Ausbildungsbetrieb sind wir stolz darauf, unsere eigenen Nachwuchskräfte auszubilden.

Wir sind Gerüstbauer aus Leidenschaft und überzeugten bisher viele Bauherren durch technisches Verständnis und Leidenschaft zur Konstruktion. Viele Stammkunden schätzen unser Fachwissen, unser Equipment und die faire, partnerschaftliche Zusammenarbeit. Wir arbeiten gemeinsam als starkes Team unter Einhaltung der Unfallverhütungsvorschriften und der Bau-Berufsgenossenschaftlichen Vorschriften.

Ob Rohr-/Kupplungsgerüste, Hänge- und Spezialgerüste, Treppentürme oder Wetterschutzdächer – wir bauen jedes Gerüst. Fassaden-, Brücken-, Tunnel-, Turm- oder Dacharbeiten, Messen und Eventveranstaltungen, mit unseren Gerüsten ist alles möglich. Für die Züblin AG haben wir u. a. am Bauvorhaben Upper West die Montage eines Laufsteges in 85 Meter Höhe als Übergang für den Kranführer, sowie für das Richtfest die Montage eines Fluchttreppenturmes 34 Meter hoch und einer Durchgangsbreite von 2 Metern gebaut. Auch Traggerüste für das Betonieren der Treppenhausdecken, Hängegerüste in den Aufzugsschächten, Raumgerüste in den Löschwassertanks etc. gehörten zu unseren Arbeiten. Beim Neubau des Museums Barbarini in Potsdam haben wir für Firma Lindner AG Plateaugerüste und Raumgerüste für Innenarbeiten an Decken und Wänden montiert.

Gemeinsam mit unseren Bauherren, Architekten und Gewerken sprechen wir individuelle Anforderungen ab, finden optimale Lösungen für das jeweilige Bauprojekt und entwickeln dafür sichere und kostengünstige Gerüstkonstruktionen.

Wir ermöglichen Ihnen optimale Arbeitsbedingungen, sowie bestmögliche Zugangsbedingungen zu Ihren Arbeitsbereichen.

Anbieter: Zi-Do Gerüstbau GmbH, Berlin

Zi-Do Gerüstbau GmbH

LAYHER – SYSTEMGERÜSTE – TREPPENTÜRME – ALLROUNDGERÜSTE ROLLGERÜSTE – ROHR-/KUPPLUNGSGERÜSTE – BAUAUFZÜGE

– Bau-/Fluchttreppentürme bis 5 KN/m² – Leitergangstürme – Spezialgerüste
– fahrbare Hängegerüste – Fußgängerbrücken – Schalgerüste – Raumgerüste
– Straßenüberführungen für Wasser- und Stromversorgung – Eventgerüste für Musikvideo-/Studiofilmaufnahmen, Kulissengerüste für Schausteller

Zi-Do Gerüstbau GmbH
Soltauer Straße 17, 13509 Berlin
Tel. 43 09 13 35, Fax 43 09 13 36
info@geruestbau-zi-do.de
www.zi-do-geruestbau.de

Anzeige   Ausführende Firmen

Wir sind Ihr Partner in Berlin und Umgebung für:
- Fassadengerüste
- Einzeltürme
- Freistehende Gerüste
- Rollgerüste
- Wetterschutzdächer
- Spezialkonstruktionen

Unser erfahrenes Mitarbeiterteam bietet Ihnen Zuverlässigkeit, Flexibilität und Sicherheit speziell für Ihre Ansprüche. Wir verwenden ausschließlich Wilhelm Layher Gerüst Systeme und sind damit in der Lage für jede Herausforderung gerüstet zu sein. Profitieren Sie von unserem langjährigen Erfahrungsschatz – Wir freuen uns auf eine gute Zusammenarbeit.

KATZOR Gerüstbau GmbH
Bennostraße 2 • 13053 Berlin • Geschäftsführende Gesellschafter: Hartmut Katzor, Alexander Schüßler
Telefon 030/29 36 86 19 • Telefax 030/29 36 86 09 • kgeruestbau@gmail.com • **www.gerüstbauer-berlin.de**

Wir reinigen, schützen und sanieren Ihre Natursteinböden – schnell sowie auch günstig:
- Terrassen
- Bäder
- Waschtische
- Wohnbereiche
- öffentliche Bereiche
- Fassaden

Wir sind die Naturstein Spezialisten für:
- Marmor
- Granit
- Sandstein
- Schiefer
- Terrazzo
- Sichtbeton

Beifußweg 48, 12357 Berlin
Tel. 030 66931493
Fax 030 66931494
info@stein-doktor.com
www.stein-doktor.com

Von der Fertigung individueller Kleinverteiler bis zur Erstellung kompletter Schaltanlagen inklusive Programmierung, Visualisierung und Schutzprüfung werden anschlussfertige und geprüfte Produkte der folgenden Bereiche für bundesweite Projekte hergestellt, geliefert und montiert:

- **Mittelspannungsschaltanlagen bis 36 kV**
- **Transformatoren**
- **Niederspannungsschaltanlagen bis 7.000 A**
- **Netzschutztechnik**
- **Netzqualitätsuntersuchungen**
- **Thermographien**
- **Unterverteilungen**
- **industrielle Automatisierung**

Auch nach Abschluss eines Projektes stehen kompetente Mitarbeiter für Servicetätigkeiten und Dienstleistungen wie Wartung, Instandhaltung, Wiederholungsprüfungen, Netzqualitätsuntersuchungen und Schutzprüfungen zur Verfügung.

Böhning Energietechnik Berlin GmbH
Friedrich-Olbricht-Damm 64
13627 Berlin
Tel. 030/66 77 69-0
Fax 030/66 77 69-10
info@boehning.info
www.boehning.info

Ausführende Firmen   Anzeige

Briga Trockenbau GmbH
Ihr zuverlässiger Partner in Ihrer Nähe

Einbau der Wandsysteme, Decken, Dachgeschoss-Systeme und Zubehör.

Brigittenstr. 12 · 12247 Berlin
Telefon 0157/30 85 87 18
Telefax 030/50 56 51 70
E-Mail: jbriga@web.de

Wir legen Ihnen Qualität zu Füßen

Firma STOLTZ
Fußbodenbau

Estrichverlegung, Designböden
Hohlraumboden/Doppelboden
Industriebodenbeschichtung

Rückertstraße 38, 14469 Potsdam
Fon 0331/581 10 51, Fax 030/701 75 609
Mobil 0174/206 15 30, bs-potsdam@gmx.de

BAUSCHLOSSEREI & METALLBAU
TORALF MERTIN GmbH

Druschiner Str. 34, 12555 Berlin
Tel.: (030) 656 07 57 - Fax: (030) 652 95 17
Home: www.bauschlosserei-mertin.de
mail: info@bauschlosserei-mertin.de

Ein in Berlin-Köpenick seit 1989 ansässiger Handwerksbetrieb mit folgendem Leistungsspektrum:
Fertigen, Instandhalten, Liefern und Montieren von Treppen, Geländern, Zäunen, Gittern, Toren und Türen aller Art mit dem Schwerpunkt auf Stahl oder Edelstahl. Außerdem führen wir leichten Stahlbau aus.

Termin- und qualitätsgerechte Erledigung der Aufträge, um somit das Vertrauen unserer Auftraggeber zu rechtfertigen, ist unser wichtigstes Ziel.

Die Elektro-Sonnenschutz-Kompetenz
...mit Technik von WAREMA

Bismarckstr. 85, 10627 Berlin
Tel. (030) 312 93 55, Fax (030) 313 31 49
mkattusch@aol.com, **Notdienst (0172) 301 09 36**

Morina Bau

Drusenheimer Weg 2a, 12349 Berlin
Mobil 0177 386 25 76
morinabau@hotmail.de

Neubau im größten Wissenschaftspark Deutschlands

Neues Laborgebäude mit Verwaltung für das Landeslabor Berlin-Brandenburg (LLBB) entsteht auf einem Baugrundstück in der Wissenschaftsstadt Adlershof im Südosten von Berlin

Der kompakte, dem Straßenverlauf angepasste Neubau ist streng, aber flexibel organisiert. Neben den Laboren wird der neue Dienstsitz über Büros, eine Bibliothek, Sozial- und Technikbereiche sowie Parkflächen verfügen
Abb.: ksg

Das Land Berlin hat die HOCHTIEF PPP Solutions GmbH damit beauftragt, ein neues Laborgebäude mit Verwaltung für das Landeslabor Berlin-Brandenburg (LLBB) zu errichten und zu betreiben. Das neue Landeslabor wird moderne Labore unterschiedlicher Sicherheitsstufen auf insgesamt vier Etagen beherbergen.

MEHRSCHICHTIGE RAUMTYPOLOGIE

Der Entwurf für den Neubau mit einer Bruttogeschossfläche von gut 22.800 m² stammt von kister scheithauer gross architekten und stadtplaner (ksg) aus Köln/Leipzig. Die Grundidee ist die Ausformulierung eines kompakten Baukörpers, der einerseits auf die differenzierten Nutzeranforderungen flexibel reagieren kann und andererseits durch marginale Anpassungen auf unterschiedlichen Grundstücken mit den jeweiligen städtebaulichen Rahmenbedingungen zu realisieren ist. Die Grundstückstiefe von ca. 58 bis 73 m wird in einer mehrschichtigen Raumtypologie ausgenutzt, gegliedert von Bereichen mit niedriger Sicherheitsstufe über gemeinsam genutzte Horizontalerschließungen bis zu Bereichen mit höheren Sicherheitsstufen.

Die innere Struktur des nördlichen Bürobereichs ermöglicht bei weiterhin streng organisierter innerer Systematik eine dem gebogenen Straßenverlauf angepasste Kubatur, sodass das Gebäude mit großer Selbstverständlichkeit als Haus an der Straße definiert wird.

Neben den Laboren wird der neue Dienstsitz über Büros, eine Bibliothek, Sozial- und Technikbereiche sowie Parkflächen verfügen. Der Standort liegt im Wissenschaftspark Adlershof im Südosten von Berlin, Bezirk Treptow-Köpenick. Die Bauarbeiten haben Ende 2016 begonnen und sollen im Frühjahr 2019 abgeschlossen werden.

DIE ARCHITEKTEN

kister scheithauer gross architekten und stadtplaner stehen für den intensiven Dialog von Ort und Typologie. Aus diesem übergeordneten Kontext entwickelt das Büro aus abstrakten Visionen konkrete Bauskulpturen. An den Standorten Köln und Leipzig befassen sich über 70 Mitarbeiter mit der Planung und Realisierung von Hochbauten, dem Entwickeln städtebaulicher Konzepte bis hin zum Interior Design. Als klassischer Architekt in allen Leistungsphasen oder als verantwortlicher Generalplaner sind ksg seit über 25 Jahren erfolgreich im In- und Ausland tätig. Beispielhafte Projekte der Bürogeschichte bilden die Doppelkirche in Freiburg, das „Siebengebirge" in Köln, der Campus 2000 in Dessau, das Händelhaus-Karree in Halle/Saale, die Synagoge in Ulm und der Masterplan für das Gerling-Areal in Köln.

Architekten:
kister scheithauer gross architekten und stadtplaner GmbH, Köln/Leipzig

Bauherr:
HOCHTIEF PPP Solutions GmbH, Essen

Partner am Bau:
- Böhming Energietechnik Berlin GmbH

Drei Großprojekte, die Stadtteile Berlins prägen werden

Schultheiss Quartier: Historische Atmosphäre trifft auf modernes Shopping / Tegel Quartier: Wiederbelebung einer Fußgängerzone im Norden Berlins / Mariendorfer Damm: ein neues Fachmarktzentrum mit Büro- und Wohnnutzung

SCHULTHEISS QUARTIER

Ein Projekt der Extraklasse: In den letzten Jahren versuchten sich wiederholt Projektentwickler an der Revitalisierung des Schultheiss Areals. In ihrem Vorhaben, dem Bezirk durch einen Rundumschlag des historischen Geländes frischen Wind zu verleihen, scheiterten am Ende jedoch alle. Doch nun ist es soweit: Durch die HGHI Holding GmbH zieht in das ehemalige Gelände der Schultheiss Brauerei endlich wieder Leben ein: im historischen Ambiente in Berlin-Mitte wird ein modernes Lifestyle-Areal, das zukünftige „Schultheiss Quartier", errichtet.

Die HGHI ist stolz darauf, dieses besondere Objekt in ein außergewöhnliches, neues Zentrum für Berlin und seine Besucher zu verwandeln. Das denkmalgeschützte Gebäude ist ein beeindruckendes Beispiel für die Industriearchitektur des 19. Jh. und versprüht als imposantes Backsteingebäude mit Erkern, Türmen und Zinnen sowie dem alten Sudhaus einen außergewöhnlichen Charme. Seit Ende der 1980er Jahre wird auf dem Gelände kein Bier mehr gebraut und das Areal zwischen Stromstraße, Perleberger Straße und Turmstraße nur partiell genutzt. Der Spatenstich im September 2015 war der offizielle Startschuss. Für das Vorhaben werden die historischen und denkmalgeschützten Gebäudeteile der alten Brauerei auf dem Areal liebevoll saniert und erweitert. Das renommierte Architekturbüro Max Dudler stellt in seinem Fassadenentwurf eine Verbindung zwischen der alten industriellen Baukunst und der modernen geradlinigen Architektur her, wobei der prägnante gelbe Stein des Altbaus als Vorlage für angrenzende Neubauten aufgegriffen wird. Im Ergebnis wird eine homogene Außenfassade entstehen. Die einzelnen Gebäude des Ensembles ergeben am Ende ein harmonisches Ganzes, bewahren jedoch dank unterschiedlicher Baumaterialien ihre individuelle Authentizität.

Der Stadtteil Moabit hat sich in den vergangenen Jahren zu einer neuen Trendgegend der Hauptstadt entwickelt. Die Nähe zum Re-

Schultheiss Quartier: Das neue Schultheiss Quartier vereint die Historie des Standortes und die Moderne einer Vision zu einem neuartigen Komplex auf dem Gelände der ehemaligen traditionsreichen Schultheiss Brauerei Abb.: eilmes & staub

Schultheiss Quartier: Einiges Historisches bleibt erhalten, Neues entsteht. Beides gruppiert sich um Höfe, Gassen, Passagen und Terrassen, die ineinander verwoben sind
Abb.: eilmes & staub

gierungsviertel und zum Tiergarten, der grünen Lunge Berlins, sprechen für sich. Beeindruckende Architektur, ein hoher Altbaubestand, Kanäle und Brücken, prägen das Bild von Moabit. Die aufstrebende Gastronomie- und Kulturszene sowie studenten- und familienfreundlicher Wohnraum ziehen zunehmend junge Menschen an. Im Herzen des Viertels und der Hauptstadt wird auf mehr als 30.000 m² Verkaufsfläche eine Shopping- und Erlebniswelt errichtet, die in den kommenden Jahren rund 100 Shops und Marken beherbergen wird.

Neuer Glanz in Moabit – das Ziel ist ein buntes Zentrum für die bunte Stadt Berlin, das in Sachen Mode, Handel und Gastronomie keine Wünsche offenlassen wird. Zusätzlich entstehen auf dem Areal 15.000 m² moderne Büroflächen, davon fast die Hälfte im charmanten und denkmalgeschützten Altbau. Hier finden junge Unternehmen mit innovativen Geschäftsmodellen einen neuen Sitz und können ihren Mitarbeitern einen außergewöhnlichen Arbeitsplatz in einer dem Zeitgeist entsprechenden, modernen Atmosphäre bieten. Vorhandene Gewölbe und Dachstühle im denkmalgeschützten Altbau verleihen hierbei den Geschäftsräumen ein modernes Loft-Ambiente. Die Vision von Projektentwicklungsgesellschaft und Architekten setzt auf die Vereinigung von historischem

Sanierung / Wohnungsbau / Gewerbebauten

Tegel Quartier: Wenn im Jahr 2018 Karstadt seine Pforten öffnet, wird auch das gesamte ehemalige Tegel-Center in neuem Glanz erstrahlen und einen Anziehungspunkt für den Berliner Norden bilden
Abb.: eilmes & staub

TEGEL QUARTIER

Die Fußgängerzone Gorkistraße im Stadtteil Tegel ist seit Jahrzehnten eine der wichtigsten Shoppingadressen im Norden Berlins. Die 1972 erbauten Gebäude sind mittlerweile durch Leerstände und mangelnde Ästhetik geprägt. Die HGHI Holding GmbH wird mit einem umfangreichen Bauvorhaben einen attraktiven Handelsstandort und damit ein Einkaufserlebnis für Jung und Alt erschaffen. Der Stadtteil Tegel in Berlin-Reinickendorf erhält durch das Refurbishment der gesamten Fußgängerzone Gorkistraße und durch die Neuerrichtung des in die Jahre gekommenen Tegel-Centers sowie der Modernisierung eines ehemaligen Hertie-Hauses ein modernes Zentrum. Die 250 m lange Fußgängerzone wird nach der Modernisierung ein innovatives Vorbild für andere Flaniermeilen.

Der Umbau sieht eine Umgestaltung der Fassaden des alten Hertie-Hauses und die Aufstockung zahlreicher Handelsflächen vor, sodass die Verkaufsfläche im gesamten Areal von 30.000 m² auf 50.000 m² erweitert wird. Rund 100 Geschäfte und Marken sollen in der revitalisierten Fußgängerzone Gorkistraße ihren Platz finden. Einer von vielen prominenten zukünftigen Mietern ist die Warenhauskette Karstadt. Ab 2018 wird das Geschäftshaus mit 8.850 m² Verkaufsfläche Teil des Projekts werden. Die Neueröffnung ist sowohl für den Bezirk Tegel als auch für den Karstadt-Konzern sensationell. Zuletzt konnte das Unternehmen eine solche Nachricht vor mehr als 30 Jahren verkünden. Seit Jahren fehlte der Fußgängerzone ein attraktives großes Warenhaus wie Karstadt, das auch den benachbarten Geschäften Kunden verschaffen wird.

Die Vorbereitungen für die Umbau- und Abbrucharbeiten erfolgten im Frühjahr 2017 im Nordteil des Tegel-Centers. Im Sommer begann der Abriss des renovierungsbedürftigen Parkhauses, das durch ein neues Gebäude ersetzt wird. Die bestehende Markthalle ist im März 2017 temporär, bis zum endgültigen Standort im Südteil des Tegel-Centers, mit nahezu allen Altmietern in das Erdgeschoss des ehemaligen Hertie-Hauses gezogen. Die Integration der beliebten Markthalle, die bereits auf eine 100-jährige Geschichte zurückblickt, ist und bleibt ein wichtiger Bestandteil der Projektentwicklung. Hinter den noch grauen Fassaden des ehemaligen Hertie-Hauses befindet sich nun ein Paradies für Feinschmecker.

Das Vorhaben der HGHI mit einem Investitionsvolumen von rund 200 Mio. Euro wird eine wirtschaftliche Lücke im Norden Berlins schließen. Den über 250.000 potenziellen Kunden – mit überdurchschnittlich hoher Kaufkraft – aus dem direkten Einzugsgebiet fehlt aktuell ein nahegelegenes und modernes Shopping- und Dienstleistungszentrum

Tegel Quartier: Für die Fassaden kommt viel Naturstein und Glas zum Einsatz
Abb.: eilmes & staub

Mariendorfer Damm: Auf einem ca. 21.000 m² großen länglichen Grundstück direkt neben der bekannten Trabrennbahn Mariendorf soll ein attraktives Zentrum für Einzelhandel, Büroräume und Wohnungen entstehen Abbildungen: eilmes & staub

mit einem spannenden Mieterbesatz. Vor allem das jüngere Publikum wich in den vergangenen Jahren auf andere attraktivere Einkaufsstraßen und Shoppingcenter mit einem breiteren Angebot aus. Es ist Ziel, mit den geplanten Veränderungen und dem fertiggestellten Projekt Tegel Quartier verloren gegangenes Publikum zurückzugewinnen und das Image und die Attraktivität des gesamten Bezirks mit einem erfolgreichen Handelsstandort zu verbessern.

MARIENDORFER DAMM 292 – 298

Im Süden Berlins wird von der HGHI Holding GmbH inmitten von zahlreichen Wohngebieten auf mehr als 21.000 m² ein Nahversorgungszentrum am Mariendorfer Damm generalüberholt. Das Projekt wird in den kommenden zwei Jahren realisiert und für Mariendorf und seine Bürgerinnen und Bürger einen absoluten Gewinn darstellen.

Der Mariendorfer Damm gilt als Nord-Süd-Verbindung Berlins. Die von Bäumen gesäumte Hauptverkehrsader führt quer durch Mariendorf und verbindet die Stadtteile Tempelhof und Lichtenrade. Ausgehend von der U-Bahn-Station im Kern Alt-Mariendorfs bedienen gleich mehrere Buslinien die angrenzenden weitflächigen und sehr begrünten Wohnviertel. Entlang des Mariendorfer Damms bieten zahlreiche Parkplätze, auch für Autofahrer, ideale Voraussetzungen, den Stadtteil zu erkunden.

Bisher war diese Region der Hauptstadt nicht für seine Einkaufsmöglichkeiten bekannt – Geschäfte für Anwohner und Durchreisende sind dort rar. Das soll sich nun ändern: Die HGHI hat im Frühjahr 2017 das Areal am Mariendorfer Damm, das südlich des zum Teil denkmalgeschützten Ortskerns Mariendorf und direkt neben der berühmten Trabrennbahn liegt, erworben. Auf dem länglichen Grundstück ist ein modernes Zentrum mit Geschäften, Büroräumen, Arztpraxen und Wohnungen auf einer 17.116 m² großen Bruttogeschossfläche geplant. Davon entfallen rund 8.752 m² auf eine Aufstockung mit Wohnungen. Für die umliegenden Wohngebiete wird eine neue, moderne und vielseitige Einkaufsstätte geschaffen. Die Anwohner begrüßen den Neubau, der die veralteten und unzeitgemäßen Gebäude ablösen und das Viertel architektonisch verschönern wird. Das neue Fachmarktzentrum wird aufgrund der verkehrstechnisch günstigen Lage schnell und einfach zu erreichen sein und eine noch bestehende Lücke an Einkaufsmöglichkeiten im Stadtteil Mariendorf schließen.

Generalunternehmer:
HGHI Baumanagement GmbH, Berlin

Projektentwickler/Investor:
HGHI Holding GmbH, Berlin

Planender Architekt:
Rautenbach ABP

-Proj. „Schultheiss Quartier"
Bauherr:
HGHI Schultheiss Quartier GmbH & Co. KG, Berlin
Planender Architekt (Fassaden):
Max Dudler, Berlin

-Proj. „Tegel Quartier"
Bauherr:
Tegel Quartier GmbH, Berlin

-Proj. „Zentrum Mariendorfer Damm"
Bauherr:
HGHI FMZ1 GmbH, Berlin

Partner am Bau:
- En.plus GmbH
- PECHTOLD Gesellschaft von Architekten GmbH
- David Krebs Zimmerei
- JANOWSKI Ingenieure GmbH
- Dipl.-Ing. Gernot Wagner / BAUplanung.im KONTEXT / BRANDschutz.im KONTEXT
- PRITZENS Klimatechnik GmbH
- Kuhr Management & Service GmbH
- Keller Grundbau GmbH
- GFA Gesellschaft für Anlagenbau mbH
- Winzler GmbH Spedition und Baustoffhandel
- BAUER Spezialtiefbau GmbH
- AAMEX Reinigungs-Service KG „ROSCHI" Beteiligungs-GmbH & Co.

En.plus GmbH

Es ist die unternehmerische Vision von En.plus für jeden Kunden genau die Form von Energieeffizienz zu liefern die er für seine Zwecke benötigt und wünscht.

Anlagenbau
En.plus steht für komplexe Aufgaben in der technischen Ausrüstung von Gebäuden und Industrieanlagen. Dabei werden alle Gewerke der Gebäudetechnik, gerne auch als Technischer Generalunternehmer bearbeitet.

Service
Ziel unserer Servicetätigkeit ist es, eine maximale Kundenzufriedenheit zu gewährleisten.

Energiemanagement
Mit einem optimierten Energiemanagement wollen wir die Energiebedürfnisse unserer Auftraggeber möglichst umfassend abdecken.

Facility Management
Wesentlicher Bestandteil des FM von Gebäuden ist die Technische Gebäudeausrüstung, welche gleichzeitig bei En.plus die Kernkompetenz darstellt.

Standorte der En.plus GmbH

Stammhaus Magdeburg
En.Plus GmbH
Joseph-von-Fraunhofer-Str. 2
39106 Magdeburg
fon: +49 (391) 50 45 27-0
fax: +49 (391) 50 45 27-27
email: info@en-plus.eu

Niederlassung Köln
En.plus GmbH
Emil-Hoffmann-Str. 1a
50996 Köln
fon: +49 (2236) 39 303-0
fax: +49 (2236) 39 303-30
email: koeln@en-plus.eu

Niederlassung Berlin
En.plus GmbH
Am Borsigturm 52
13507 Berlin
fon: +49 (30) 43 73 136-0
fax: +49 (30) 43 73 136-36
email: berlin@en-plus.eu

Niederlassung Lübeck
En.plus GmbH
Taschenmacherstr. 35 a
23556 Lübeck
fon: +49 (451) 88 04 877 - 0
fax: +49 (451) 88 04 877 - 7
email: luebeck@en-plus.eu

Niederlassung Potsdam
En.plus GmbH
Verkehrshof 1
14478 Potsdam
fon: +49 (331) 50 57 00-0
fax: +49 (331) 50 57 00-57
email: potsdam@en-plus.eu

Tochterunternehmen Frankfurt
Andreas Kämpf FFM GmbH
Eschborner Landstraße 42–50
60489 Frankfurt am Main
fon: +49 (69) 38 03 14-0
fax: +49 (69) 38 03 14-44
email: info@kaempf-gmbh.de

Leistungen

Das breite Leistungsspektrum von En.plus deckt die Bereiche der Gebäudetechnik von Lüftung, Heizung, Kälte, Brandschutz, Sanitär, Elektro bis MSR ab.

Unser Ziel ist es, eine effektive Versorgung mit Wärme und Kälte sicherzustellen. Aus diesem Grund steht die Reduzierung des Verbrauchs im Mittelpunkt unserer Überlegungen.

Durch den Bau effizienter Anlagen und Gebäudetechnik, der Erstellung von innovativen Konzepten für die Energieerzeugung sowie wirtschaftlichen Service wird dieses Ziel durch En.plus aktiv unterstützt.

En.plus plant und realisiert unterschiedlichste technische Anlagen bspw. für Büro- und Geschäftshäuser, Schwimm- oder Hallenbäder, Wellnessanlagen, Hotels und Klinikgebäude.

Durch den Einsatz effizienter Technik gehen Sie verantwortungsvoll mit den Ressourcen zur Energiegewinnung um. Investieren Sie mit uns in nachhaltige Pluspunkte für die Zukunft!

www.en-plus.de

Bebauung des ehemaligen Wertheimareals am Leipziger Platz, Berlin
PECHTOLD Gesellschaft von Architekten mbH

Die PECHTOLD Gesellschaft von Architekten mbH geht auf das 1975 in Berlin gegründete Architekturbüro PECHTOLD zurück.
In Zusammenarbeit mit Immobilienfonds, Investoren, Projektentwicklern, Generalübernehmern, Stiftungen und privaten Bauherrn hat sich die PECHTOLD Gesellschaft von Architekten mbH eine breite Basis für ihre Tätigkeiten geschaffen. Zu den realisierten Projekten zählen Einkaufszentren, Hotels, Bürogebäude und Wohngebäude.
Das Büro beschäftigt 30 Mitarbeiter und ist in den folgenden Aufgabenbereichen der HOAI-Leistungsphasen 1 – 9 tätig:

- Projektentwicklung
- Projektsteuerung
- Bebauungsplanung
- Gebäudeplanung
- Denkmalpflege
- Bauen im Bestand

Das Know-how wirtschaftlicher Planung mit den vielschichtigen Gestaltungen von Einkaufswelten zu verbinden, ist eine herausragende Fähigkeit der PECHTOLD Gesellschaft von Architekten mbH. Für die Erfahrung, komplexe Bauvorhaben kompetent durch die unterschiedlichen Genehmigungsinstanzen zur Realisierung zu führen, wird das Büro bei den Auftraggebern sehr geschätzt.
Das Projekt Leipziger Platz 12/Mall of Berlin stellt die Kompetenz und Leistungsfähigkeit des Büros PECHTOLD Gesellschaft von Architekten mbH unter Beweis.
Aktuell im Bau befindliche Großprojekte sind das Schultheiß Quartier in Berlin Moabit und das Tegel Quartier in Berlin Tegel.

Auf dem Gelände des ehemaligen Wertheim- Kaufhauses und preußischer Ministerien am Leipziger Platz ist ein Einkaufszentrum mit darauf befindlichem Wohnviertel inklusive Grünanlagen sowie einem Hotel im Herzen Berlins entstanden. Das Projekt umfasst neben dem Neubau großflächiger Mall- und Einzelhandelsflächen, Wohnungen, ein Hotel und Tiefgaragen. Eine großzügige, überdachte Piazza gegenüber dem Ehrenhof des Bundesrates schafft eine Gliederung auf dem sonst an der Blockbebauung orientierten Bauweise des Grundstückes. Die gewünschte Parzellenstruktur, in welche sich auch denkmalgeschützte Objekte einreihen, bildet sich in den Fassaden ab. Städtebaulich entwickelt die neue Bebauung am Leipziger Platz einerseits die Verbindung des Potsdamer Platzes zur renommierten Flaniermeile Friedrichstraße und andererseits die Verbindung zwischen Bundesrat und Reichstag über das Stelenfeld und Brandenburger Tor. Der historische Stadtgrundriss des Leipziger Platzes (Oktogon) ist wieder hergestellt. Ein hoher Wohnanteil und die Hotelnutzung des Gebäudekomplexes sorgen für eine Belebung der Funktionen des Standortes untereinander. Die Fassaden, die Gestaltung der Piazza und die Darstellung der Mall nehmen historische Elemente auf und übersetzen diese in eine zeitgemäße Architektursprache.

Bauherr: HGHI Leipziger Platz GmbH
Planung: PECHTOLD Gesellschaft von Architekten mbH, www.pechtold-architekten.de
Bauzeit: 2009 – 2014

Ausführende Firmen   Anzeige

David Krebs Zimmerei

Straße der Gemeinschaft 5
14641 Wustermark OT Priort
Telefon: 0162 936 95 56
info@zimmereikrebs.de
www.zimmereikrebs.de

J JANOWSKI Ingenieure GmbH

Technische Gebäudeausrüstung

mail@janowski-ingenieure.de
www.janowski-ingenieure.de

Helmholtzstraße 41
10587 Berlin
030 / 330 998 660

Theresienstraße 66
80333 München
089 / 330 384 68

Dr.-Sittler-Straße 9
94032 Passau
0851 / 95 65 70

Dipl.-Ing. Gernot Wagner
prüfingenieur für brandschutz

pruefingenieur@imkontext.berlin

BAUplanung.imKONTEXT
architekten

bauplanung@imkontext.berlin

BRANDschutz.imKONTEXT
sachverständige für den brandschutz

brandschutz@imkontext.berlin

Gernot Wagner,
Michael Vierling
+ Michael Dudzik
Gneisenaustr. 43
D 10961 Berlin
Tel 030 490 80 961

PRITZENS
Kälte- Klima- Regelungstechnik

Planung, Ausführung, Service

- Klimatechnische Systeme
- EDV-Klima, Kaltwassersätze
- Energetische Inspektion §12

www.pritzens.com   Tel. 030 65 21 91 58

Anzeige Ausführende Firmen

BAULOGISTIK

- Koordination - Steuerung
- Versorgung - Kontrolle
  (Güter, Personen, Transportmittel)
- Planung - Sicherheit

Kuhr Management & Service GmbH · Dürerstr. 39 - 12203 Berlin
Office: +49 30. 49 89 38 38 · Fax: +49 30. 49 89 38 37 · Mobil +49 151. 41 29 52 22
E-Mail: office@kuhr-management-service.de

Produktinfo ◄

Energiesparende Fassaden setzen neue Glanzpunkte

(epr) Wenn der Frühling vor der Tür steht, können Bauherren endlich wieder Projekte rund um Haus und Garten durchführen. Verschiedensten Witterungseinflüssen ausgesetzt, erstrahlen auch Fassaden dank harmonischer Farben, robuster Strukturen und schöner Oberflächendesigns im neuen Glanz.

Vorgehängt und hinterlüftet bieten Fassaden von vinylit vor allem dauerhaften Wetterschutz und erzielen in Verbindung mit wärmedämmenden Iso-Elementen eine erhebliche Energieeinsparung. Die Hochleistungsdämmung ist mit integrierter Unterkonstruktion für die Hinterlüftungsebene vorgefertigt. Das System eignet sich sowohl für Neubauten als auch für Sanierungen. Mehr unter www.vinylit.de.

Neuer Glanz für das Eigenheim: Mit Fassadensystemen lassen sich schöne Außenwände realisieren (epr/vinylit)

Mit Erfahrung für Projektentwicklung und Realisierung

Die Geschäftsstelle des Deutschen BundeswehrVerbandes bezieht einen Neubau in der Stresemannstraße in Berlin-Kreuzberg / Das Neubauprojekt „VivaCity Adlershof" reagiert auf den demografischen Wandel

Auf dem Dreieck zwischen Hallesche Straße, Stresemannstraße und Möckernstraße wird mit dem Neubau von Wohnungen und Büros eine neue Quartiersentwicklung realisiert. Dazu zählt auch der neue Hauptsitz des Deutschen BundeswehrVerbandes

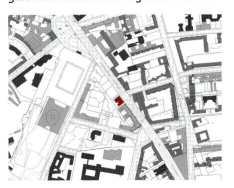

NEUBAU FÜR DEN BUNDESWEHRVERBAND

In besonders zentraler Lage, in der Stresemannstraße 57 – 59, entwickelt und baut Kondor Wessels Wohnen Berlin den neuen Hauptsitz für den Deutschen Bundeswehr-Verband (DBwV). Auf einer Bruttogeschossfläche von rund 5.200 m² entstehen auf sieben Etagen Konferenzräume und mehr als 140 Büroarbeitsplätze.

Der im Zweiten Weltkrieg zerstörte Block zwischen Hallesche-, Stresemann- und Möckernstraße erlebt nahe dem Potsdamer Platz seit 2014 seine Reurbanisierung: Nach dem Neubau des Wohnungsbauteils an der Halleschen Straße ist das Gebäude des Deutschen BundeswehrVerbandes an der Einmündung der Hedemannstraße einer der letzten Bausteine dieser Wiederbelebung. Bis zum Jahr 2019 entsteht ein komplett neues städtisches Quartier mit Miet- und Eigentumswohnungen, Büros, Läden und einer Kindertagesstätte und somit eine lebendige innerstädtische Mischung mit hoher Aufenthaltsqualität. Das Gebäudevolumen auf U-förmiger Grundfläche mit der Überhöhung über dem 6. Obergeschoss resultiert aus der städtebaulichen Rahmenbedingung, die für diesen Standort als einzigem Baukörper an der Stresemannstraße einen Solitär vorschreibt. Über einem zweigeschossigen Ziegelsockel erhebt sich ein weißer Putzbau, der durch die Vertikale betonende Lisenen strukturiert ist. Abgerundete Ecken geben dem Volumen eine leichtere Anmutung. Im obersten Geschoss mit seinen 4,50 m lichter Höhe liegt die Chefetage mit seitlichen intensiv begrünten Terrassen. Auf der Gartenseite schließen die erdgeschossigen Besprechungsräume einen kleinen Hofgarten ein, der auf den einzigen im Blockinneren verbliebenen Zeugen der Vergangenheit ausgerichtet ist: die als Naturdenkmal geschützte 250 Jahre alte Eiche.

Der Deutsche BundeswehrVerband ist eine überparteiliche und finanziell unabhängige Institution. Er vertritt in allen Fragen des Dienst-, Sozial- und Versorgungsrechts die Interessen seiner rund 200.000 Mitglieder – aktive Soldaten, Reservisten, Ehemalige und Hinterbliebene, zivile Angehörige der Bundeswehr sowie fördernde Mitglieder.

Der Verband hat das Projekt Ende 2015 von

Die Kondor-Wessels-Unternehmensgruppe ist seit mehr als 25 Jahren als Bauunternehmen, Bauträger, Eigenkapitalpartner und Projektentwickler am Markt. Im Jahr 2006 erfolgen die Gründung der Kondor Wessels Holding GmbH in Berlin und die Restrukturierung des gesamten Konzerns mit insgesamt acht Tochtergesellschaften. Mit rund 330 Mitarbeitern werden bundesweit alle Leistungen rund um das Entwerfen, Entwickeln, Realisieren und Managen von Bauprojekten sowie die zugehörigen Dienstleistungen angeboten – Eine gesamtheitliche Immobilien-Projektkoordination von der Planungs- bis hin zur Realisierungsphase.

Für den Neubau des Deutschen BundeswehrVerbandes in der Stresemannstraße 57 war aus stadtplanerischer Sicht ein Solitärgebäude gefordert, das sich zur Blockinnenseite mit zwei Flügeln auf eine rund 250 Jahre alte Eiche – einziges Relikt des im Zweiten Weltkrieg fast vollständig zerstörten Blocks, bezieht

In der „VivaCity Adlershof" am Landschaftspark Johannisthal treffen urbane Abwechslung und ruhiges Naturerlebnis zusammen. Es gibt genügend Freiraum für jeden einzelnen und ein stabiles Miteinander sowie viele sinnvolle Dienstleistungen und Services, die das Leben im Alter gesundheitsbewusst gestalten. Außerdem ist der Standort im Osten Berlins ein Ort der Bildung, mit dem Wissenschaftspark als Nachbarn

Kondor Wessels erworben; die Fertigstellung ist für das vierte Quartal 2018 geplant.

WOHNQUARTIER FÜR MENSCHEN IM BESTEN ALTER

Bis 2020, so das Statistische Bundesamt, fehlen in Deutschland rund 2,5 Mio. altersgerechte Wohnungen. Am Wissenschafts- und Technologiestandort Adlershof im Berliner Süden ist im Frühjahr 2016 der Baustart für ein neues, richtungweisendes Stadtquartier erfolgt. Das Konzept des Quartiers „VivaCity Adlershof" hat sich zum Ziel gesetzt, mit der Planung für die Generation 60+ ein selbstbestimmtes und vitales Leben bis ins hohe Alter zu ermöglichen. Im Herzen von Johannisthal entsteht auf 16.000 m² Nutzfläche am Akeleiweg 87 – 97 und Eisenhutweg 107 – 115 ein Mix aus Mietwohnungen, Kindertagesstätte, Supermarkt, Gewerbe und stationärem Pflegeheim mit betreutem Wohnen, ergänzt um Dienstleistungen, Kooperationen, Freizeitangeboten und Services.

VivaCity ist ein Produktkonzept für Best-Ager-Wohnquartiere. Urban und naturnah gelegen, bieten diese Quartiere alles für ein erfülltes, selbstbestimmtes Leben bis ins hohe Alter. Wenn Gegenstände und Ausstattung ergonomisch und schwellenarm konzipiert sind, gewinnt der Alltag an Leichtigkeit. Universal Design schafft Lösungen, die beim Bewältigen alltäglicher Anforderungen helfen und zugleich ästhetisch hohen Ansprüchen genügen. Solange es geht, wohnt man in der VivaCity selbstbestimmt. Für erste Unterstützung im Alltag bietet betreutes Wohnen das sichere Gefühl ambulante Betreuungs- und Pflegedienstleistungen, die jederzeit hinzugebucht werden können – vom Einkaufen bis zur Physiotherapie. Wenn die Zeit für einen intensiveren Betreuungsbedarf anbricht, sind die Pflegeapartments der VivaCity die richtige Alternative zu betreutem Wohnen.

Die zwei- bis dreigeschossigen Wohnhäuser mit insgesamt 114 Einheiten sind als genossenschaftliches Projekt konzipiert und damit zu moderaten Quadratmeterpreisen vermietbar. Die Wohnanlage mit insgesamt 8.000 m² Wohnfläche wird über 13 Aufgänge aufgeteilt bzw. erschlossen.

Die „Universal Design Apartments" mit zwei bis vier Zimmern sind für Familien, Singles, Paare oder fürs Gemeinschaftswohnen geeignet. In allen Wohnungen haben die Bewohner über eine Terrasse oder einen Balkon direkten Kontakt mit der grünen Umgebung.

Es kommen hochwertige Materialien zum Einsatz; die Fußbodenheizung sorgt in allen Räumen für Behaglichkeit und die Aufzugsanlagen für eine bequeme Erschließung. Die Wohnanlage entspricht den Anforderungen des Energiestandards KfW-Effizienzhaus 55. „VivaCity Adlershof" bietet Pflegemöglichkeiten direkt vor Ort. Die drei- und viergeschossige Pflegeeinrichtung wird über 99 stationäre Plätze und vier Pflegeapartments mit Dachterrassen verfügen. Eine weitere Dachterrasse im Restaurant des Pflegeheims kann als Community-Fläche genutzt werden. Das benachbarte Dienstleistungsgebäude wird rund 3.000 m² für einen Supermarkt, Büronutzungen und medizinnahe Dienstleistungen zur Verfügung stellen. Die Kita mit ca. 1.000 m² Fläche und einem großen Außenbereich bietet Raum für über 100 Kinder.

> **Projektentwickler/Generalunternehmer:**
> Kondor Wessels Wohnen und Kondor Wessels Bouw Berlin GmbH, Berlin
>
> -Proj. „Dt. BundeswehrVerband"
> **Bauherr:**
> Metronom Developement GmbH & Co. KG, Berlin
> **Planender Architekt:**
> Nöfer Gesellschaft von Architekten mbH, Berlin
>
> -Proj. „VivaCity Adlershof"
> **Bauherr:**
> VLA Immobilien GmbH & Co. KG, Berlin / Gemeinnützige Baugenossenschaft Steglitz eG, Berlin / Johannisthal Residenz GmbH & Co. KG, Berlin
> **Planender Architekt:**
> con-tura Architekten + Ingenieure GmbH / Fuchshuber Architekten GmbH, Berlin / rewa Planungsgesellschaft mbH, Lichtenstein/Sachsen

> **Partner am Bau:**
> - IABU – Prenzel & Partner GmbH
> - PRB Spezialtiefbau GmbH
> - Michael Kranz GmbH
> - M&M Cuk GmbH Dachdeckerei und Bauklempnerei
> - TbB Trockenbau Beelitz GmbH
> - TKS Technischer Kundendienst Lüftung & Service GmbH
> - BEG Erschließungsgesellschaft mbH

Wohnungsbau / Gewerbebauten

Anzeige

Projektentwicklung + Projektausführung aus einer Hand

con-tura – Fachkompetenz für Architektur, Tragwerke und Baukonstruktionen

Die **con-tura Architekten + Ingenieure GmbH** versteht sich als Berater und Baudienstleister und erbringt in diesen Funktionen alle Leistungsphasen des Städtebaus, der Architektur, des Baumanagements, der Tragwerkplanung und der Bauphysik. Das Fachwissen der motivierten, engagierten MitarbeiterInnen ist die Grundlage der erfolgreichen Arbeit von con-tura.

Den ständig veränderten Anforderungen beim Planen und Bauen wird mit regelmäßiger Schulung der MitarbeiterInnen begegnet, und ein intensiver Informationsaustausch und regelmäßige Projektauswertungen innerhalb der Unternehmensgruppe mit Standorten in Berlin, Potsdam und Wuppertal tragen ebenfalls zum kontinuierlichen Update des Know-hows bei. Mit der Erfahrung aus über 18 Jahren erfolgreicher Projektarbeit in Deutschland, den Niederlanden und der Slowakei bietet das Unternehmen internationales Know-how zum Mehrwert seiner Auftraggeber.

EIN ERFAHRENER PARTNER FÜR DIE PROJEKTENTWICKLUNG

Um aus den Ideen der Auftraggeber ein klar definiertes Ziel zu formen, stehen von Anfang an Teams von Stadtplanern, Architekten und Tragwerkplanern zur Verfügung. Die Beeinflussung der Baukosten ist bei der Projektentwicklung am größten. Je früher con-tura in sämtliche Überlegungen einbezogen wird, umso kostengünstiger lassen sich die Vorstellungen der Bauherren umsetzen. Die kontinuierliche Abstimmung mit internen und externen Fachplanern, mit Baubetrieben und Handwerkern sowie mit Fachbehörden ermöglicht die beschleunigte Festlegung eines endgültigen Entwurfs, der bereits optimierte Baukonstruktionen und Bauweisen berücksichtigt.

Denn: „Gut geplant ist halb gebaut."

EIN ZUVERLÄSSIGER PARTNER FÜR DIE AUSFÜHRUNG

Um Bauvorhaben detailgetreu und innerhalb des vorgegebenen finanziellen Rahmens umzusetzen, ist eine exakte, praxisgerechte Planung unverzichtbar.

Sie ist die wichtigste Grundlage einer reibungslosen Bauausführung. Mit seinen Architekten und Statikern, Konstrukteuren und Bauphysikern sowie Sachverständigen für Brandschutz und Wärmeschutz bietet con-tura die optimale Voraussetzung für eine detailgetreue Planung, die keinen Fachbereich unberücksichtigt lässt. Mit der Übernahme von Aufgaben der Arbeitsvorbereitung in Verbindung mit einer übergeordneten Bauleitung schließt con-tura die Lücke zwischen abgeschlossener Planung und Bauausführung.

Somit sind Kosten-, Termin- und Qualitätssicherheit gewährleistet.

Standort Berlin - Charlottenburg
Kronprinzendamm 15
10711 Berlin
berlin@con-tura.com
Telefon +49 (0) 30 - 810 310 - 700
Telefax +49 (0) 30 - 810 310 - 711

Standort Potsdam
Gutenbergstraße 82
14467 Potsdam
potsdam@con-tura.com
Telefon +49 (0) 331 - 62 64 - 550
Telefax +49 (0) 331 - 62 64 - 559

Standort NRW - Wuppertal
Deutscher Ring 71
42327 Wuppertal
wuppertal@con-tura.com
Telefon +49 (0) 202 - 66 931 - 363
Telefax +49 (0) 202 - 66 931 - 369

Architekten + Ingenieure GmbH

GEMEINSAM MIT DEN AUFTRAGGEBERN AUS EINER ERSTEN IDEE ERFOLGREICHE PROJEKTE ZU ENTWICKELN UND UMZUSETZEN: DAS IST DIE GRUNDLAGE UNSERER TÄGLICHEN ARBEIT.

www.con-tura.com

Ingenieurbüro für **Arbeitssicherheit, Brand- und Umweltschutz**

Brandschutz

- **analysieren**
  - Mängelaufnahme, -bewertung, -beseitigung in bestehenden Gebäuden

- **beraten**
  - Brandschutznachweise (nach entsprechender LBO)
  - Brandschutzgutachten
  - objektorientierte Brandschutzkonzepte

- **planen + überwachen**
  - Fachplanung (in bautechnischer, vertraglicher und betriebswirtschaftlicher Hinsicht)
  - Fachbauleitung Brandschutz (laufende Baukontrolle mit Mängelprotokollierung)

Sky Office, Düsseldorf

- **erstellen + zeichnen**
  - Feuerwehrpläne nach DIN 14095 (Übersichts- und Geschosspläne)
  - Flucht- und Rettungspläne nach DIN ISO 23601
  - Brandschutzvisualisierungen
  - Brandschutzordnungen nach DIN 14096
  - numerische Simulationen (Brandschutzingenieurwesen)

Spreespeicher, Berlin

- **schulen**
  - Brandschutzübungen, - unterweisungen

- **ö.b.u.v. Sachverständiger**
  - Moderator/Mediator zwischen den Parteien (außergerichtlich)
  - Schiedsgutachter (außergerichtlich)
  - vom Gericht beauftragter Sachverständiger zur Beweisaufnahme oder im Rahmen des selbstständigen Beweisverfahrens

- **zertifizieren**
  - Hotelsicherheit (Safehotel-Star)

Arbeitssicherheit

- **unterstützen**
  - Arbeitgeber und Führungskräfte bei dem Arbeitsschutz, bei der Unfallverhütung, der Ergonomie, der Erste-Hilfe-Organisation …

BICARBONAT, Bernburg

- **beurteilen + beraten**
  - Arbeitsbedingungen, Beschaffung und Einsatz von technischen Arbeitsmitteln, Einführung von Arbeitsverfahren …

- **erarbeiten**
  - Gefährdungsbeurteilungen, Gefahrstoffverzeichnisse

- **planen + prüfen**
  - Betriebsanlagen, Arbeitstätten, Sanitärräume, Spielplatzinspektionen nach DIN EN 1176, …

SiGeKo
(BaustellV, BGR 128, TRGS 519)

Flughafen BER

- **Planungsphase**
  - Koordination der bestimmenden Bautätigkeiten, Erarbeitung des Arbeits- und Sicherheitsplanes, Erarbeitung des Sicherheits- und Gesundheitsschutzplanes, Erstellung der Unterlage für spätere Arbeiten am Bauobjekt

- **Ausführungsphase**
  - Koordination der allgemeinen Grundsätze zum Arbeitsschutz, Organisation der Zusammenarbeit der Arbeitgeber, Überwachung der Einhaltung der Baustellenverordnung und Koordination der ordnungsgemäßen Anwendung von Arbeitsverfahren

VDSI — Mitglied im Verband Deutscher Sicherheitsingenieure e.V.

Die Mitte, Berlin

IABU - Prenzel & Partner GmbH
Rhinstraße 84 | D - 12681 Berlin

Tel. + 49 30 98694781 | Fax + 49 30 98694783
info@iabu.de | www.iabu.de

Ausführende Firmen   Anzeige

PRESSEN
RAMMEN
BOHREN

Unser Leistungsspektrum:
- erschütterungsfreies Einpressen von Spundbohlen
- Einvibrieren von Spundbohlen und Trägern
- Ortbetonbohrpfähle und Bohrpfahlwände
- Berliner und Essener Verbau gebohrt
- Rammen von Stahlprofilen
- komplette Baugruben

PRB Spezialtiefbau GmbH

Alte Dorfstrasse 8 · 14542 Werder OT Plötzin · Tel. 033207/31310 · Fax 033207/313110

info@prb-spezialtiefbau.de · www.prb-spezialtiefbau.de

Michael Kranz GmbH
Ihr Büro für die Planung und Umsetzung von Sanitär-Aufträgen.

Wir planen für Sie vom Einfamilienhaus bis zum kompletten Neubau eines Straßenzuges.

Bunzelstr. 144, 12526 Berlin
Tel. 030 - 311 733 63, office@michael-kranz-gmbh.de

Heizung • Lüftung • Klima • Sanitär • Elektro • Energiekonzepte

---

Wir, die M&M Cuk GmbH Dachdeckerei und Bauklempnerei sind ein eingetragener Innungsbetrieb der Landesinnung Berlin-Brandenburg.
Unser Unternehmen wurde 1988 durch Herrn Mato Cuk als Firma für Flachdach- und Bauwerksabdichtungen gegründet. 1999 wurde durch den Einstieg von Dipl. Ing. Mario Cuk die Firma in M&M Cuk GmbH Dachdeckerei und Bauklempnerei umbenannt. Herr Mario Cuk ist aufgrund seiner Ausbildung im Dachdeckerhandwerk sowie seines Architekturstudiums kompetenter Ansprechpartner in allen individuellen Fragen rund um Ihr Bauvorhaben.
Wir bieten handwerklich hochwertige Lösungen kostenbewusst an. Im Bereich der Flachdach- und Bauwerksabdichtung haben wir uns durch die Realisierung größerer Projekte einen Namen gemacht.
Kundenzufriedenheit steht bei uns an erster Stelle.

M&M CUK GmbH
Dachdeckerei und Bauklempnerei

M&M CUK GmbH
Dachdeckerei und Bauklempnerei
Glasower Straße 5 | 12051 Berlin
Tel. 030 6229105 | Fax 030 62705743
info@mmcuk.de | www.mmcuk.de

Anzeige   Ausführende Firmen

- **Dachgeschossausbau**
- Trockenestrich
- **Brandschutz**
- Akustik
- **Decken**
- Wände

Trockenbau Beelitz
- GmbH -

Jahnstraße 12, 14547 Beelitz
Tel./Fax 03 32 04/4 06 43
TrockenbauBeelitz@googlemail.com
Mobil 0173/231 84 20
Mobil 0172/874 34 25

- Klimatechnik
- Lüftungstechnik
- Regeltechnik
- Kältetechnik
- Sanitärtechnik
- Elektrotechnik
- Heizungstechnik

TKS
Technischer Kundendienst
Lüftung & Service GmbH

Buckower Damm 30, 12349 Berlin
Telefon +49 - 30 - 22 49 62 - 0
Telefax +49 - 30 - 22 49 62 - 39 (Service)
         +49 - 30 - 22 49 62 - 29 (Anlagenbau)
Notdienst: +49 - 172 - 971 95 48 (24 Std.)
service@tks-deutschland.de, www.tks-deutschland.de

Straßenbau • Erdbau • Rohrleitungsbau • Grünanlagen

BEG
Erschließungsgesellschaft mbH

Alte Bliesendorfer Straße 8
14797 Kloster Lehnin OT Göhlsdorf
beg.goehlsdorf@t-online.de
Tel. 033207/5 11 08 | Fax 033207/5 11 10

Produktinfo ◄

Bodengleiche Duschlösungen für noch mehr Flexibilität im Bad

(epr) Eine Dusche gehört heute zu einem modernen Badezimmer einfach dazu. Auch Senioren oder Menschen mit Behinderung kommen dank flächenbündiger Modelle in den entspannenden Bade- oder Duschgenuss. Dabei liegen die Duschwannen von Villeroy & Boch, die bodengleich installiert werden können und sich farblich an den Bodenbelag anpassen, besonders im Trend. „Squaro Superflat" zum Beispiel schafft ein unverwechselbar schönes Bad. Neben den superflachen Duschwannen bieten extravagante Walk-In-Duschabtrennungen Wellness pur. Alle aus Quaryl gefertigten Duschwannen besitzen eine porenfreie Oberfläche, die sich leicht reinigen lässt. Mehr unter www.villeroy-boch.com.

Die besonders flache Duschwanne erfüllt höchste Ansprüche an ein formschönes Bad, und dank der glatten und fugenfreien Oberfläche ist der Duschbereich auch leicht zu reinigen   (Foto: epr/Villeroy & Boch)

Neubauten im Herzen der Stadt

Mit dem Neubau des „Motel One" verschwindet eine der letzten Baulücken am Alexanderplatz / „Bertha Berlin" – ein Bürogebäude im Lehrter Stadtquartier

MOTEL ONE AM ALEXANDERPLATZ

Über einen weiteren Hotelneubau, gilt es zu berichten. Nicht verwunderlich, denn Berlin ist im vergangenen Jahrzehnt zu einem Touristenmagneten geworden, der jährlich über 20 Mio. Besucher anzieht. Und es ist kein Ende abzusehen – Tendenz steigend. Im Jahr 2013 wurden vom Statistischen Bundesamt 523 Hotels in Berlin gezählt. In den vergangenen vier Jahren sind einige tausend Betten hinzugekommen.

Mit dem im Folgenden präsentierten Bauvorhaben in Berlin-Mitte werden nochmals mehr als 700 Hotelzimmer realisiert – und das im Zentrum der Stadt, unmittelbar am Alexanderplatz. Es handelt sich um Europas größtes Haus der deutschen Low-Budget-Hotelkette Motel One. Erfahrung hat man in dem 2008 gegründeten Unternehmen mit großen Hotels: Im Sommer 2015 ist die Eröffnung des mit 533 Zimmern bis dato größten Motel One am neuen Wiener Hauptbahnhof erfolgt. Für das Motel One am Alexanderplatz mit 708 Zimmern, die sich auf 19 Stockwerke verteilen, ist der Grundstein im März 2016 gelegt worden. Das 60 m hohe Gebäude wird auf einem 2.533 m² großen Grundstück, das von der Rathausstraße mit dem Platz des Aufbauhelfers, der Grunerstraße und der Gontardstraße begrenzt wird, am Standort des früheren DDR-Gesundheitsministeriums realisiert. Parallel zur Grunerstraße verläuft auf dem Grundstück innerhalb einer geplanten Arkade der Tunnel der U-Bahnlinie U2. Südlich wird das Grundstück unterhalb des Platzes des Aufbauhelfers von einem Verbindungstunnel der U-Bahnlinien U5 zur U8 begrenzt. Dieser Tunnel unterquert die Tunnelanlage der U2. Das Hochhaus entsteht auf Grundlage des Masterplans für den Alexanderplatz vom Berliner Architekten Hans Kollhoff aus den 1990er Jahren, gehört aber nicht zu den geplanten Wolkenkratzern, die 150 m in den Himmel ragen sollen.

Das Gebäude besteht aus einem Kellergeschoss, einem Sockelbau mit neun Vollgeschossen und einem Hotelturm mit weiteren zehn Geschossen. Das Kellergeschoss enthält die Technikzentralen, Personalräume und die Kühl- und Vorbereitungsräume der Küche sowie Räume für die Retail-Flächen. Im Erdgeschoss sind die Arkade als Vorfahrt für das Hotel mit RB-Stellplätzen, das Hotel-Foyer mit angrenzenden Verwaltungsbereichen und Retail-(Verkaufs-)Flächen vorgesehen. Die Retailflächen erstrecken sich vom Erdgeschoss bis in das 1. Obergeschoss. Ab dem 2. Obergeschoss beginnen die Regelgeschosse mit den Hotelzimmern. Eine Zwischenebene oberhalb des Erdgeschosses nimmt weitere Verwaltungsbereiche des Hotels auf, und eine großzügige Innenhoffläche mit Begrünung und Terrasse für den Frühstücksbereich des Hotels entsteht im 2. Obergeschoss. Die Stockwerkshöhen variieren je nach Anforderung der TGA und Statik. Im 18. Obergeschoss ist eine Sky-Bar geplant, darüber ein Tech-

Motel One: Der Hotelneubau entsteht zurzeit auf einer Baulücke zwischen Fernsehturm und Alexanderplatz. Ganz oben, auf 60 m, ist eine Sky-Bar geplant, die einen „fantastischen Ausblick" bieten soll
Quelle Abb.: W. Markgraf GmbH & Co KG Bauunternehmung, Bayreuth

Motel One: Mitten im Geschehen in Berlin-Mitte
Quelle Abb.: W. Markgraf GmbH & Co KG Bauunternehmung, Bayreuth

nikgeschoss als Dachaufbau mit Sichtschutzwänden. Das Hotel wird schlüsselfertig und betriebsbereit errichtet; die Retail-Flächen werden als erweiterter Rohbau mit geschlossener Hülle, Beheizung über statische Heizflächen, Notbeleuchtung und vorgestreckten Installationen bis an den Schacht übergeben.

Die Innenausstattung der Hotels ist in modernem Design gehalten und verwendet durchgehend die Corporate-Identity-Farben Braun und Türkis. Motel One bietet dem Gast ein durchschnittlich 16 m² großes Zimmer und verzichtet auf Schrank, Telefon, Minibar und Zimmerservice.

Gut ein Jahr nach der Grundsteinlegung ist Anfang Mai 2017 am Alexanderplatz Richtfest gefeiert worden. Im Herbst 2017 soll das Gebäude fertiggestellt sein. Die Innenausstattung des Hotels ist in modernem Design gehalten und verwendet durchgehend die Corporate-Identity-Farben Braun und Türkis. Motel One bietet dem Gast ein durchschnittlich 16 m² großes Zimmer, ergänzt mit einer hochwertig ausgestatteten Badzelle.

BERTHA BERLIN – BÜROGEBÄUDE IM QUARTIER AM HAUPTBAHNHOF

Als weiterer Baustein des „Lehrter Stadtquartiers" wurde an der Ecke Bertha-Benz-Straße und Katharina-Paulus-Straße in Berlin-Mitte im Dezember 2016 ein neues Bürogebäude mit dem Namen „Bertha Berlin" fertiggestellt. Das südwestlich an den Hauptbahnhof angrenzende „Lehrter Stadtquartier", das im unmittelbaren Spannungsfeld von Bundeskanzleramt, Innenministerium, Hauptbahnhof, Europa City und Humboldthafen im Spreebogen in der neuen Mitte von Berlin an der Schnittstelle zwischen dem ehemaligen West- und Ost-Berlin liegt, ist in den vergangenen Jahren nach einem Masterplan von Oswald Mathias Ungers, der später von Auer+Weber konkretisiert wurde, bebaut worden.

„Bertha Berlin" wurde auf einem ca. 2.960 m² großen Grundstück errichtet. Das Bau-

Spree One: Wo früher die TU Berlin und zwischenzeitlich die Deutsche Bundesbank ihren Sitz hatten, wurde Ende 2016 mit dem Abriss des ca. 25.000 m² umfassenden 1970er-Jahre-Komplexes am Zusammenlauf von Landwehrkanal und Spree begonnen
Abb.: Optima-Aegidius-Firmengruppe/Nöfer Architekten

"Bertha Berlin": Den städtebaulichen Richtlinien für das gesamte Quartier folgend, sind die der Stadt zugewandten Seiten des Gebäudes (West/Süd) „statisch", also ohne Vor- und Rückschwünge, ausgebildet. Die der Quartiersmitte zugewandten Fassaden (Nord/Ost) sind dagegen „dynamisch" ausgebildet, d.h., Sockel, Korpus, und Dachgeschosse schwingen leicht vor und zurück
Quelle Abb.: W. Markgraf GmbH & Co KG Bauunternehmung, Bayreuth

grundstück wird begrenzt von der Straße Alt-Moabit im Süden, der Katharina-Paulus-Straße im Osten, der Bertha-Benz-Straße im Norden und einer breiten platzartigen Fußgängerverbindung im Westen, die unter der Straße Alt Moabit zur Spree führt. In nord-südlicher Richtung weist es ein Gefälle von mehr als 5 m auf. Im Bereich Alt-Moabit ist eine Überbauung durch die Brücke gegeben, ferner ragt das Fundament des Brückenwiderlagers in das Baugrundstück.

Der Masterplan sah an dieser Stelle Gebäude mit der „Berliner Traufhöhe" von 22 m vor. Im „Bertha Berlin" entstanden auf neun Geschossen Büros in verschiedenen, flexiblen Aufteilungsvarianten. Um den abfallenden Geländeverlauf entlang der Straße Alt-Moabit auszugleichen, ist das Gebäude ein Geschoss höher als die drei anderen Bausteine im Quartier. Da eine maximale Auslastung des Grundstücks angestrebt wurde erstreckt sich der unterirdische Teil des Baukörpers fast über das gesamte Baufeld. In das quaderförmige Bauvolumen der weiteren Geschosse ist ein ca. 20 m mal 30 m messender Innenhof eingeschnitten.

Das Haus wurde mit einer Multi-Tenent-fähigen, modulartig kombinierbaren und flexiblen Grundrissplanung mit 46 Nutzungseinheiten (Büro-/Mietbereiche), die jeweils ca. 350 m² bis 400 m² groß sind, errichtet. Das ermöglicht, die individuellen Anforderungen der Mieter umsetzen zu können. Die Erschließung des Gebäudes erfolgt über zwei Zugänge an der Bertha-Benz-Straße und an der Straße Alt-Moabit. Von den Foyers ausgehend wird das Gebäude über drei Aufzugskerne mit jeweils einer Aufzugsgruppe, bestehend aus einem Personen- und einem Feuerwehraufzug, einem Sicherheitstreppenhaus und den notwendigen TGA-Schachtflächen, vertikal erschlossen. Von jedem Aufzugsvorraum werden geschossweise ab dem 1. Obergeschoss jeweils zwei Mieteinheiten direkt erschlossen, sodass eine unterbrechungsfreie Zusammenschaltung der Mietflächen möglich ist. Im Untergeschoss sowie in Teilbereichen des Erdgeschosses sind die Lüftungszentralen, Technik- und Lagerräume, Müllraum etc. sowie eine Tiefgarage mit ca. 79 Pkw-Stellplätzen angeordnet.

Generalunternehmer:
W. Markgraf GmbH & Co. KG
Bauunternehmung, Bayreuth

-Proj. „Motel One Alexanderplatz"
Projektentwickler:
Wilfried Euler Gruppe / WE-AG
Planender Architekt:
GFB Alvarez & Schepers mbH,
Gesellschaft für Architektur
Generalplanung und Design mbH,
Berlin

-Proj. „Bertha Berlin"
Bauherr:
Bertha Berlin GmbH & Co. KG,
Hamburg
Projektentwickler:
BECKEN Development GmbH,
Hamburg
Planender Architekt:
Barkow Leibinger, Berlin

Partner am Bau:
- E.INFRA GmbH
- MSJ Berlin – Malereibetrieb Sören Jahns
- Cimento GmbH
- Holzkick GmbH
- C. Ates Ihr Malermeister GmbH
- Blachnierz & Söhne Elektroinstallationsges. mbH
- INGENIEURBÜRO FRANKE

Anzeige **Ausführende Firmen**

Infrastrukturen für Gebäude-, Netzwerk- und Sicherheitstechnik

E.INFRA – Technik verbindet

Die E.INFRA GmbH, ist ein Gesamtanbieter für elektrotechnische und kommunikationstechnische Anlagen. Mit über 150 Mitarbeitern an sechs Standorten (Dresden, Bayreuth, Erfurt, Hannover, Köln und Unna) realisiert das Unternehmen herstellerübergreifend vielschichtige Lösungen in der Elektroinstallation, Steuerungstechnik, Sicherheitstechnik, Kommunikations- und Netzwerktechnik, Netzwerksicherheit sowie in der auftragsbezogenen Anlagenproduktion.

Egal ob für ein Wohn- oder Geschäftshaus, für eine Klinik, ein Universitäts-, Verwaltungs- oder Hotelgebäude; egal ob im Rahmen einer Sanierung oder eines Neubaus: alles was hier mit Elektrotechnik zu tun hat, bietet E.INFRA als Einzel- oder Gesamtlösung an und setzt es um. Das reicht von der Übernahme vom Energieversorger, Verteilung und des Anschlusses der gesamten Elektrik sowie Installationstechnik, über die Einrichtung von Netzwerkumgebungen (LAN oder WLAN) und die Installation von Sicherheitstechnik (z.B. Zugangskontrollsysteme, Einbruch- und Brandmeldeanlagen), bis hin zur Realisierung von komplexen Rechenzentren.

Zu den deutschlandweiten Kunden gehören sowohl öffentliche Träger als auch große und kleine Unternehmen aus Industrie, Dienstleistung, Gesundheitswesen, Finanzen und Hotellerie. Die an E.INFRA gestellten Aufgaben reichen hierbei von der Konzeption, über die konkrete Projektplanung in Abstimmung mit dem Kunden, bis hin zur kompletten elektro-, netzwerk- und sicherheitstechnischen Umsetzung.

> Gebäude-, Netzwerk- und Sicherheitstechnik:
> E.INFRA GmbH, Dresden

Ausführende Firmen Anzeige

PROFESSIONALITÄT

Als Inhaber von MSJ Berlin, einem stetig wachsenden Malereibetrieb aus Berlin, erstellen wir in einem Team von 40 Facharbeitern alle Fertigstellungen von Innen- & Außenarbeiten. Wir garantieren bei jedem unserer Projekte höchste Genauigkeit & Sorgfalt.

INNEN- & AUSSENARBEITEN

Fassadenbeschichtung | Fensterinstandhaltung | Graffitischutz | Abriss | Vollwärmeschutzarbeiten | Betonsanierung | Holzschutz

Tapezierungen | Bodenbeschichtung | Dekorative Gestaltung | Innendämmung | Lackierungen | Schimmelsanierung

SERVICE

Qualität & Service ist unser Leitfaden für jedes unserer Projekte. Lassen Sie sich gerne erste Informationen zukommen oder fragen gleich nach einem, für Ihr Bauvorhaben speziell angepasstes, Angebot.

Kostenlose Angebotserstellung mittels punktgenauem Aufmaß | Entwicklung eines Farbkonzeptes | Farbtonanalyse | Kleindienst | ...

**MSJ Berlin -
Malereibetrieb Sören Jahns**
Wollankstraße 79/80 A
13359 Berlin
Tel.: 030 - 417 17 837
Fax: 030 - 440 13 453
info@malereibetrieb-jahns.de
www.msjberlin.de

Anzeige Ausführende Firmen

„IHR ZIEL IST UNSER ERFOLG"

Cimento ist ein Unternehmen, das nicht nur Bauausführungen plant, sondern sich auch innovativen Herausforderungen und qualitätsorientierten Ansprüchen stellt. Wir sind ein seriöser und vertrauenswürdiger Partner und wir setzen auf unser Fachwissen in allen Phasen Ihres Projektes.

Da beim Planen sowie beim Bauen vor allem die Kommunikation zählt, ist Transparenz und enge Zusammenarbeit eines unserer größten Anliegen. Unsere Kunden können sich dabei von einem starken und motivierten Team beraten und zum Erfolg führen lassen. Wir sehen in der Problemlösung eine unserer größten Stärken, welche wir zu Ihrem Nutzen einsetzen möchten.

Prierosser Str. 37 / 39, 12357 Berlin
Tel. 030 / 60 25 75 54, Fax 030 / 60 25 83 12
info@cimento.de, www.cimento.de

Antwerpener Straße 47
13353 Berlin

Telefon: 030 / 462 54 15 · Fax: 030 / 462 54 19 · Mobil: 0177 / 462 71 28
info@malerinberlin.de · www.malerinberlin.de

Meisterbetrieb der Maler- und Lackierer Innung

Buckower Chaussee 82, 12277 Berlin, Tel. 030 / 72150-20, Fax 030 / 72150-06, info@elektro-bs.de, www.elektro-bs.de

Auch im Zoo, Aquarium und Tierpark wird gebaut

Die neue Panda-Anlage im Zoo Berlin / Das Löwentor – Denkmal mit Zukunft / Kinder im Glück – Der Streichelzoo lädt ein / Aquarium Berlin: Das Reich der Reptilien ist wieder komplett geöffnet / Bärenschaufenster im Tierpark: das neue Tor in die Natur / Fabelwald und Wasserspielplatz wurden im Tierpark von den kleinen BesucherInnen in Beschlag genommen

DIE ZOOLOGISCHER GARTEN BERLIN AG

Der Zoologische Garten Berlin (Zoo) in Berlin-Mitte ist der älteste Zoo Deutschlands und neben dem Tierpark Friedrichsfelde einer der beiden Zoologischen Gärten der Hauptstadt. Im Zentrum Berlins sind auf einer 33 ha großen Fläche 19.400 Tiere aus rund 1.400 Arten zu sehen, darunter befinden sich auch Exoten und vom Aussterben bedrohte Tierarten. Neben dem Zoo Berlin liegt das Aquarium, in dem auf drei Etagen Fische, Reptilien, Amphibien sowie Wirbellose wie Insekten zu sehen sind. Zoo und Aquarium gehören zu den meistbesuchtesten Sehenswürdigkeiten der Stadt (über 3,2 Mio. BesucherInnen im Jahr 2016).

Die Zoologischer Garten Berlin AG ist eine gemeinnützige Aktiengesellschaft. Aufgrund ihrer Gründung durch staatliche Verleihung bestehen Besonderheiten gegenüber anderen Aktiengesellschaften. Das Land Berlin führt durch den Finanzsenator, als so genannter Staatskommissar, eine staatliche Aufsicht - jedoch ohne Weisungsrecht gegenüber der Gesellschaft. Vor Beschlussfassung zu Satzungsänderungen, Änderungen des Grundkapitals oder Auflösung der Gesellschaft ist der Staatskommissar zu hören. Das Grundstück des Zoologischen Gartens ist der Aktiengesellschaft vom Land im Erbbaurecht zur Nutzung überlassen. Die Zoologischer Garten Berlin AG ist alleinige Gesellschafterin der Tierpark-Friedrichsfelde GmbH.

Im Folgenden werden aktuell realisierte Bauvorhaben der drei Einrichtungen vorgestellt.

Panda-Anlage: Schon vom Elefantentor beeindruckt der rotleuchtende chinesische Besucherpavillon und lässt aus der Ferne das Erlebnis erahnen
Abb.: Zoo Berlin/dan pearlman Erlebnisarchitektur

Panda-Anlage: Der Entwurf verbindet Europäische Moderne und fernöstliche Tradition: Das puristische Panda-Haus bekommt durch die Ziegelfassade und die chinesisch anmutenden Tore sowie Geländer und den Pavillon eine fernöstliche Verbindung
Abb.: Zoo Berlin/dan pearlman Erlebnisarchitektur

106 Öffentliche Bauten

DAS REICH DER PANDAS

Im Sommer 2017 bezog ein Panda-Paar sein eigens errichtetes, rund 5.480 m² großes Domizil im Berliner Zoo. Der gefährdete Große Panda gilt als Botschafter für den Artenschutz. Weltweit gibt es nur noch etwa 2.000 Tiere; in Zoologischen Gärten außerhalb Chinas sind Große Pandas eine besondere Seltenheit. Das seit Langem für den Zoo planende Berliner Büro dan pearlman Erlebnisarchitektur lieferten die Pläne für eine großzügige Anlage auf der Fläche des ehemaligen Hirsch-Geheges. Die Architekten verfügen über die nötigen Erfahrungen, um diesen seltenen Tieren ein artgerechtes und modernes Zuhause zu bieten. Im Frühjahr eröffnete die von dem Berliner Büro entworfene Panda World im südkoreanischen Zoo und Freizeitpark Everland Resort.

Schon vom Eingang Elefantentor ist der Besucherpavillon sichtbar, der gestalterisch an den historischen Chinesischen Pavillon von 1898 angelehnt ist und erste Blicke in das Außengehege des Panda-Weibchens erlaubt. Da Große Pandas in der Regel Einzelgänger sind, werden sie auch im Zoo Berlin bis auf wenige Tage im Jahr getrennt voneinander gehalten. Die beiden großzügigen Außengehege werden von einem funktionalen und zurückhaltenden Gebäude getrennt, in dem eine überdachte Besucher-Plaza sowie die Stallungen und die Pflegebereiche untergebracht sind. Dachfenster aus Plexiglas über den Innengehegen spenden Tageslicht und sind UV-B und UV-A durchlässig. Kletterparcours, Sandbecken, Unterstände, Schaukeln und Rutschen regen die Pandas zu vielfältigen Beschäftigungen an.

Vorbild für das Landschaftskonzept der Panda-Anlage ist die Heimat der Großen Pandas, die östlich des tibetischen Hochplateaus gelegene Provinz Sichuan. Bambus, Gesteinsformationen und kleine Wasserläufe prägen auch im Berliner Zoo den Lebensraum der Tiere. Eine dezentrale Ausstellung von Wissenswertem rund um das Leben der Pandas bereichert den Besuch zusätzlich.

Eine besondere Herausforderung lag im straffen Zeitplan. Nur 14 Monate waren für die Planung und den Bau der Panda-Anlage vorgesehen, um im Sommer 2017 fristgerecht einzugsbereit zu sein. Die Gesamtkosten für dieses Panda-Paradies liegen bei ca. 9 Mio. Euro.

DAS NEU ERÖFFNETE LÖWENTOR

Das Löwentor wurde im Jahr 1909 als dritter repräsentativer Zooeingang eröffnet. Mehr als 100 Jahre später thront der König der Tiere noch immer majestätisch über dem Eingang und wacht stolz über die Millionen von BesucherInnen, die Jahr für Jahr durch das prunkvolle Tor spazieren. Inzwischen konnte der Eingang dem gewaltigen Besucherandrang nicht mehr standhalten. Am Wochenende und in den Ferien bildeten sich am Hardenbergplatz lange Besucherschlangen.

Der Spatenstich für den Umbau im November 2015 gab gleichzeitig den Auftakt für die Umsetzung des neuen Ziel- und Entwicklungsplans für den Zoo Berlin. Bei Betreten erwartet die Besucher nun ein halbrunder Hof, der von einem einstöckigen, pavillonartigen Gebäude eingefasst wird. Das vom Architekturbüro dan pearlman Erlebnisarchitektur geplante Gebäude bietet neben dem ServiceCenter genügend Platz für einen großzügigen Shop mit 350 m² Verkaufsfläche. Die Anzahl der Kassen wurde auf acht verdoppelt. Auch für einen Sanitärbereich und einen Bollerwagenverleih bietet das großzügige Entree nun genügend Platz. Der Ein- und Ausgang wird jetzt über ein barrierefreundliches Drehkreuz geregelt. Die Kosten für den kompletten Umbau liegen bei 4 Mio. Euro.

DER STREICHELZOO IM ZOO BERLIN

Der Duft von Heu liegt in der Luft, ein friedlich kauendes Schaf döst vor der Stallwand in der Sonne und das laute I-A des kleinen Esels tönt über den Hof. Das spielt sich tatsächlich mitten in der Großstadt ab. Im Zoo Berlin öffnete im Juli 2016 nach viermonatiger Bauzeit der neue Streichelzoo „Hans im Glück" seine Tore. Auf dem insgesamt knapp 3.500 m² großen Bereich des ehemaligen Tierkinderzoos empfängt Kinder und ihre Eltern eine verträumte Bilderbuchszenerie bäuerlicher Landidylle. Die märchenhafte Gestaltungsidee stammte von den Land-

Löwentor: Ein historisches Denkmal bewahren, ohne auf modernen Komfort verzichten zu müssen. Der Eingang am Löwentor fungiert nun als Fenster zum Zoo und stimmt die Besucher auf das Zooerlebnis ein
Abb.: Zoo Berlin

Streichelzoo „Hans im Glück": Mit dem Einsatz natürlicher Materialien wurde ein dörfliches Ambiente geschaffen, nach dem sich viele Großstädter immer wieder sehnen
Abb.: Zoo Berlin

Reptilienabteilung Aquarium Berlin: In der rund 1.000 m² großen Reptilienabteilung wurden Aquarien, Terrarien und die Krokodilhalle mit energiesparenden LED-Lampen ausgestattet. Spezielle Strahler liefern den Reptilien auch bei trübem Wetter die nötige Dosis UV-Licht
Abb.: Zoo Berlin

schaftsarchitekten des Büros skp.berlin Gebäude & Landschaften GmbH.

Alte Gitterzäune wurden durch rustikale Holzbalustraden und traditionelle Staketenzäune ersetzt. Die Tiere haben nun neue Klettermöglichkeiten und noch gemütlichere Ställe. Die Besucher treffen nicht nur die Kuh und das Schwein, auch Schafe, Ponys und Ziegen freuen sich auf einen Besuch. Im rund 800 m² großen Innenhof können Groß und Klein in das Landleben einer Dorfidylle im Mini-Format eintauchen und auf Tuchfühlung mit den samtnasigen Hoftieren gehen, die sich jederzeit in ihre Ruhebereiche zurückziehen können.

REICH DER REPTILIEN IM AQUARIUM

Das Reich der Reptilien im Aquarium Berlin ist seit August 2016 wieder komplett geöffnet. Innerhalb von zwölf Monaten wurde die 1. Etage bei laufendem Betrieb umgebaut. Terrarien wurden zusammengelegt, der Tierbestand reduziert und aus Beton-Vitrinen wurden naturnahe Lebensräume. Das Geschoss wurde rund um die Tropenhalle, dem natürlichen Lebensraum der Reptilien entsprechend, in eine feuchte und eine trockene Zone unterteilt. Größere Terrarien und gläserne Trennwände lassen den Eindruck entstehen, durch eine Wüstenlandschaft zu wandern, die sich schon nach wenigen Schritten in ein grünes Feuchtgebiet verwandelt. Durch Abdrücke von realen Felsen ist eine authentische Felsenlandschaft entstanden. Das Highlight ist die sich über zwei Etagen erstreckende Krokodilhalle, die als das erste von Besuchern begehbare Tiergehege dieser Art in der Welt gilt. Wände und Boden wurden naturnaher gestaltet, eine authentische Dschungelbrücke führt die Besucher über das gefährliche Gewässer, in dem Kaimane und Schildkröten schon auf die nächste Fütterung warten. Eine neue Klimaanlage im Erdgeschoss und bei den Insekten sorgt dafür, dass sich die Besucher im Aquarium auch im Sommer wohlfühlen. Mit dem Umbau wird das Aquarium Berlin seinem hervorragende Weltruf wieder gerecht.

BÄRENSCHAUFENSTER IM TIERPARK

1976 errichtet, wirkte der Eingang am Bärenschaufenster des Tierparks Berlin in Friedrichsfelde durch seine marode bauliche Struktur trotz optimaler Lage weder einladend, noch repräsentativ. Die Kassen waren veraltet und stark sanierungsbedürftig. Seit Juli 2016 empfängt die BesucherInnen ein neuer Eingang mit naturnaher Gestaltung und macht Lust auf das Abenteuer Wildnis. Der imposante Haupteingang ist schon von Weitem erkennbar und gleicht mit seinem torartigen Holzdach dem Zugang zu einem Nationalpark. Hinter dem neuen Tor zur Wildnis begrüßen die 15 im Tierpark geborenen Schwarzschwanz-Präriehunde und das Nordamerikanische Baumstachlerpaar Oskar und Anni, das im April 2016 in den Tierpark Berlin eingezogen ist, die BesucherInnen in einer Nordamerika-Landschaft. Mit 250 m² ist die neue Anlage der Präriehunde fünfmal so groß wie die bisherige Unterkunft. Präriehunde sind begnadete Architekten. Ihre Wohnungen graben sie tief in die Erde – die ver-

Bärenschaufenster: Die Neugestaltung des Eingangs „Bärenschaufenster" im Tierpark Berlin sowie die beiden Spielplätze „Fabelwald" und „Wasserspielplatz" gehören zu Maßnahmen auf dem Weg zur Realisierung des Ziel- und Entwicklungsplans des Tierparks Berlin
Abb.: Tierpark Berlin

Fabelwald: Die Entdeckungsreise für BesucherInnen ab sechs Jahren Reise führt hinab in ein Flusstal durch eine Geröllandschaft, in der Trolle zu tollen Kletterfelsen versteinert sind
Abb.: Tierpark Berlin

zweigten Gänge können bis zu 300 m lang sein.

Künstlerische Unterstützung erhielt der Tierpark von der Berliner Künstlerin Bettina Bick und dem Studio Grafico Naturalistico. Damit wurde das erste Projekt, das aus dem 5-Mio.-Euro-Maßnahmenpaket-2014 des Senats finanziert wurde, realisiert.

WASSERSPIELPLATZ UND FABELWALD

Mitten in den Sommerferien 2016 wartet der Tierpark mit zwei neuen Höhepunkten für die kleinen BesucherInnen auf. Am 4. August wurde der alte Wasserspielplatz neu eröffnet. Als Zeitdokument für die Architektur der 1950er Jahre steht der alte Kinderspielplatz direkt neben dem Streichelzoo unter Denkmalschutz. Bei der Modernisierung war Fingerspitzengefühl gefragt. Neue Sicherheitsvorschriften bereiteten dem Badevergnügen 1994 ein Ende. Zum Ententeich umfunktioniert, lockte das Becken mehr als zwei Jahrzehnte lang nur Tiere zum Bade. Unter dem Motto „Ein Tag am Meer" entstand auf mehr als 4.000 m² ein moderner Wasserspielplatz für Kinder zwischen 3 und 6 Jahren. In den Boden eingelassene Wasserdüsen sorgen für quietschvergnügte Kinder. Doch hier hört der Spaß noch nicht auf: Im mystischen Fabelwald neben dem Restaurant Patagona erwarten die Kinder viele neue Abenteuer. Auf 4.500 m² verbergen sich Geheimnisse, die erforscht werden wollen. Verstecken, klettern und balancieren – hier können Kinder ihren Bewegungsdrang voll ausleben. Für die Kleinsten liegt ein, wie aus dem Märchenbuch gefallener, Buchstabensalat in einer weichen Sandfläche neben der Terrasse des neuen Restaurants. Die Eltern haben ihre Kinder bestens im Blick. Dahinter beginnt das Abenteuer für die größeren Eroberer ab sechs Jahren. Ein überdimensionales Büchertor führt in eine verwunschene Zauberwelt und ist gleichzeitig der Schlüssel zum Entdecken des Waldspielplatzes. Hinter jeder Ecke dieser verzauberten Landschaft wartet ein neues Abenteuer darauf, entdeckt zu werden. Beide Spielplätze wurden mit rund 1,6 Mio. Euro aus dem 5-Mio.-Euro-Maßnahmenpaket des Senats finanziert. Ein weiteres Beispiel dafür, dass sich auch mit kurzfristigen Maßnahmen die Attraktivität des Tierparks Berlin steigern lässt.

Wasserspielplatz: In den Boden eingelassene Wasserdüsen sorgen für abwechslungsreiche Wasserspiele, ein Boot sowie eine wasserspeiende Boje unterstützen den Ostseeeindruck
Abb.: Tierpark Berlin

Bauherr:
Zoologischer Garten Berlin AG, Berlin

-Proj. „Panda-Anlage"
Planender Architekt:
dan pearlman Erlebnisarchitektur GmbH, Berlin
-Proj. „Löwentor"
Planender Architekt:
dan pearlman Erlebnisarchitektur GmbH, Berlin / skp.berlin Gebäude & Landschaften GmbH (Außenanlage)
-Proj. „Hans im Glück – Streichelzoo"
Planender Architekt:
skp.berlin Gebäude und Landschaften GmbH, Berlin
-Proj. „Reptilienetage im Aquarium"
Planer:
Studio Grafico Naturalistico, Uwe Thürnau, Berlin
-Proj. „Bärenschaufenster"
Planender Architekt:
dan pearlman Erlebnisarchitektur GmbH, Berlin (Planung) / SKP Berlin Schimke - Kant & Partner Architekten & Ingenieure (Ausführung)
-Proj. „Wasserspielplatz" und „Fabelwald"
Planender Architekt:
dan pearlman Erlebnisarchitektur GmbH, Berlin

Partner am Bau:
- GLASS GmbH Bauunternehmung
- Oschatz – Service in Farbe / Lars Oschatz
- ulrich paulig & co. Merry go round OHG
- Ingo Bauditz Garten- und Landschaftsbau GmbH
- ibk Kachellek Bernd Ingenieurbüro
- Ingenieurbüro Dr. Töpfer
- FLÖTER & USZKUREIT Garten-, Landschafts- und Sportplatzbau GmbH

Öffentliche Bauten

GLASS BAUUNTERNEHMUNG FIRMENGRUPPE

GLASS Ingenieurbau Leipzig GmbH
Südring 16
04416 Markkleeberg
Tel. +49 (0) 34297 641 0
Fax +49 (0) 34297 641 125
leipzig@glass-bau.de

Niederlassung Berlin
Götelstraße 118
13595 Berlin
Tel. +49 (0) 30 63 966 123 0
Fax +49 (0) 30 63 966 123 11
berlin@glass-bau.de

www.glass-bau.de

EU Rackwitzer Str. Leipzig DB AG

Campus Brücke Würzbur

PANDA Garden ZOO Berlin

BMW Leipz

BVG TRAM Haltestelle Berlin Hauptbahnhof

Spreebrücke Berl

Bauen Sie FIRST-GLASS

Die GLASS Gruppe beschäftigt ca. 750 Mitarbeiter an den Standorten Mindelheim, München, Bad Wörishofen, Leipzig und Berlin. D Zentrale und das Fertigteilwerk sind in Mindelheim/Unterallgäu auf einem Gelände von 170.000 m² angesiedelt.

Zur Firmengruppe gehören die GLASS GmbH Bauunternehmung Mindelheim mit einer Niederlassung in München, die GLASS Inge nieurbau Leipzig GmbH mit einer Niederlassung in Berlin, die Kreuzer GmbH & Co KG Bauunternehmung in Bad Wörishofen, die GLAS GmbH & Co. Umwelttechnik KG sowie die Swiss Concrete GmbH.

Für unsere Kunden das Beste! – Seit 1991 besteht unser Standort in Markkleeberg bei Leipzig, welcher 2011 mit der Erweiterung u die Niederlassung Berlin gestärkt wurde. Mit beiden Dependancen können wir diesen Grundsatz der GLASS Unternehmensgruppe auc für den ost-, mittel- und norddeutschen Raum effizient umsetzen. Mit unserer bestens ausgebildeten technischen und kaufmännische Mannschaft garantieren wir eine konstant hohe Beratungsqualität sowie höchste Ausführungsqualität und Termintreue. Mit Facl kompetenz und langjähriger Erfahrung unserer Bauteams realisieren wir anspruchsvolle Brücken-, Ingenieur-, Industrie-, Hoch Gewerbe- und Sonderbauten. Bei Bauaufgaben, die in speziellen Bausituationen besondere Anforderungen mit sich bringen, sind w Ihr Ansprechpartner.

Grauer Alltag, ade!

Professionelle Wand- und Objektgestaltung

Main-Atrium Offenbach

Anspruchsvolle Fassadenkunst- Das (I)mmobilien- Tüpfelchen

Eine künstlerisch und hochwertig gestaltete Fassade ist das Highlight jeder Immobilie! Eine kreative Gestaltung von Außen- und Innenwänden verleihen Gebäuden und Räumen einen ganz besonderen Charme.

Seit 2004 erweckt der Berliner Sprühkünstler Lars „Laurus" Oschatz zusammen mit seinem Team Fassaden zum Leben – ob in Johannesburg oder im Zoo Berlin, keine Mauer ist ihm zu hoch, kein Weg zu weit um der Tristesse die Stirn zu bieten und die Mission „Grauer Alltag ade" zu verfolgen.

Im Übrigen ist eine professionell ausgeführte künstlerische Fassadengestaltung die beste Prävention gegen illegales Graffiti und sonstige Verunstaltungen – die Fassade ist geschützt!

Fordern Sie mich mit Ihrer Idee heraus oder lassen Sie sich von meinen Vorschlägen Inspirieren und genießen Sie das schöne Gefühl etwas ganz Persönliches und Einzigartiges zu besitzen.

Schlosspark-Klinik Berlin-Charlottenburg

Potsdam-Drewitz

Illusionsmalerei Scheffelstraße Berlin-Lichtenberg

Oschatz - Service in Farbe / Lars Oschatz
Freischützstraße 12, 13129 Berlin, Tel. 0176 / 232 14 803, lars.oschatz@t-online.de, www.laurus-art.de

Ausführende Firmen Anzeige

INGO BAUDITZ
Garten- und Landschaftsbau GmbH
Neuanlage • Baumpflege • Dachgärten • Hofbegrünung

Hohenstaufenstr. 22 • 10779 Berlin
Tel. 030 / 690 40 906 • Fax 030 / 690 40 907 • info@bauditz.com • www.bauditz.com

- Elektrotechnik
- Informationstechnik
- Kommunikationstechnik
- Beleuchtungstechnik
- Beratung
- Planung
- Bauüberwachung

Kachellek Bernd Ingenieurbüro

Parkaue 4, 10367 Berlin - Lichtenberg
Tel. 030/51653290, Fax 030/51653288
info@ibk-berlin.net, www.ibk-berlin.net

Produktinfo ◄

Dachausstiege als Flucht- und Rettungswege

(epr) Im Brandfall ist die Flucht auf das Dach oft der einzige Ausweg. Optimale Sicherheit bieten daher Dachausstiege der W-Serie von verasonn, durch die sich die Bewohner eines Hauses bei einem Feuer schnell in Sicherheit bringen können. Die speziell angefertigten Ausstiege werden mittels einer elektronischen Schiebetechnik geöffnet und fahren automatisch auf. Dies garantiert Sicherheit und Komfort, denn man gelangt bequem auf das Dach.
Erhältlich sind die verasonn-Dachausstiege beim qualifizierten Fachhandel sowie bei Sunslider.

Die Dachterrasse betritt man durch einen Dachausstieg sicher und problemlos. So kann das Sonnenbaden in luftiger Höhe beginnen (epr/sunslider)

Das breite Angebot beinhaltet neben Dachausstiegen auch einzelne Dachfenster, Glasdächer und Senkrechtfenster. Mehr unter www.verasonn.de.

Eine Investition in die Zukunft

Neubau eines Redaktions- und Verlagsgebäudes der taz.die tageszeitung in Berlin Friedrichshain-Kreuzberg, Friedrichstraße 21

Der im Herbst 2015 begonnene Neubau der taz vermittelt in seiner besonderen Ecklage an der Friedrichstraße zwischen dem traditionellen Berliner Block und den Solitärbauten aus der Zeit der IBA von 1984. Aus der Kombination von Ecke und Block wurde eine einfache Lösung vorgeschlagen: Entlang der Friedrichstraße werden die Berliner Traufhöhen übernommen und der Block weitergeführt. Durch einen sanften Rücksprung in der Fassade entlang der Friedrichstraße entsteht ein klar akzentuierter Eingang. Straße, Ecke und Hof werden somit zum städtebaulichen Leitmotiv und überführen den möglichen Gebäudeumschlag des geltenden Bebauungsplans in eine einfache und prägnante Volumetrie.

Das strukturelle System des neuen Hauses ist als Netz ausgebildet. Mit möglichst wenigen Elementen soll die größtmögliche Belastbarkeit erreicht werden. Es ist eine Struktur, in der alle Teile gleichviel leisten müssen und nur zusammen Stabilität erreichen. Es ist ein System ohne Hierarchie. Die architektonische Anmutung des neuen Hauses für die taz wird so Struktur und Sinnbild der Organisation zugleich.

Die Hauptstruktur besteht aus diagonalen Verstrebungen entlang der Gebäudehülle und erfordert keine zusätzliche Unterstützung auf der Innenseite. Die 13 m tiefen Büroflächen schaffen eine Werkstattatmosphäre und ermöglichen eine Vielzahl unterschiedlicher Arbeitsformen. Die Treppenskulptur im Zentrum des Neubaus ist aufgrund ihrer Dimension und Plastizität mehr als nur eine Geschossverbindung: Sie ist die vertikale Fußgängerzone des Hauses. Die Zwischenpodeste sind Orte der Begegnung und des informellen Austauschs. Hier atmet das Gebäude und fördert die spontane Kommunikation.

Architektur, Fassade und die wenige aber intelligent eingesetzte Gebäudetechnik sind optimal aufeinander abgestimmt, sodass ein Gebäude- und Technikkonzept entwickelt werden konnte, mit welchem hoher Nutzerkomfort mit minimalem Energieaufwand erreicht wird. Es wird der Grundsatz verfolgt, den Nutzern viele individuelle Einflussmöglichkeiten zu geben, keine Wärme ungenutzt entweichen zu lassen sowie die Lüftung und Kühlung möglichst natürlich zu gestalten.

Über den ganzen Gebäudekomplex werden möglichst ausgeglichene Verhältnisse geschaffen, wodurch die Heiz- und Kühlperioden kurz gehalten werden können und es zwischen diesen Perioden oft längere „energiefreie" Übergangszeiten geben wird. Die offenen Raumstrukturen gleichen zudem etwaige klimatische Unterschiede zwischen den verschiedenen Fassadenausrichtungen auf natürliche Weise aus. Durch die konsequente Reduktion der thermischen Lasten werden die Energieumsätze in den Räumen auf ein Minimum reduziert, was sich positiv auf den Energieverbrauch, aber auch den thermischen Komfort auswirkt.

Der Umzug der taz soll im Sommer 2018 abgeschlossen sein.

Hauptstruktur: diagonale Verstrebungen entlang der Gebäudehülle
Abb.: E2A Piet Eckert und Wim Eckert Architekten

Großraumbüro
Abb.: E2A Piet Eckert und Wim Eckert Architekten

Bauherr:
taz.die tageszeitung
Verlagsgenossenschaft eG, Berlin

Architektur:
E2A Piet Eckert und Wim Eckert
Architekten ETH BSA SIA AG, Zürich

Partner am Bau:
- Winzler GmbH Spedition und Baustoffhandel

Stilgerecht wieder hergestellt

Sanierung der Zehlendorfer Villa Calé für die Botschaft von Katar / Gästehaus im Deutsch-Katarischen Kulturjahr 2017

Die Botschaft von Katar in Deutschland hatte der PORR Deutschland GmbH, Zweigniederlassung Berlin, im April 2015 den offiziellen Auftrag zur Sanierung der denkmalgeschützten Villa Calé in Berlin-Zehlendorf erteilt. Die PORR hatte bereits das Botschafts- und Residenzgebäude hier in Berlin errichtet.

Die zwischen 1904 und 1907 für den Verleger Franz Calé errichtete Villa Calé wurde denkmalgerecht wieder hergerichtet. Ziel war, dass 2017 – zum Deutsch-Katarischen Kulturjahr – die Gäste der diplomatischen Vertretung von Katar dort empfangen werden können.

Das Kulturjahr ist eine Initiative der Katar Museen, die das Land Katar durch eine Vielzahl von Ausstellungen, Festivals, Wettbewerben und Veranstaltungen einem breiteren, internationalen Publikum vorstellen wollen. „Die Idee besteht darin, die kulturellen Aktivitäten zwischen den beiden Ländern zu verstärken, denn durch den Aufbau einer kulturellen Brücke kann ein besseres Verständnis für einander und damit weitere wirtschaftliche und politische Beziehungen entwickelt werden", sagte H.E. Saoud Bin Abdulrahman Al-Thani, Botschafter des Landes Katar in Berlin. Bereits bei der Vertragsunterzeichnung 2015 versprach die Botschaft, mit der Sanierung der Villa Calé den Berlinern ein Stück Kulturerbe zurückzugeben. Die historische Villa trägt nun den Namen „Der Diwan" und wird als Arabisches Kulturhaus auch im Anschluss als Ort der Begegnung, des Dialogs und der Erforschung der arabischen Kultur dienen.

Marko Lehmann, Technischer Leiter der PORR Niederlassung in Berlin: "Es war eine große Herausforderung und schöne Aufgabe, die geschichtsträchtige Villa Calé zu sanieren. Wir danken dem Staat Katar für sein Vertrauen und freuen uns, dass die Villa nun wieder im neuen Glanz erstrahlt."

Im Jahr 1997 hatte die Botschaft von Katar die Villa Calé in der Schützallee/Ecke Riemeisterstraße in Zehlendorf erworben. Zunächst sollte das neoklassizistische Gebäude als Botschaftssitz genutzt werden. Doch diese residiert seit 2004 in einem Neubau in traditioneller katarischer Architektur in der Hagenstraße im Grunewald. Die einst von der Architektengemeinschaft Bastian & Kabelitz entworfene Villa sollte dann zum Gästehaus umgestaltet werden. Bei der Sanierung des Kulturdenkmals ist der Originalzustand der Fassade wiederhergestellt, die Anordnung der Räumlichkeiten überwiegend belassen und der neuen Nutzung zugeführt worden.

Die bauvorbereitenden Maßnahmen waren in enger Abstimmung mit dem Landesdenkmalamt im Frühjahr 2015 gestartet. Nach Erteilung der Baugenehmigung konnte dann im vierten Quartal 2015 mit den baulichen Ak-

Entstanden sind Räumlichkeiten für repräsentative Veranstaltungen und Konferenzen, individuelle Gästezimmer sowie Zimmer für die Mitarbeiter des Hauses Quelle Abbildungen: PORR

Alle Arbeiten mussten in enger Zusammenarbeit mit der Denkmalschutzbehörde durchgeführt werden
Quelle Abb.: PORR

tivitäten begonnen werden. Die Fertigstellung ist 2017 erfolgt. Bauaufgabe für die PORR Deutschland GmbH, Zweigniederlassung Berlin, war, die Räumlichkeiten mit 1.200 m² Bruttogeschossfläche für repräsentative Veranstaltungen und Konferenzen sowie mit einem individuellen Gästezimmer und Zimmern für die Mitarbeiter des Hauses zu gestalten. Der Auftragsumfang der PORR Deutschland GmbH, Zweigniederlassung Berlin, sah zudem die komplette Restaurierung der Fassade im Ursprung vor. Dazu ist u.a. der wahrscheinlich in den 1940er Jahren errichtete Bunker abgetragen und an dessen Stelle die nicht mehr vorhandene Balkonanlage nach altem Vorbild neu erstellt worden. Weiterhin sind zahlreiche bauliche Veränderungen in den Innenräumen vorgenommen worden, einschließlich der Installation einer Aufzugsanlage. Ein ebenfalls großer Bestandteil der beauftragten Leistungen umfasste die komplette Möblierung des Gebäudes.

Der Auftrag beinhaltete Erbringung aller Planungsleistungen und Genehmigungsprozesse. Alle Arbeiten mussten in enger Zusammenarbeit mit der Denkmalschutzbehörde durchgeführt werden. Die Auflagen der Behörde und die Wünsche des Auftraggebers miteinander zu vereinbaren, war dabei eine Schlüsselrolle für den Erfolg des Projektes. Mit dem Entwurf war das Architekturbüro Gewers & Pudewill betraut worden.

Generalunternehmer:
PORR Deutschland GmbH,
Zweigniederlassung Berlin

— Anzeige —

Je komplexer ein Bauvorhaben, desto größer die Herausforderungen an alle Beteiligten. Da ist Know-how gefragt – und Menschen, die genau wissen, was sie tun. Menschen mit Weitblick und Innovationsgeist. Dank unserer Teams stehen wir für höchste Kompetenz in allen Bereichen des Bauwesens, wie bei der Restaurierung der „Villa Calé" in Berlin-Zehlendorf. **porr-deutschland.de**

Intelligentes Bauen verbindet Menschen.

powered by **PORR**

Sanierung / Restaurierung

Anspruchsvoll, kreativ, ökologisch – Anders. Bauen.

Moderner Bau mit historisch anmutender Fassade: neues Geschäfts- und Bürohaus der Berliner Volksbank in der Yorckstraße/Ecke Friedrich-Ebert-Straße in Potsdam

Wo einst Friedrich der Große mit dem Bau der Alten Post die Revolution des Postwesens anstieß und im Jahr 2009 der als Haus des Reisens bekannte Plattenbau abgerissen wurde, steht nun die neue Repräsentanz der Berliner Volksbank. Äußerlich wird das Gebäude mit historisch anmutender Sandstein-Fassade nach den Plänen des Potsdamer Architekturbüros Axthelm Rolvien die Erinnerung an die Alte Post aufleben lassen und sich architektonisch in die Bebauung der Nachbarschaft einordnen – doch innen überrascht es mit neuer Optik und modernem Ambiente.

Der Startschuss für den Neubau der Berliner Volksbank war mit der Grundsteinlegung am 14. August 2015 gefallen. Im Oktober 2016 konnte das von der Gustav Epple Bauunternehmung schlüsselfertig erstellte Gebäude termingerecht übergeben werden. Mehr als 6 Mio. Euro investierte die regionale Genossenschaftsbank in ihr Neubauvorhaben.

Das Gebäude schließt nun eine bauliche Lücke im Potsdamer Stadtkern. Drei historische sanierte Sandsteinfiguren schmücken die Traufe an der Yorckstraße.

Die Gründungsarbeiten für das Gebäude, mittels 60 je 17 m tiefen Bohrpfählen durch die bestehende Bodenplatte des DDR-Neubaus, waren technisch sehr anspruchsvoll. Der Neubau aus Ortbeton ist nicht unterkellert und wird durch zwei Treppenhäuser und einen Aufzug erschlossen.

Zur Anwendung kamen Fertigteiltreppenläufe sowie Halbfertigteile an den Giebeln zur Nachbarbebauung. Das Flachdach mit 2 m hoher Attika für Lüftungs- und Kältetechnik ist zur Straßenseite als Pultdach mit Dachsteinen ausgebildet. Die Straßenseiten bestehen aus einer hinterlüfteten Sandsteinfassade, Innenhof und Giebel in WDVS. Die Alu-Glas-Fensterelemente sind mit einem äußeren Sonnenschutz ausgestattet. Beim Innenausbau kamen Hohlraumboden und GK-Ständerwände zum Einsatz. Die Schalterhalle im Erdgeschoss ist hochwertig mit großformatigem Fliesenbelag, Holzverkleidung an den Wänden und Akustikdeckenputz erstellt.

Die historisch anmutende Fassade, die Erinnerung an die Alte Post aufleben lässt, ordnet sich architektonisch in die Bebauung der Nachbarschaft ein
Abb.: Quelle Gustav Epple Bauunternehmung

Das nach DGNB Gold-Standard zertifizierte Gebäude verfügt über einen Fernwärmeanschluss und ist teilklimatisiert. Rund 1.300 m³ Beton, ca. 170 t Bewehrungsstahl und ca. 500 m² Sandsteinfassade sind bei diesem Bauprojekt durch ca. 50 überwiegend regionale Nachunternehmer verbaut worden.

In dem fünfgeschossigen Gebäude mit einer Nutzfläche von rund 1.600 m² sind gut 40 Mitarbeiter der Berliner Volksbank aus Potsdam eingezogen, die zuvor an drei Standorten in Potsdam tätig waren.

Die Gustav Epple Bauunternehmung GmbH mit der Zentrale in Stuttgart und den beiden Niederlassungen in Berlin und Dresden steht seit über 100 Jahren für architektonisch anspruchsvolles, kreatives und ökologisch vorbildliches Bauen. Öffentliche Gebäude, Schulen, Krankenhäuser, Medienzentren, Industrie- und Verwaltungsgebäude, Hotels oder Wohnungsbau – Gustav Epple schafft Arbeits- und Erlebnisräume. Von der Entwicklung, der Planung, über die Baufreigabe, den Bau, bis zur schlüsselfertigen Übergabe. Alles aus einer starken Hand. Mit Erfahrung, Kompetenz, Ideen, Engagement und Perfektion bis ins Detail.

Gustav Epple hat schon immer große Ingenieurleistungen zu den größten Bauwerken Deutschlands gemacht. So die Berliner Olympiahalle und den Stuttgarter Fernsehturm, mit 217 m Höhe der erste der Welt und somit als ästhetisches und architektonisches Meisterwerk das Urmodell für viele andere Fernsehtürme. Bauwerke von Gustav Epple in Berlin und Umgebung sind beispielsweise das ZDF-Hauptstadtstudio, die VW-Bibliothek am Bahnhof Zoo, das Design-Hotel Motel One am Hauptbahnhof und nun die neue Niederlassung der Berliner Volksbank in Potsdam.

Generalunternehmer:
Gustav Epple Bauunternehmung GmbH, Stuttgart

Bauherr:
Berliner Volksbank eG

Architekturbüro:
Axthelm Rolvien Architekten GmbH & Co. KG, Potsdam

Partner am Bau:
- LHT Lichtenau Himburg Tebarth Bauingenieure GmbH

— Anzeige —

TRAGWERKSPLANUNG • KONSTRUKTION • BAUPHYSIK • BRANDSCHUTZ

Bismarckstraße 78, 10627 Berlin
Telefon +49(0)30 - 34 34 92 0
E-Mail office@LHT-Bauing.de

Prof. Dr.-Ing. Stefan Himburg
Dipl.-Ing. Rens Lichtenau
Dipl.-Ing. Andreas Tebarth

LICHTENAU HIMBURG TEBARTH
BAUINGENIEURE GMBH

Büro-, Wohn- und Hotelimmobilien in Berlin

Holiday Inn Express Berlin Alexanderplatz in der Klosterstraße 48 – ein hervorragender Ausgangspunkt für Stadterkundungen / NeuHouse – ausreichend Platz zur Entfaltung / Zalando Headquarter – das Herzstück des zukünftigen Unternehmenscampus in Berlin-Friedrichshain

Münchner Grund Immobilien Bauträger GmbH ist ein Tochterunternehmen der UBM Development AG. Das Unternehmen ist in ganz Deutschland als Projektentwickler und Bauträger tätig – der Fokus liegt dabei auf den Asset-Klassen Hotel, Büro und Wohnen. Von der Planung und Entwicklung über die Errichtung bis hin zur Vermarktung werden alle Leistungen aus einer Hand angeboten.

Münchner Grund zeichnet sich durch über 50 Jahre Erfahrung aus und errichtet ausschließlich hochwertige, anspruchsvolle und renditestarke Immobilien zur Vermögensanlage.

HIEX BERLIN ALEXANDERPLATZ

Bei dem Anfang April 2017 eröffneten Holiday Inn Express (HIEX) Berlin Alexanderplatz handelt es sich um einen winkelförmigen Neubau mit oberirdisch acht Geschossen und einer eingeschossigen Tiefgarage mit rund 6.000 m² oberirdischer Bruttogrundfläche. Mit dem Gebäude nach Planung des Büros WEP Effinger Partner Architekten aus Berlin wurde eine Baulücke entlang der Stralauer Straße in Nachbarschaft zur Niederländischen Botschaft geschlossen. Es ging um eine harmonische Einfügung in die vorhandene historische Architektur unter Beachtung des Bebauungsplanes und der Vorgaben des Denkmalamtes. Eine besondere Herausforderung in dieser Innenstadtlage stellte der U-Bahntunnel samt seinem Schutzbauwerk dar, der an der Grundstücksgrenze verläuft und an den im Keller angebaut wurde.

HIEX Berlin Alexanderplatz: Vor dem Erdgeschoss des HIEX Berlin Alexanderplatz entlang der Stralauer Straße wurde eine Arkade angeordnet, die an die Arkade des bestehenden Gebäudes der Berliner Wasserbetriebe anschließt. Das Hotel steht auf historischem Grund. Dort lassen sich die Ursprünge Berlins bis ins 12. Jh. zurückverfolgen
Abb.: Franz Michael Moser

HIEX Berlin Alexanderplatz: Dem Hotelpublikum an der Klosterstraße 48 weht also schon mal der Geist des mittelalterlichen Berlins um die Nase. Nicht so im Innenraum: Modernes Design dominiert im Inneren – so wie hier ein Blick in die Lobby zeigt
Abb.: Franz Michael Moser

NeuHouse: Nur 300 m von der Friedrichstraße entfernt entsteht gegenüber des Jüdischen Museums das NeuHouse – eine moderne Wohnbebauung aus dem Berliner Architekturbüro Gewers Pudewill
Abb.: David Borck Immobilien

Die Lage könnte kaum besser sein. Das Eckgrundstück Klosterstraße 48/Stralauer Straße 45 mit einer Größe von 1.117 m² befindet sich im Berliner Stadtteil Mitte. Das neue Hotel gegenüber vom Alten Stadthaus steht nicht nur auf geschichtsträchtigem Boden, es befindet sich auch in prominenter Nachbarschaft: Zur Spree hin schließt sich die opulente Botschaft des niederländischen Königreiches direkt an den geplanten Neubau an. Die Berliner Wasserbetriebe haben ihre Zentrale gleich nebenan. Und die Spree mit den Anlegestellen der Fahrgastschiffe ist ebenfalls nur wenige Schritte entfernt. Die verkehrstechnische Anbindung ist als hervorragend zu bewerten. Die U-Bahn-Station Klosterstraße ist in wenigen Minuten erreicht, und auch der Alexanderplatz, Museumsinsel, Rotes Rathaus und viele andere sehenswerte Orte liegen in fußläufiger Entfernung.

Die Rezeption, eine Bar und der Frühstücksbereich liegen im Erdgeschoss; in den aufgehenden Geschossen sind 186 Gästezimmer untergebracht. Im Untergeschoss sind eine Tiefgarage mit 13 Stellplätzen sowie Technik- und Lagerräume angeordnet.

Im September 2015 hatte die PORR Deutschland GmbH, Niederlassung Berlin, Bereich Hochbau, von der Münchner Grund Immobilienträger Bauträger GmbH den Auftrag für den Neubau des HIEX Berlin Alexanderplatz erhalten.

Die schlüsselfertige Fertigstellung (ohne Baugrubenerstellung und Möblierung) war zu Ende März 2017 erfolgt, wie geplant.

NEUHOUSE, BERLIN

Auf dem Grundstück Enckestraße 4a in Berlin-Kreuzberg, an der Grenze zum Bezirk Mitte (südliche Friedrichstadt) befanden sich ehemals zwei Bestandsbauten. Das Grundstück liegt am Ende einer Sackgasse, parallel zur Friedrichstraße, zwischen den U-Bahn-Stationen Kochstraße und Hallesches Tor. Das ehemalige Areal des Blumengroßmarktes, welches in ein Kunst- und Kreativquartier in Verbindung zum gegenüberliegenden Jüdischen Museum umgewidmet wurde, grenzt unmittelbar an. Die ehemalige Großmarkthalle wurde aufwendig saniert und steht kurz vor Fertigstellung. An der nordwestlichen Grundstücksgrenze befindet sich der Besselpark.

Nach Abriss eines der Bestandsgebäude – das zweite steht unter Denkmalschutz – entsteht ein Ensemble aus Baudenkmal und Neubau, das Wohn- und Gewerbenutzungen vereint. Im Erdgeschoss sind sechs Gewerbeeinheiten geplant, in den restlichen Bereichen entstehen frei finanzierte Eigentumswohnungen. Die Errichtung der Gebäude wird nach den Richtlinien der ergänzten EnEV 2014 ausgeführt.

Es sind insgesamt 75 Wohnungen mit unterschiedlichen Größen und Grundrissen geplant. Das Spektrum reicht von 1-Zimmer-Wohnungen mit ca. 25 m² Wohnfläche bis zu 5-Zimmer-Wohnungen mit ca. 148 m² Wohnfläche. Allen Einheiten gemein ist eine sehr hochwertig konzipierte Ausstattung, die Mehrschichtparkett aus Eiche, Fußbodenheizung sowie eine moderne Haustechnik mit Türvideosprechanlage u.v.m. umfasst. Die Erdgeschosswohnungen haben überwiegend Terrassen. Die anderen Wohnungen verfügen größtenteils über Loggien oder Balkone und zum Teil auch Dachterrassen. Eine Tiefgarage mit 34 Stellplätzen sowie ein Aufzug gehören zur barrierefreien Erschließung des Neubaus.

Der Baubeginn ist im 1. Quartal 2017 erfolgt und die Fertigstellung ist für Anfang 2019 vorgesehen.

NeuHouse: In den oberen Stockwerken sind die Etagen als Staffelgeschosse ausgebildet. Sie springen jeweils ca. 3 m zurück. So wird Platz geschaffen für Sonnenterrassen in Südausrichtung mit Blick über den Besselpark sowie in Richtung Friedrichstraße
Abb.: David Borck Immobilien

Zalando Headquarter: Der architektonische Entwurf orientierte sich an der typischen Berliner Blockrandbebauung. Dabei rücken die Innenhöfe jedoch an die Außenkanten der Grundstücke und schaffen auf diese Weise eine Verbindung zum öffentlichen Raum
Abb.: HENN GmbH

ZALANDO HEADQUARTER, BERLIN

In Berlin-Friedrichshain entsteht auf dem Mediaspree-Areal, neben der Mercedes-Benz Arena ein neues Hauptquartier des bekannten deutschen Online-Versandhändlers Zalando mit einer Gesamt-Bruttogrundfläche von rund 45.600 m². Zalando ist ein europaweit führender Online-Händler für Schuhe und Mode. Die Unternehmens-Webseite gehört seit 2012 zu den zwanzig umsatzstärksten deutschen Online-Shops. Zalando ist auch in anderen europäischen Ländern tätig.

Das im Jahr 2008 gegründete Unternehmen setzt hinsichtlich seiner neuen Zentrale in Berlin auf Innovation und Kreativität. Mit dem Headquarter soll ein attraktives Arbeitsumfeld entstehen, das allen Ansprüchen moderner und flexibler Arbeitsplätze gerecht wird. Entsprechend anspruchsvoll gestalteten sich Planung und Ausführung dieses komplexen Konzepts.

Das neue Zalando Headquarter ist als Ensemble aus zwei Neubauten geplant, die das Herzstück des Unternehmenscampus in Berlin-Friedrichshain bilden. Das Projekt sieht zwei siebengeschossige Volumen mit insgesamt rund 42.000 m² Bürofläche vor. Dort sollen in Zukunft bis zu 2.700 Mitarbeiter von Europas größtem Online-Anbieter für Schuhe und Fashion arbeiten. Waren die einzelnen Abteilungen des Unternehmens bislang auf verschiedene Dependancen über die Stadt verteilt, so werden sie nun am neuen Standort zusammengefasst. Der markante Entwurf, der die Unternehmensidentität im Stadtbild in Erscheinung treten lässt, stammt aus dem Architekturbüro HENN GmbH und basiert auf dem Siegerentwurf eines im Jahr 2015 ausgelobten Architekturwettbewerbs.

Die zwei Neubauten der Anlage werden nach ihrer Fertigstellung ca. 28.150 m² bzw. ca. 13.000 m² Bürofläche umfassen. Der architektonische Entwurf re-interpretiert die typische Berliner Blockrandbebauung. Deren Rasterstruktur wird diagonal zum Bebauungsplan verschoben, sodass die Innenhöfe an die Außenkanten der Grundstücke rücken. Durch diese Öffnung entstehen Übergänge zwischen den Büros und dem öffentlichen Raum. Die Kombination aus transparenten und transluzenten Fassaden verleiht den Gebäuden Transparenz und Leichtigkeit.

Das vertikale Atrium im Hauptgebäude öffnet sich mit einem Luftraum über die gesamte Gebäudehöhe und lenkt das Tageslicht bis auf die öffentlichen Flächen im Erdgeschoss. Die zentrale Lobby wird von einer Treppe mit Sitz- und Loungebereichen flankiert, die auch für Veranstaltungen genutzt werden kann. Das Auditorium sowie Konferenz- und Schulungszonen schließen sich neben einem Café und der Kantine daran an. Die räumliche Organisation der Büros in den Obergeschossen ist gezielt darauf ausgerichtet, sowohl mit Konzentrations- als auch Interaktionszonen auf die wechselnden Bedürfnisse der Mitarbeiter und auf differenzierte Nutzungsoptionen einzugehen. Rund um das Atrium sind Sonderflächen für den sozialen Austausch mit integrierten Küchen gruppiert. Freitreppen verkürzen die Wege zwischen diesen Gemeinschaftsbereichen in den einzelnen Geschossen. Die Arbeitszonen selbst passen sich flexibel an wechselnde Teamgrößen an. Zentrale Bereiche für die Projektarbeit sind mittig in den sogenannten Neighbourhoods platziert. Von diesem interaktiven Kern ausgehend verwandelt sich die Arbeitsatmosphäre der weiteren Nutzungsbereiche graduell bis hin zu ruhigen Konzentrations- und Rückzugszonen für jeden Einzelnen. Sogenannte Catwalks verbinden die einzelnen Neighbourhoods; sie erlauben informelle Meetings und verstärken den multidisziplinären Charakter des Arbeitsalltags bei Zalando.

Die MGO I + II Development GmbH & Co. KG, Projektgesellschaften der Münchner Grund Immobilien Bauträger GmbH, haben die PORR Deutschland im August 2016 als Generalunternehmer mit dem Bau des Zalando

Zalando Headquarter: Der Entwurf stammt vom Architekturbüro HENN GmbH und basiert auf dem Siegerentwurf eines im Jahr 2015 ausgelobten Architekturwettbewerbs
Abb.: HENN GmbH

Zalando Headquarter: Die transluzenten Fassadenflächen verleihen den Gebäuden Transparenz und Leichtigkeit
Abb.: HENN GmbH

Headquarter beauftragt. Die Arbeiten haben im September 2016 begonnen, die Bauzeit ist mit nur 24 Monaten angesetzt. Der Leistungsumfang von PORR umfasst dabei nicht nur die Errichtung, sondern auch die Generalplanung sowie die gesamte Ausführungsplanung durch die PORR Design & Engineering. Fachleute der PORR aus Berlin und Düsseldorf stellen dabei sicher, dass die Aspekte Architektur, Tragwerksplanung, Technische Gebäudeausstattung und Nachhaltigkeit optimal aufeinander abgestimmt sind und umfassend berücksichtigt werden. Ein besonderes Highlight des Projekts ist die Anwendung der softwaregestützten BIM-Methode (BIM – Building Information Modeling) als Pilotprojekt für die künftige planerische und bauliche Umsetzung von Projekten des Bauunternehmens.

Bauträger/Projektentwickler:
Münchner Grund Immobilien Bauträger GmbH, Berlin

-Proj. „Holiday Inn Express Berlin-Mitte"
Planender Architekt:
WEP Effinger Partner Architekten BDA GbR, Berlin
Generalunternehmer:
PORR Deutschland GmbH, ZNL Berlin

-Proj. „NeuHouse"
Planender Architekt:
Gewers & Pudewill GmbH, Berlin
Generalunternehmer:
PORR Deutschland GmbH, ZNL Berlin

-Proj. „Zalando Headquarter"
Planender Architekt:
HENN GmbH, München
Generalunternehmer:
PORR Deutschland GmbH, ZNL Berlin / PORR Design & Engineering Deutschland GmbH

Partner am Bau:
- David Borck Immobiliengesellschaft mbH
- BAUER Spezialtiefbau GmbH
- Winzler GmbH Spedition und Baustoffhandel
- INGENIEURBÜRO FRANKE

Anzeige

Intelligentes Bauen verbindet Menschen.

Je komplexer ein Bauvorhaben, desto größer die Herausforderungen an alle Beteiligten. Da sind Know-how und Menschen mit Weitblick sowie Innovationsgeist gefragt. Darauf baut die PORR in Deutschland und international – erneut bewiesen beim „SAPPHIRE by Daniel Libeskind" in Berlin. porr-deutschland.de

powered by PORR

Anzeige

Ausführende Firmen

Spezialtiefbau für anspruchsvolle Bauprojekte

Baugruben für das Schultheiss Quartier: Bauer errichtete bis zu 16,5 m tiefe Mixed-in-Place-Wände samt Rückverankerung sowie Mikropfähle für die Auftriebssicherung der Gebäude und eine tiefliegende Silikatgelsohle

Gründungspfähle von Bauer tragen die Glaskuppel über dem Reichstag in Berlin, auf Bauer-Pfählen steht der Burj Khalifa in Dubai – in der über 225-jährigen Geschichte hat sich das Unternehmen oft gewandelt, neue Geschäftsfelder für sich entdeckt und dabei die Welt erobert. Die BAUER Spezialtiefbau GmbH, das Stammunternehmen der BAUER Gruppe, hat die Entwicklung des Spezialtiefbaus maßgeblich geprägt. Sie führt weltweit alle gängigen Verfahren des Grundbaus aus, vor allem für Baugruben, Gründungen, Dichtwände und Baugrundverbesserung. Dabei arbeitet die BAUER Spezialtiefbau GmbH intensiv mit ihren über 50 Tochterfirmen und Niederlassungen auf der ganzen Welt zusammen. Regionale Netzwerke ermöglichen es, Maschinen, Mannschaften und Know-how schnell und flexibel einzusetzen.

Die Berliner Niederlassung der BAUER Spezialtiefbau GmbH hat an vielen namhaften Projekten in der deutschen Hauptstadt mitgearbeitet und in den letzten Jahren u. a. Baugruben für das Schultheiss Quartier, das Hotel Titanic oder die Staatsoper hergestellt – um nur einige wenige zu nennen. „Viele logistische Herausforderungen sind dabei oftmals zu bewältigen, beispielsweise aufgrund beengter Innenstadtverhältnisse oder umliegender Bestandsbauten, die dem Denkmalschutz unterliegen", erläutert Niederlassungsleiter Michael von Quillfeldt. „Jedes Projekt ist einzigartig, und zusammen mit unseren Auftraggebern entwickeln wir von der Planung bis zur Ausführung individuelle, kreative und wirtschaftliche Spezialtiefbaulösungen für komplexe Bauprojekte."

BAUER Spezialtiefbau GmbH, Berlin

BEGEISTERT FÜR FORTSCHRITT

BAUER SPEZIALTIEFBAU

- Gründungen
- Dichtwände
- Baugrundverbesserungen
- Baugruben

www.bauer.de BAUER Spezialtiefbau GmbH ■ Region Nordost, Vertrieb Berlin ■ Tel. +49 30 4377781-0 ■ bst-bln@bauer.de

Ein Stück Stadtrekonstruktion in Schöneberg

Auf einem Eckgrundstück an der Kurfürstenstraße entstehen durch das „Carré Voltaire" insgesamt 127 Eigentumswohnungen im gehobenen Stil

Der Projektentwickler Diamona & Harnisch verfügt in Berlin über Grundstücke für innerstädtisches Wohnen in außergewöhnlichen Lagen. Die Neubauprojekte nehmen städtebaulich Bezug zu den historisch gewachsenen Strukturen auf und stehen unter dem Credo, kreatives Leben und Arbeiten im Einklang zu vereinen.

CARREÈ VOLTAIRE

Eines der aktuellen Projekte trägt den Namen „Carré Voltaire" und liegt im Schöneberger Quartier zwischen Potsdamer Straße, Bülowstraße und Schöneberger Ufer. Es ist ein attraktiver Standort mitten im Zentrum Berlins, nahe Kurfürstendamm und Potsdamer Platz. Nur 400 m südlich liegen der Nollendorfplatz und gleich dahinter der Winterfeldplatz, mit einem der bekanntesten und schönsten Wochenmärkte Berlins.

Nach längerem „Dornröschenschlaf" steht der Standort wieder im Mittelpunkt der Aufmerksamkeit: Durch eine Reihe von geplanten Baumaßnahmen entstehen in nächster Zeit rund um die Kurfürstenstraße rund 500 neue Wohnungen sowie Flächen für Gastronomie und Einzelhandel. Der Neubau an der Ecke Kurfürstenstraße/Else-Lasker-Schüler-Straße umfasst insgesamt 127 Eigentumswohnungen. Ein Grundstück mit Tradition, denn an gleicher Stelle stand bereits im 19. Jh. ein herrschaftliches Ensemble mit repräsentativen Wohnungen. Mit seinem Bauvolumen und der gewählten Formensprache trägt der Neubau zur Weiterentwicklung der Kurfürstenstraße bei. Die Zwölf-Apostel-Kirche mit ihrem Turm aus rotem Backstein erhält mit dem „Carré Voltaire" ein starkes Gegenüber.

Das Architektenbüro Klaus Theo Brenner Stadtarchitektur entwarf für das rund 5.400 m² große Eckgrundstück ein Gebäudeensemble mit fünf Häusern, das mit seiner straßenbegleitenden Architektur und Eckbetonung als ein Stück Stadtrekonstruktion an zentraler Stelle verstanden werden will. Im Zweiten Weltkrieg waren insbesondere der Norden und der Westen Schönebergs stark zerstört worden; etwa ein Drittel des gesamten Wohnungsbestands ging dabei verloren. Das Nebeneinander von Turm und Ecke, von Kirche und Wohnhaus bildet ein unverwechselbares, städtebauliches Ensemble mit großer Wirkung. Dabei wird nicht nur der Ecke besondere Bedeutung beigemessen, sondern durch die Reihung der Vertikalen durch das von beiden Seiten auf die Ecke zulaufende Erkermotiv wird ein kompaktes und

Ein dezent wie subtil gewähltes Farbkonzept betont die plastische Formensprache der Fassaden

Der zum Grundstück gehörige öffentliche Spielplatz an der Else-Lasker-Schüler-Straße wurde an den Bezirk übertragen

So könnte es in einer der Eigentumswohnungen aussehen. Es handelt sich um unverbindliche Gestaltungsbeispiele

Wohnungsbau

Hochwertige, klassische Materialien in warmen Farbtönen stehen für die zeitlose Ausstattung. Im Bereich der Wohnräume wird Holzparkett in Eiche verwendet. Hohe Türen sorgen für ein großzügiges Raumempfinden und ermöglichen fließende Übergänge zwischen den einzelnen Wohnbereichen

zugleich aufgelockertes Bauvolumen erzeugt. Jedes Haus bildet in der Abfolge eine erkennbare Einheit mit Eingang, Erker, Loggien, Balkonen und zurückgesetztem Dachgeschoss. Zusammen bilden sie eine harmonische Reihe mit einheitlichen, großen Fensterformaten und einer subtilen gewählten Farbdifferenzierung. Die dominante Backsteinkirche ist Vorbild für einige Details im Turm und in den Eingangsbereichen des Neubauensembles hinsichtlich Materialwahl und Formgebung.

Verteilt auf sechs Geschosse und zwei Staffelgeschosse, wobei das 8. Geschoss als Turmgeschoss ausgebildet ist, entstehen im „Carré Voltaire" ca. 12.000 m² Wohnfläche und eine Gewerbeeinheit mit ca. 200 m². Zudem wird eine Tiefgarage mit 88 Doppelparkern im Untergeschoss des Quartiers errichtet. Die 2- bis 5-Zimmer-Wohnungen haben unterschiedli-

Das Eckhaus an der Kurfürsten- und Else-Lasker-Schüler-Straße steht mit seiner markanten, abgerundeten und erhöhten Ecke in direkter Beziehung zur Zwölf-Apostel-Kirche

che Größen und Qualitäten und sind sowohl zur Straße als auch zum Hof bzw. Garten orientiert. Alle Anleger und Eigennutzer kommen bei Zuschnitten von 53 m² bis 256 m² auf ihre Kosten: Die Quadratmeterpreise rangieren von 4.181 Euro bis 7.100 Euro in der Spitze.

Diese Wohnqualität im Zusammenhang mit den charakteristischen architektonischen Elementen stellt das „Carré Voltaire" als modernes Gesamtkonzept in die Tradition der historischen Berliner Stadthäuser, die auch in der näheren und weiteren Umgebung zu finden sind.

Nach Beräumung des seit Jahrzehnten brachliegenden Grundstücks wurde im Sommer 2016 mit den Hochbaumaßnahmen für das „Carré Voltaire" begonnen; mit der Fertigstellung wird Mitte 2018 gerechnet.

Bauherr:
Diamona & Harnisch Berlin Development GmbH & Co. KG, Berlin

Planender Architekt:
Klaus Theo Brenner Stadtarchitektur, Berlin

Partner am Bau:
- PLANTEAM SCHWARZ Planungsgesellschaft für Gebäude- und Umwelttechnik mbH
- Estrichbau Orbanz & Lorenz GmbH
- Ingenieurbüro Rüdiger Jockwer GmbH

Anzeige

Planteam Schwarz ist ein in Berlin ansässiges, inhabergeführtes Unternehmen, mit mehr als zwei Jahrzehnten Erfahrung, für den Bereich Planung und Überwachung von gebäudetechnischen Anlagen.

Weiterentwickelte interne, digitale Strukturen, in Verbindung mit Kreativität und Menschlichkeit machen uns zu einem wertvollen Unternehmen.

Der integrale Planungsprozess baut hierauf auf und ermöglicht uns Gebäude jeglicher Art und Nutzung nach den Erfordernissen und Bedürfnissen von Investoren und Architekten zu planen.

Zu unseren Leistungen gehören:

- Abwasser-, Wasser- und Gasanlagen

- Feuerlösch- und Sprinkleranlagen

- Wärmeversorgungsanlagen

- Lufttechnische Anlagen

- Elektrotechnik

- Kälteanlagen

- MSR- und Gebäudeautomation

- Förderanlagen

- Nachrichtentechnik

- Nutzungsspezifische Anlagen

- Technische Anlagen in Außenanlagen

- BIM (Building Information Modeling)

Weitere Informationen erhalten Sie unter:
www.planteam-schwarz.de

Für ein persönliches Gespräch steht Ihnen unser Team gern zur Verfügung.

PLANTEAM SCHWARZ
Planungsgesellschaft für Gebäude- und Umwelttechnik mbH
Knesebeckstraße 32, 10623 Berlin
TEL.: 030 / 780 992 – 0, FAX: 030 / 780 992 – 30
info@planteam-schwarz.de, www.planteam-schwarz.de

Ein kompetentes Team in Sachen Estrich – für Sie unterwegs

Etwa 300.000 m² Estrich bringt unsere Firma Estrichbau Orbanz & Lorenz GmbH aus Alt Zauche/Spreewald alljährlich auf. Tendenz weiter steigend. Die Einsatzgebiete sind vorwiegend Wohn- und Gewerbebauten, wobei der Anteil der Gewerbebauten in den letzen Jahren stetig zunimmt. Dies zeugt für unsere hohe Flexibilität und natürlich die entsprechende Leistungsfähigkeit.

Zum Angebot gehören Zementestriche, Anhydritestriche in konventioneller Herstellung, Heizestriche, Schnellestriche, Stryroporleichtausgleichsschichten bspw. der Fa. Thermo-White für die Altbausanierung sowie der Wärme- und Trittschallschutz aus mineralischen (Stein- / Holzwolle) und organischen (Polystyrol) Baustoffen. Weiterführende Informationen erhalten sie unter dem Register „Produkte".

Unser Unternehmen geht auch noch einen Schritt weiter und bietet auf Wunsch ein komplettes Paket aus Abdichtung, Estrich und Oberbelag an.

Seit der Firmengründung im Jahr 1994 ist die Mitarbeiterzahl von vier auf über 40 angestiegen, darunter drei bauleitende Spezialisten sowie ein Büroteam aus Sekretariat, Buchhaltungs- und Kalkulationsabteilung. Mit zwei Bürostandorten in Dresden und Berlin sind wir für unsere Kunden optimal, auf sehr kurzem Weg erreichbar.

Vier Estrichlegerkolonnen sind ständig im Gebiet zwischen Spremberg und Dresden und weitere vier zwischen Cottbus und Berlin tätig. Somit bewältigen wir mit unseren Estrichleistungen vor unserer unmittelbaren „Haustür" (Bundesländer Sachsen, Teile von Sachsen-Anhalt, Brandenburg und Berlin) ein Einzugsgebiet von ca. 50.000 km². Für ausgewählte Hausbaufirmen und spezielle Partnerunternehmen gehen wir sogar noch weiter und verlegen Estriche im gesamten Bundesgebiet und auch im EU-Ausland.

Die Estriche bringen wir nach der derzeit modernsten Pumpentechnologie der Fa. Putzmeister ein. Der Einbau erfolgt teilmechanisiert, die Endverarbeitung maschinell. Unsere acht Kolonnen sind mit modernen Fahrzeugen sowie allen zur Leistungserbringung notwendigen technischen Mitteln ausgerüstet. Von unseren rund 4.500 m² Lagerfläche sind für die trockene Aufbewahrung der Dämmstoffe ca. 1.000 m² überdacht.

Renommierte Referenzobjekte mit international tätigen Firmen wie bspw. die Ed. Züblin AG oder interessanten Bauprojekten mit privaten Eigenheimbauern sowie langfristigen Kooperationen mit lokalen Bauunternehmen zeugen für die Leistungsfähigkeit unseres Fachbetriebes. Unsere Kunden schätzen vorwiegend unser hohes Qualitätsbewusstsein mit der entsprechenden Fachkenntnis der ausführenden Mitarbeiter und Bauleiter sowie die große Flexibilität bei der Realisierung unserer Aufträge.

Mit zehn Fertig- / Systemhausherstellern bestehen langfristige Verträge. In ihrem Auftrag übernimmt unser Unternehmen die entsprechenden Dämmstoffverlege- und Estricharbeiten.

Estrichbau Orbanz & Lorenz GmbH, Alt Zauche

Estrichbau
Orbanz & Lorenz GmbH
Burglehn Nr. 11
15913 Alt Zauche
Tel.: 03546 27 42 0
Fax: 03546 76 03
info@estrichbau-orbanz.de
www.estrichbau-orbanz.de

ESTRICHBAU ORBANZ & LORENZ GmbH

Anzeige

INGENIEURBÜRO Rüdiger Jockwer GmbH
Statische Berechnungen & Baukonstruktion

Pfuelstr. 5   10 997 Berlin   Kreuzberg
FON 030 / 61 77 65 . 0   FAX 030 / 61 77 65 . 40
info@jockwer-GmbH.de
www.jockwer-GmbH.de

Leistungsprofil

Statik
Tragwerksplanung (für Massiv-, Stahl- und Holzbauten) gemäß § 51 HOAI für Neubauten aller Bauwerkskategorien, Umbauten, Sanierungen und Instandsetzungen von Wohn- und Geschäftshäusern, Bildungseinrichtungen und Kulturbauten, insbesondere unter Berücksichtigung des Denkmalschutzes

Bauphysik
Nachweise nach der Energieeinsparverordnung (EnEV), Ausstellung von Energiepässen sowie Nachweise des baulich-konstruktiven Schall- und Brandschutzes

▶ Produktinfo

Technische Vogelabwehr mit gebäudeschonender Optik

Schluss mit unhygienischem Vogelkot und herkömmlicher mechanischer Vogelabwehr

In vielen Städten verursachen Tauben und andere Schadvögel große Probleme: Vogelkot ist ein Hygieneproblem und ein sichtbares Ärgernis. Hohe Reinigungs- und Sanierungskosten sind die Folge.
Ein Unternehmen aus Schleswig-Holstein bietet wirksame, dauerhafte Lösungen zur Vogelabwehr, die sich optisch jeder Gebäudeart anpassen können und damit für jeden Bauherrn und Architekten interessant sind: Je nach Vogelart oder Gebäudetyp, kommen nach einer fundierten Bestandsaufnahme eine oder mehrere technische Maßnahmen zum Einsatz. Alle Maßnahmen sind umwelt- und tierschutzgerecht.
Diese aktiven Vergrämungsmethoden schaden den Vögeln nicht und bewirken, dass sie sich von den geschützten Bereichen dauerhaft fernhalten. Passive, mechanische Maßnahmen wie Netze, Stacheln oder Drähte kommen nicht zum Einsatz; sie sind unansehnlich und können Vögel verletzen.

Taubenabwehr für die Fassadenlamellen des „Living Bauhaus" am Hausvogteiplatz in Berlin
Abbildungen: Ornitec

Die moderne Vergrämung setzt Methoden ein, die das Verhalten der Vögel ändern. Dies bewirkt, dass die Tiere die geschützten Bereiche verlassen und sie als unattraktiv einstufen.

ORNIGARD
Schalldruck-Anlagen, die das Gefieder von Vögeln in Resonanz versetzen. Für Mensch und Tier nicht hörbar, geeignet für Fassaden- und Flächenschutz, Einflugschutz in Hallen und offene Bereiche.

BIRD GARD
Akustische Warnrufe, die bei einem ganzen Schwarm Fluchtreaktionen auslösen. Für große Areale geeignet wie Industrieanlagen, Yachthäfen, Dachflächen, PV-Anlagen, Stadien.

BIRD FREE
Vergrämungsgel, das wie Feuer aussieht und für die Vögel unangenehm riecht. Ideal für den Einsatz bei Taubenbefall, für Fassaden, Simse, historische Gebäude.

SHOCK-TAPE
Transparente Stromprofilbahnen, die nach dem Weidezaunprinzip mit dem Schreckeffekt vergrämen. Für alle Arten von Kanten, Simsen, Attiken, Brüstungen, Werbeschilder.
Im kombinierten Einsatz leisten diese Maßnahmen eine wirksame und optisch unauffällige Vogelvergrämung. Sie sind alle unauffällig und wahren die Ästhetik der Gebäude.

Weitere Infos:
www.ornitec.de

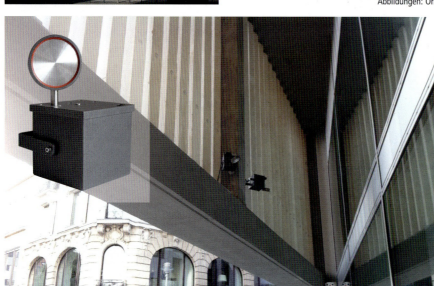

Wohn- und Bürogebäude am Humboldthafen

Auf den Baufeldern H3 und H4 in direkter Nähe zum Hauptbahnhof und mit direkter Wasserlage wird bis 2019 das Projekt „Humboldthafen" fertiggestellt

Zurzeit wird in prominenter Lage in Berlin-Mitte der in einem 2013 entschiedenen Architekturwettbewerb mit dem 1. Preis ausgezeichnete Entwurf des Hamburger Büros Hadi Teherani Architects für einen Wohn- und Gewerbeneubau mit dem Titel „Humboldthafen" realisiert. Das dynamische Erscheinungsbild der beiden ausgeprägt urbanen Hofbebauungen lebt von der Umsetzung der vielfältigen und im Wohnbereich sehr individuell ausformulierten Funktionen, die an den Fassaden abzulesen sind. Mit zeitgemäßen technischen Mitteln und Materialien werden strukturierte Fassaden gebildet, die sich allen energetischen und ökologischen Vorgaben

Aus der Lage des Projektstandortes in der Mitte Berlins mit Ausblicken auf die Sehenswürdigkeiten hat sich die Leitidee für die Fassade des Konzeptes entwickelt. Mäandernd angeordnete polygonale Erker ragen gleichmäßig aus der Bauflucht heraus, um seitliche Ausblicke auch von den Ost- und Westfassaden zum Humboldthafen zu ermöglichen
Abbildungen: LIP/Hadi Teherani Architects

verpflichtet fühlen. Die Planer verstehen dies als eine Art Fortführung des komplexen historischen Berliner Stadthausmodells der Gründerzeit, bei denen die Funktionen gestaltbildend auf die Fassaden wirkten. Wohnungen, Büros und Gewerbe sind so klar erkennbar und wirken bereichernd auf das Erscheinungsbild.

Auf den Baufeldern H3 und H4 wurden zwei Gebäude errichtet, die durch Volumen, Material und Fassadengestaltung eine Einheit bilden. Der hohe Anteil an Öffnungen ist gestaltbildend und ermöglicht Sichtbeziehungen zum Wasser vom Blockinnern sowohl für die Wohnungen als auch für die Büros. Die Durchlüftung der gefangenen Innenhöfe wird verbessert, und der gestaltete Freiraum mit seiner „Terrasse für alle" erhöht die Aufenthaltsqualität.

Etwa 70 Prozent der Wohnungen sind als 2- bzw. 3-Zimmer-Wohnungen geplant. Der Wohnungsschlüssel resultiert aus der aktuel-

Mit den zwei Gebäuden des Projektes „Humboldthafen" führen die Planer das komplexe historische Berliner Stadthausmodell der Gründerzeit mit seinen nach Funktionen strukturierten Fassaden mit modernen technischen Mitteln großzügiger und transparenter fort

len Nachfragesituation. Die hochwertig ausgestatteten Wohnungen öffnen sich zu beiden Seiten. Mit einer klaren Zonierung von Wohn- und Individualbereich bieten sie viele Möglichkeiten, sich nach Belieben einzurichten. Im obersten Geschoss sorgen große Wohnungen, die sich mit ihrer exklusiven Raumhöhe von den Ebenen darunter absetzen, für eine noch großzügigere Atmosphäre mit weitem Blick.

Weitere Nutzungen sind die Nahversorgung durch Cafés, Restaurants und Einzelhandelsflächen sowie das Angebot von etwa 180 Parkplätzen in der Tiefgarage. Eine akustische Abschirmung ist nicht nur für die in das Hofkonzept integrierten Büroriegel an der Invalidenstraße von Bedeutung. Die Büroflächen folgen wie die Ladenzonen im Erdgeschoss dem konsequenten Erschließungskonzept des Projekts und bieten über eine zentrale Lobby jeweils eine Aufteilung in separate, frei aufteilbare Bausteine von etwa 400 m² Bürofläche. Es ist möglich, mehrere oder alle Flächen eines Geschosses zu koppeln.

Projektentwickler/Bauherr:
LIP Ludger Inholte
Projektentwicklung GmbH, Hamburg

ABG Allgemeine Bauträgergesellschaft mbH & Co. KG
München/Köln/Hamburg

Planende Architekten:
Hadi Teherani Architects, Hamburg;
prasch buken partner
architekten partG mbB

Wohnungsbau / Gewerbebauten

Dauerhaftigkeit, Nützlichkeit und Schönheit

Ein kompletter Neubau am Kurfürstendamm: Palais Holler / Projektentwicklung an der Spree: Spree One

Dauerhaftigkeit, Nützlichkeit und Schönheit – diese Urtugenden der Architektur haben nicht an Aktualität verloren, auch wenn sie vor Jahrtausenden formuliert wurden.
Das Architekturbüro Nöfer arbeitet seit 1998, vor allem in Berlin, an der Umsetzung dieser Themen in ihren Bauten.
Mit einem Planungsteam von 25 Mitarbeitern werden verschiedenste Planungsaufgaben bearbeitet, die professionell und qualitätvoll ausgeführt werden. Das Büro sieht es als Herausforderung Häuser von heute zu bauen, die jedoch wirken, als ob sie schon immer dort gestanden hätten. Ziel ist es dabei einen feinen Unterschied zwischen Bestand und Ergänzung herzustellen.

PALAIS HOLLER

Das „Palais Holler" ist ein Neubau, der einen Nachkriegsbau aus den 1960er Jahren ersetzt. Die Eigentümerin des Gebäudes, die Holler-Stiftung mit Sitz in München, hatte sich entschieden, den schlichten Bestandsbau der Architekten Franz-Heinrich Sobotka und Gustav Müller u.a. wegen der gravierenden Wasserschäden im Untergeschoss nicht zu sanieren, sondern abzureißen – und durch einen modernen Bürobau zu ersetzen. Noch zu Lebzeiten verfügte der Versicherungsmakler Christian C. Holler (1900 – 1969), dass sein gesamtes Vermögen in einer Stiftung aufgeht, die neben der Unterstützung von bedeutenden sozialen und kulturellen Projekten auch Immobilienbesitz verwaltet.

Das neue Geschäftshaus befindet sich zentral in der City-West, am Kurfürstendamm 170, zwischen Adenauer Platz und Olivaer Platz. Es beherbergt zwei Dachgeschosse, fünf Vollgeschosse, eine zweigeschossige Tiefgarage mit 50 Stellplätzen sowie eine kleine Gartenanlage. Das Gebäude ist ein reines Bürogebäude mit zwei Ladeneinheiten im Erdgeschoss.

Vom Eingangsportal in der Vollsteinfassade aus fränkischem Jura-Marmor gelangt man über eine opulent ausgestattete Lobby in den zentralen Hof, um den sich die Büros mit flexibler Raumaufteilung mit insgesamt rund 6.400m² Nutzfläche gruppieren. Im Erdgeschoss stehen rund 600 m² Fläche für Ladenlokale des Einzelhandels zur Verfügung.

Palais Holler: Über die hochwertig ausgestattete Lobby gelangt man zu den Personenaufzügen und in den zentralen Hof mit einer Brunnenanlage
Abb.: Nöfer Architekten

Am Kurfürstendamm, in der Nachbarschaft von repräsentativen Gründerzeithäusern zu bauen, ist eine besondere Aufgabe. Es galt, ein Haus zu entwickeln, das der Qualität und Repräsentativität der Nachbarhäuser nahekommt und gleichzeitig den Ausdruck eines zeitgemäßen Gebäudes hat. Erreicht wurde dieser Anspruch durch die Übernahme der Plastizität, des Aufbaus und der Gliederung der Fassade an die dort prägende Bebauung. Im Gesamteindruck ordnen sich daher die Massen des Neubaus auf selbstverständliche Art in die Flucht dieses städtischen Boulevards ein.

Das Dach besteht, wie am Kurfürstendamm üblich, aus einer Kombination von Sattel-, Mansard- und Flachdach. Das große Dach mit seiner Atelierverglasung beherbergt einen großen Konferenzraum.

Die sehr detaillierte Natursteinfassade, die mit modernster Frästechnik erstellt und als

Palais Holler: Die edle Natursteinfassade fügt sich unaufgeregt in das Umfeld der herrschaftlichen Altbauten am Kurfürstendamm. Über dem Eingangsportal in der Vollsteinfassade aus fränkischem Jura-Marmor ruht ein Akanthusfries. Die Fassade ist mit geschwungenen Erkern und Balkonen gegliedert. Im Erdgeschoss und 1. Obergeschoss befinden sich attraktive Laden- und Büroflächen, vom 2. bis 5. Obergeschoss repräsentative Büroeinheiten mit hochwertiger Ausstattung   Abb.: Nöfer Architekten

Die seitlichen Hofwände sind geschossweise zurückgestaffelt, um eine optimale Belichtung bis ins Erdgeschoss zu ermöglichen. Der kontemplative Charakter des Hofes wird bestimmt durch die massiven Natursteinbänke, die zum Aufenthalt zwischen einer begrünten Brunnenanlage einladen
Abb.: Nöfer Architekten

massive Vormauerschale angebracht wurde, kommt der Plastizität einer gründerzeitlichen Fassade nahe, findet aber durch ihre schlichte Form einen eigenständigen Ausdruck. Weitere Elemente, wie das aufwendig gestaltete Entrée mit Wandmalereien, Säulen, massiven Naturstein-Sitznischen und einem Hof mit Brunnenanlage, zeigen, dass architektonische Qualitäten, die den Kurfürstendamm besonders beliebt machen, auch heute möglich sind.

SPREE ONE

Am Zusammenfluss von Landwehrkanal und Spree im Norden Charlottenburgs entsteht auf dem Areal des ehemaligen Spree-Towers ein Neubau, der den Bau aus den 1970er Jahren ersetzt. Nach einer mehrjährigen Planungsphase wurde im Herbst 2016 mit den Abrissarbeiten an der Dovestraße begonnen. Seit Anfang 2017 rollen die Bagger, und das Projekt Spree One mit „Spree-One Factory Loft Office" und „Spree-One Living" wird mit Wohnungen, Büros, Läden und einer Kindertagesstätte nach Planung von Nöfer Architekten, Berlin, auf rund 20.000 m² Bruttogeschossfläche realisiert. Das bisher fast vollständig mit Parkdecks überbaute Grundstück wird geöffnet und erhält eine mäandernde städtebauliche Figur, die neue Stadträume entstehen lässt: Am Landwehrkanal schließt der zehngeschossige Turm die Stadtkante zwischen Spreeresidenzen und einem Verwaltungsgebäude auf der östlichen Dovestraße.

Dort, wo bislang eine marode Hochgarage stand, entsteht ein Garten, und über den Einzelhandelsflächen zur Dovestraße nach Osten hin wird mit einem über 1.000 m² großen, intensiv begrünten Dachgarten die Freiflächenqualität erhöht.

Spree One: Wo früher die TU Berlin und zwischenzeitlich die Deutsche Bundesbank ihren Sitz hatten, wurde Ende 2016 mit dem Abriss des ca. 25.000 m² umfassenden 1970er-Jahre-Komplexes am Zusammenlauf von Landwehrkanal und Spree begonnen
Abb.: Nöfer Architekten

Spree One: Auf dem zehnstöckigen Bürohochhaus, das einen freien Blick über die ganze Stadt ermöglicht, sollen Gemeinschaftsgärten entstehen, die mit der fußläufigen Nähe zur TU Berlin möglichst viele innovative Firmen und Start-ups anziehen sollen
Abb.: Nöfer Architekten

Die horizontale Gliederung der Fassade wird mit gelben Ziegelbändern betont, die mit verputzten Gesimsen alternieren. Die auskragenden Balkone verstärken die Gestik der architektonischen Figur. Mit der Verschiebung der Hauptfassade des Neubaus nach hinten und in die Achse der Cauerstraße bekommt die 650 m lange Straße einen Abschluss und der Neubau eine angemessene Vorfahrt.
Unter dem Label „Spree-One Factory Loft Office" entstehen auf rund 8.000 m² Büros auf zehn Etagen mit einer direkten Ausrichtung auf die Spree und den Landwehrkanal. Darüber hinaus werden rund 2.000 m² Einzelhandelsflächen für einen Lebensmittel- und Getränkemarkt und im nordwestlichen Gebäudeteil eine Kindertagesstätte realisiert. Unter dem Label „Spree-One Living" werden 155 Wohnungen mit Größen zwischen 25 m² und 105 m² mit Blick auf die Spree und die Dovestraße gebaut.
Das Gesamtinvestitionsvolumen beläuft sich auf mehr als 100 Mio. Euro.

Spree One Abb.: Nöfer Architekten

Planender Architekt:
Nöfer Architekten, Berlin

Bauherr
-Proj. „Palais Holler":
Holler-Stiftung gemeinnützige Stiftung des Privatrechts
-Proj. „Spree One":
Optima-Aegidius-Firmengruppe, München/Berlin

Partner am Bau:
- IGT Ingenieurbüro für Grundbau und Tragwerksplanung
- IKR Ingenieurbüro für Bauwesen Kuschel GmbH
- Winzer Natursteine GmbH
- K+P Ingenieure GmbH
- Degener Metall- und Montagebau
- BAUER Spezialtiefbau GmbH

― Anzeige ―

 **Ingenieurbüro für Grundbau und Tragwerksplanung**

Inselstraße 6a | 10179 Berlin
Telefon 030 / 65 48 20 - 10
Telefax 030 / 65 48 20 - 16
www.igt-berlin.de | service@igt-berlin.de

- Erstellung von Baugrubenkonzepten sowie Planung und Bemessung von
  - Gebäudeunterfangungen
  - Dichtsohlen
  - Trägerbohlwänden
  - Schlitzwänden
  - Spundwänden
  - Bohrpfahlwänden
- Erarbeitung von Gründungskonzepten
- Fachtechnische Baubegleitung für die Gewerke des Spezialtiefbaus

Ihr Partner im Spezialtiefbau

Anzeige Ausführende Firmen

PROJEKTSTEUERUNG
PROJEKTIERUNG
AUSSCHREIBUNG
BAULEITUNG

Kurfürstendamm 185
10707 Berlin

Fon +49 (30) 39 80 65 - 0
Fax +49 (30) 39 80 65 - 65

E-Mail ikr-berlin@ikr-kuschel.de
Web www.ikr-kuschel.de

WINZER NATURSTEINE

STEINZIGARTIG – EINZIGARTIGE GESTALTUNG IN NATURSTEIN SEIT 1908

MODERNER MASCHINENPARK | FASSADEN | 3-D OBERFLÄCHEN | TREPPEN & BÖDEN | DESIGN & ACCESSOIRES

WIR BEARBEITEN IHR LEISTUNGSVERZEICHNIS UND
SETZEN IHRE PLANERISCHEN VORGABEN VON DER FERTIGUNG BIS ZUR MONTAGE UM.

WWW.WINZER-NATURSTEINE.DE

An den Angerwiesen 5 | 04651 Bad Lausick | Telefon: 034345.720 20 | Telefax: 034345.720 222 | E-Mail: info@winzer-natursteine.de

---

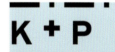

K+P Ingenieure GmbH
Salzufer 13/14, Aufg. I, 10587 Berlin
Tel. Büro   +49 (30) 39 99 29 – 0
Fax Büro   +49 (30) 39 99 29 – 83
Email Büro   info@kp-ing.com
Homepage   www.kp-ing.com

✓ Tragwerksplanung
✓ Objektplanung
✓ Generalplanung
✓ Thermische Bauphysik
✓ Schallschutz
✓ Prüfung energetische Gebäudeplanung
✓ Bauwerksprüfung nach DIN 1076
✓ Sachverständigentätigkeit

**Tragwerksplanung ist die Basis
für jedes Bauwerk.**

**Kommunikation ist die Basis
für jede gute Zusammenarbeit.**

Rutenweg 23, 39291 Möckern

Tel. 03 92 21 - 4 38
Fax 03 92 21 - 74 88

mail@metallbau-degener.de
www.metallbau-degener.de

Relaunch eines Einkaufscenters aus den 1990er Jahren

Der Kaufpark Eiche an der östlichen Stadtgrenze der Hauptstadt wird generalsaniert, erweitert und mit neuem Konzept und vielen neuen Angeboten wiedereröffnet

Der Kaufpark Eiche ist ein Einkaufszentrum an der Landsberger Chaussee und gehört genau an der nordöstlichen Berliner Stadtgrenze liegend zur Brandenburger Gemeinde Ahrensfelde. Es wird von der Mfi Management für Immobilien betrieben. Das Center wurde im Jahr 1994 mit Fachmärkten, Fachgeschäften und Gastronomie mit einer Bruttogeschossfläche von 67.000 m² und rund 4.000 Parkplätzen eröffnet.

Neben der Funktion als Versorger punkten Einkaufszentren heutzutage als Orte mit Aufenthaltsqualitäten, an denen man Freunde trifft oder einen Kaffee trinkt. Die Eingangshalle wurde umgestaltet und erhielt mit einer 12 m hohen Rutsche eine besondere Attraktion für Kinder

Ein Spielplatz und ein gastronomischer Bereich mit Cafés und diversen Aufenthaltsmöglichkeiten sind in begrünter Umgebung vorgesehen

In der letzten Zeit war festzustellen, dass die Kundenzahlen jährlich zurückgingen. Rund 180.000 Berliner und Brandenburger wurden zuletzt pro Woche registriert. Das Einkaufsverhalten hat sich im Laufe der Zeit verändert: Familienfreundlichkeit, Aufenthaltsqualität und gute Gastronomie haben stark an Bedeutung zugenommen.

Der Eigentümer hat sich deshalb entschlossen, rund 40 Mio. Euro in die Generalsanierung zu investieren, um mit dem Relaunch und einem zeitgemäßen Konzept marktfähig zu bleiben. Dabei mussten einige Hundert Parkplätze weichen. Entstanden ist ein zentrales Gebäude mit vielen Einkaufsmöglichkeiten aber auch einem großen Platz, an dem es bis zu zehn Gaststätten, Cafés und Imbisse geben wird. Gab es vor Beginn der Maßnahmen rund 100 Läden, sollen es mit der Fertigstellung des neuen Kaufparks im Herbst 2017 etwa 140 sein.

Das Architekturbüro MAAS UND PARTNER aus Münster plant die Umstrukturierung. Das neue Konzept setzt auf Licht und mehr Aktionsflächen. Es gilt, mit Höhenunterschieden von bis zu 3 m auf dem Gelände geschickt und seniorenfreundlich umzugehen. Lösungen wurden für Bereiche ohne Tageslicht und die bisher als „Anhängsel" empfundenen Seitenflügel des Kaufparks gefunden. Es wird nach Abschluss der Umbauarbeiten im Herbst 2017 drei Eingänge geben. Die jetzige Eingangshalle mit der markanten Glasfassade bleibt erhalten, die Fahrsteige sind entfernt worden, stattdessen wurden vier neue Fahrstühle eingebaut. Die Halle wird zum Marktplatz. Für Kinder wird eine 12 m hohe Edelstahlrutsche installiert, eine bisher in Deutschland einmalige Attraktion in einem Einkaufszentrum.

Bauherr:
Christie B.V.

Asset Management:
REDOS Real Estate GmbH

Projektentwicklung & Vermietung:
HLG Gesellschaft zur Entwicklung von HandelsCentren mbH & Co

Projektsteuerung:
Drees & Sommer

KaufPark Eiche Centermanagement:
Mfi Shopping Center Management GmbH

Architektur:
MAAS UND PARTNER Architekten mbB

Partner am Bau:
- GFA Gesellschaft für Anlagenbau mbH
- Max Bögl Stiftung & Co. KG
- Innotech Versorgungstechnik GmbH

Sanierung / Geschäftsbauten

Ausführende Firmen — Anzeige

Brandschutzanlagen bringen Sicherheit

WIR SCHÜTZEN IHR GEBÄUDE UND GEBEN IHNEN SICHERHEIT

Risiken zu erkennen und zu vermeiden gehört zum Einmaleins des Managements. Ein Risiko, das oft unterschätzt wird, ist das Brandrisiko in Unternehmen. Brände gefährden Leib und Leben der Mitarbeiter. Und sie können, selbst wenn es sich nur um kleine Brandherde handelt, verheerende wirtschaftliche Folgen haben. Denn viel gravierender als die unmittelbaren Sachschäden sind häufig die Datenverluste oder Produktionsausfälle, die daraus folgen. Mit einem kompetenten Partner sind solche Risiken leicht zu vermeiden. Kompetenz bedeutet dabei, die richtige technische Lösung zu finden. Eine Brandschutzanlage, die das Risiko exakt und damit wirtschaftlich abdeckt. Die Sekundärschäden vermeidet. Und die im Ernstfall absolut zuverlässig ist. Denn wenn sich erst im Brandfall erweist, ob eine Anlage richtig projektiert wurde, ist es zu spät. Wir sind dieser Partner. Überall, wo es darauf ankommt. In der Industrie, im Handel, in der Logistik. Auch und gerade da, wo große Projekte umfassende Leistungsfähigkeit erfordern. Und das an über 23 Standorten immer nah vor Ort. Verlassen Sie sich auf uns!

WIR BIETEN IHNEN SICHERHEIT – NACHWEISBAR

Die wichtigsten Bestandteile einer Sprinkleranlage sind das Verteilerrohrnetz und eine eigene, gesicherte Wasserversorgung. Die Sprinkler werden in Abständen entsprechend des Brandrisikos verteilt und befinden sich in den Strangrohren. Im Falle eines Brandes werden nur die Sprinkler ausgelöst, die sich in unmittelbarer Nähe des Feuers befinden. In dem Sprinkler ist ein Glasrohr integriert, das eine Spezialflüssigkeit und einen geringen Anteil Luft enthält. Bei einem Temperaturanstieg dehnt sich die Flüssigkeit in dem Glas. Der Druck steigt solange, bis die im Glas eingeschlossene Luft absorbiert ist. Bei weiterem Ansteigen der Temperatur steigt der Druck schnell an, so dass das Glasrohr zerspringt und den Verschluss frei gibt. Löschwasser wird gleichmäßig über dem Brandherd in Form eines Spritzregens verteilt.

VERSCHIEDENE ARTEN VON SPRINKLERANLAGEN

Für die spezielle Anforderungen in Lager und Hochregallager bieten wir die geeignete Lösung. Um einen effizienten Brandschutz zu gewährleisten, werden die Sprinkler direkt in die Regale eingebaut. So kann im Brandfall eine punktgenaue Löschung durch den dort installierten Sprinkler erfolgen. Das Feuer wird sofort unterdrückt und kann nicht auf andere Sektoren überspringen. In der Regel werden hierfür hängende, schnellauslösende Sprinkler installiert, die bei 68°C auslösen.

In Bereichen, in denen Frostgefahr besteht und das zur Löschung in den Sprinklerleitungen bereit stehende Wasser einfrieren könnten, werden Trockenanlagen eingesetzt. Bei diesen Anlagen ist das den Umgebungen unter 5 Grad ausgesetzte Rohrleitungsnetz ab dem auslösenden Sprinklerkopf mit Druckluft gefüllt. Nach dem Auslösen eines Sprinklerkopfes wird die Anlage sofort mit Wasser gefüllt und der Brand kann bekämpft werden.

> GFA Gesellschaft für Anlagenbau mbH, Blankenfelde-Mahlow

- Sprinkleranlagen
- Schaumlöschanlagen
- Gaslöschanlagen
- Brandmeldeanlagen
- Kraftwerks- & Sonderlöschanlagen
- Calan Cool Froschutzmittel
- CalanSmartSpray Lösung für Kabeltunnel und -schächte
- CalanMegaDrop Lagersprinkler
- SparkEx Funkenlöschanlagen

GFA Gesellschaft für Anlagenbau mbH
Ludwig-Erhard-Ring 11, 15827 Blankenfelde-Mahlow
Tel. 033708 9338-0, Fax 033708 9338-29
info@gfa-sprinkler.de, www.gfa-sprinkler.de

Anzeige Ausführende Firmen

Tragende Ideen.
Visionäre Baukunst.

Bau . Dienstleistung . Innovation . Betrieb
www.max-boegl.de

Hochbau . Schlüsselfertiges Bauen . Betonfertigteile
Stahl- und Anlagenbau . Brückenbau . Verkehrswegebau
Tunnelbau . Ver- und Entsorgung . Umwelttechnik
Fahrwegtechnologie . Logistik . Windenergie

MAX BÖGL

Fortschritt baut man aus Ideen.

Standort Berlin
Ordensmeisterstraße 15 · 12099 Berlin
Telefon +49 309624848-0
Telefax +49 309624848-1
info-berlin@max-boegl.de

Am Lückefeld 85, 15831 Mahlow
Tel. 03379 / 2028 - 0, Fax 03379 / 2028 - 28
info@innotech-versorgungstechnik.de
www.innotech-versorgungstechnik.de

„IHR PARTNER FÜR REGENERATIVE GEBÄUDETECHNIK"

Die Firma innotech Versorgungstechnik GmbH blickt mittlerweile auf mehr als 30 Jahre Firmengeschichte zurück.
Ob Standard- oder Sonderlösung, wir bieten Ihnen die Umsetzung Ihres Vorhabens.

Umfassende Modernisierung des Zeiss-Großplanetariums

Die Besucherinnen und Besucher dürfen sich in einem einzigartigen Planetarium auf die weltweit hellsten Sterne und fantastische Reisen durch das Universum freuen

Planetariumssaal des Zeiss-Großplanetariums in Berlin nach der Modernisierung 2016.
In den Berliner Planetarien werden neue Programme entwickelt, um die Schülerinnen und Schüler der Stadt für die Astronomie und angrenzende Wissenschaften zu begeistern. Seit September 2016 können Schulklassen sowohl im Zeiss-Großplanetarium im Prenzlauer Berg als auch im Planetarium am Insulaner in Schöneberg die neuen Bildungsprogramme live erleben   Abb.: SPB/Frank-Michael Arndt

Zum 1. Juli 2016 hat sich nach einem zweijährigen Prozess die Stiftung Planetarium Berlin gegründet. Damit ist die Zusammenführung der Archenhold-Sternwarte, der Wilhelm-Foerster-Sternwarte mit Planetarium am Insulaner und des Zeiss-Großplanetariums (zuvor Stiftung Deutsches Technikmuseum Berlin) als Stiftung des öffentlichen Rechts erreicht worden. „Berlin verfolgt mit der Fusion das Ziel, zum Standort Nr. 1 für astronomische Populärwissenschaft in Deutschland zu werden. Aus den Sterntheatern werden moderne Wissenschaftstheater, die Wissenschaft verständlich präsentieren", so Sandra Scheeres, Senatorin für Bildung, Jugend und Wissenschaft während der Feierstunde.

Gemeinsame Programme der drei Einrichtungen unter dem Dach der Stiftung, Kurse und Workshops, die direkte Unterstützung aus der Forschung und Wissenschaft sowie die pädagogische Einbindung des Programms der Einrichtungen in die Rahmenlehrpläne der Berliner Schulen sollen zu einer Steigerung der Besucherzahlen von jährlich 200.000 auf mindestens 300.000 Besucherinnen und Besuchern führen.

Das Zeiss-Großplanetarium hat am 25. August 2016 nach umfassender Modernisierung als Europas modernstes Wissenschaftstheater wieder seine Türen für Besucherinnen und Besucher geöffnet. Neben einer neuen, digitalen Medientechnik und verschiedenen bautechnischen Vorhaben gehörte auch eine inhaltliche Neuausrichtung zum Gesamtkonzept der Modernisierung. Das Planetarium öffnet sich für neue Themengebiete: Statt wie bisher ausschließlich astronomische Programme zu zeigen, widmet es sich nun auch anderen wissenschaftlichen Gebieten wie der Biologie, der Chemie oder Medizin. Besonders durch die neue Fulldome-Technik können dort wissenschaftlich anspruchsvolle Themen eindrücklich und unterhaltsam vermittelt werden. Musik und Unterhaltung stehen natürlich ebenfalls weiterhin auf dem Programm.

Für das Jahr 2016 erhielt die Stiftung vom Land Berlin einen Zuschuss von 1.758.902 Euro, ab dem Jahr 2017 erhöht sich der Zuschuss auf jährlich 2.463.004 Euro. Hinzukommen geschätzte Einnahmen in Höhe von 630.000 Euro im Jahr 2016 und 1,65 Mio. Euro im Jahr 2017.

ERFOLGREICHE VERGANGENHEIT

Seit der Eröffnung am 9. Oktober 1987 erlebten mehr als 2,6 Mio. Besucherinnen und

Luftaufnahme des Zeiss-Großplanetariums in Berlin   Abb.: SDTB/Hans-Friedger Lachmann

Planetariumsaal des Zeiss-Großplanetariums in Berlin nach der Modernisierung. Zu sehen sind der neue Sternprojektor vom Typ ZEISS UNIVERSARIUM Modell IX und eine Projektion aus der 360-Grad-Eigenproduktion des Hauses „Sterne über Berlin"
Abb. SPB/Frank-Michael Arndt

Besucher im seinerzeit größten und technisch modernsten Sterntheater Europas die Wunder des Universums. Es ging um mehr, als nur die reine Vermittlung der Fakten des Kosmos darzustellen. Das Herzstück des Planetariums war der Sternprojektor Zeiss-Cosmorama, der über 9.200 Sterne, die Bewegungen des Himmels und der Planeten naturgetreu abbildet. Zur weiteren Erklärung und der Erschaffung immersiver Welten kam eine Batterie aus 69 Diaprojektoren zum Einsatz, unglaubliche 89 Lautsprecher ergänzten das Bild um den guten, raumfüllenden Ton.

Seit April 2014 wurde durch umfangreiche Sanierungs- und Modernisierungsmaßnahmen an dem Ziel gearbeitet, das Planetarium als hochmodernes Wissenschaftstheater erneut zum technisch modernsten Sterntheater Europas zu machen: von Eingangsbereich zur Projektionskuppel, von der Schadstoffsanierung zur akustischen Dämmung der Kuppel, vom neuen Sternprojektor zur digitalen Projektion, der Erneuerung der Klimaanlage, der Digitalisierung der Kinos, der Verbesserung des Brandschutzes bis zu einem schöneren Foyer-Bereich. Möglich wurde dies durch Sondermittel des Landes Berlin und des Europäischen Fonds für regionale Entwicklung (EFRE).

Foyer des Zeiss-Großplanetariums in Berlin nach der Modernisierung im August 2016
Abb. SPB/Frank-Michael Arndt

Die Kombination eines neuen Sternprojektors mit einer hochauflösenden Fulldome-Projektion als Hybrid-Planetarium setzt technisch und inhaltlich europaweit neue Standards. Bei der Fulldome-Projektion ergeben mehrere Videoprojektoren zusammengeschaltet ein hochauflösendes Bild, das die gesamte Kuppel füllt. Die Zuschauer tauchen ein in das Gezeigte und erleben den Flug zu den Sternen dreidimensional. Ein Streifzug von der Erde bis zum Rand des uns bekannten Universums offenbart die großen astronomischen Zusammenhänge und ermöglicht eine neue Art der Programmgestaltung. Die Inhalte werden erlebbar, und es können virtuell Orte besucht werden, die uns Menschen (noch) physisch verwehrt sind. Als fliegendes Klassenzimmer geben Computeranimationen Einblicke in die Geburt und den Tod der Sterne, dreidimensionale Flüge erlauben die Erkundung der Planetenoberflächen und in Zeitraffung wird die Kollision ganzer Galaxien simuliert.

Das neue Planetarium ist kein Museum der Sterne, sondern ein Visualisierungstheater mit Zugriff auf den jeweils aktuellen Stand der Wissenschaft. Es setzt Themen und Inhalte in Kontext zueinander und öffnet den verschiedenen Disziplinen der Wissenschaften den Erlebnisraum Kuppel: Medizin, Biologie, Geologie, Technikgeschichte, Physik, Chemie aber auch Medienkunst, Kultur, Musik und Theater schlagen den inhaltlichen Bogen weiter und verankern ein solches Wissenschaftstheater im Hier und Jetzt.

Stiftung Planetarium Berlin, Zeiss-Großplanetarium, Berlin

Bauherr:
Berliner Immobilienmanagement GmbH (BIM), Berlin

Planender Architekt:
OBERMEYER Planen + Beraten GmbH, Berlin

Partner am Bau:
- Axmann Heizung-Sanitär GmbH
- D & S Abbruch & Entsorgungs GmbH
- TKH SITZSYSTEME GMBH
- Ebert Ingenieure GmbH
- Wolfgang Bauer Ingenieurbau GmbH
- Zi-Do Gerüstbau GmbH
- AAMEX Reinigungs-Service KG „ROSCHI" Beteiligungs-GmbH & Co.

Öffentliche Bauten / Sanierung

Ausführende Firmen   Anzeige

Die Firma Axmann Heizung-Sanitär GmbH hat ihr hauptsächliches Betätigungsfeld in Berlin und Brandenburg.

Das Leistungsprogramm der Firma Axmann Heizung-Sanitär GmbH umfasst die fachmänische Beratung, Planung und fachgerechte Ausführung in den Bereichen Heizung und Sanitär in öffentlichen Gebäuden, Universitäten, Schulen, Kindergärten, betreutes Wohnen, Banken, sowie Alt- und Neubaubereich.
Im Servicebereich wird neben der Reparatur und Wartung auch der Kundendienst groß geschrieben.
Ein besonderes Anliegen ist uns der Bereich der Umwelttechnik wie z. B. Solaranlagen, Wärmepumpen sowie die Gas- und Öl-Brennwerttechnik.

Axmann Heizung-Sanitär GmbH
Streckfußstraße 4, 13125 Berlin
Tel. 030 243538 68, Fax 030 243538 69
post@axmann-gmbh.de, www.axmann-gmbh.de

Zertifiziertes Unternehmen
Wir verfügen über alle Zertifikate zur Arbeit in den folgenden Bereichen
- Abbruch + Entsorgung
- Schadstoffsanierung u.a.
  Asbestsanierung
  KMF-Sanierung
  PAK-Sanierung
- Schimmelpilzsanierung
- Abbruch + Schadstoffsanierung in denkmalgeschützten Gebäuden

Unser Unternehmen verfügt über die notwendige Präqualifikation, die Eintragung im ULV für Berlin und Brandenburg und die Zertifizierung als Entsorgungsbetrieb.

Johannishofer Weg 4
16278 Schöneberg OT Flemsdorf

Tel.: 033335 42820
Fax: 033335 42216

**D & S
Abbruch & Entsorgungs
GmbH**

Büro Berlin
Georg-Knorr-Straße 4, 12681 Berlin

www.ds-aue-gmbh.de
ds_aue_gmbh@t-online.de

Ihr bundesweiter Spezialist für Neubestuhlungen, sowie Aufarbeitung und Wartung/Reparatur von Bestandsbestuhlungen

Havelberger Str. 28, 10559 Berlin
Tel. 030 - 398 783 12
Fax 030 - 398 783 13
info@tkh-sitzsysteme.de
www.tkh-sitzsysteme.de

Anzeige

Ebert Ingenieure
Mehrwert durch Planungsleidenschaft

Wir bieten ganzheitlich vernetzte Planung und Beratung rund um das Gebäude aus einer Hand

- TGA-Planung
- Integrierte Netze
- Nachhaltiges Bauen
- Integrale Planung

Ebert Ingenieure GmbH
Niederlassung Berlin

Wilhelm-Kabus-Straße 21 – 35
10829 Berlin

Tel. +49 30 707932-0
Fax +49 30 707932-12

office.berlin@eb-ing.com
www.eb-ing.com

Produktinfo ◄

Außergewöhnliches Design an der Wand – in Betonoptik

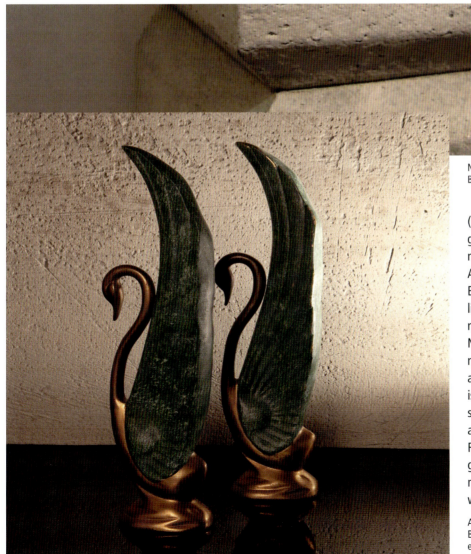

Nicht nur optisch sieht der Wandbelag wie echter Beton aus. Er fühlt sich auch genauso an
(Foto: epr/stonewallpapers)

(epr) Das Ambiente in einem Raum wird grundlegend durch die Gestaltung der Innenwände beeinflusst. Wandbelag, der dem Aussehen und der Haptik von klassischem Beton nachempfunden ist, verleiht Räumlichkeiten ein ganz einzigartiges Erscheinungsbild. Die biegsamen Dekore von STONE WALLPAPERS zum Beispiel sehen nicht nur täuschend echt aus, sondern fühlen sich auch an wie echt. Der biegsame Wandbelag ist unglaublich leicht, denn anstelle von schwerem Gestein wird feines Marmormehl auf Bahnen gepresst. In der gewünschten RAL-Farbe harmonieren die wetterbeständigen Dekore für den Innen- und Außenbereich mit ihrem Umfeld. Mehr unter www.stone-wallpapers.com.

Außergewöhnliche Wohnträume einfach umgesetzt: Biegsamer Wandbelag in Betonoptik verleiht Räumen ein elegantes, zeitloses Aussehen
(Foto: epr/stonewallpapers)

„ZOOM Berlin" – Einkaufscenter und Bürohaus

Inmitten der City West entsteht der charakterstarke und stadtbildprägende Neubau als zentraler Glanzpunkt zwischen Bahnhof Zoo und Kurfürstendamm

Hines ist weltweit eines der größten privaten Immobilienunternehmen mit dem Fokus auf Investment Management, Projektentwicklung und Property Management in 201 Städten in 21 Ländern. Seit der Gründung 1957 verwaltet Hines heute ein Immobilienvolumen von rund 100 Mrd. US-Dollar. Mehr als 1.000 Projekte mit über 32 Mio. m² wurden akquiriert, verwaltet oder entwickelt.

Die identitätsstiftende Architektur mit hohem Wiedererkennungswert besticht durch eine lebendige Fassade mit dynamischen Rücksprüngen
Quelle Abb.: Hines Immobilien GmbH

Seit 1991 hat Hines große Projekte in Deutschland realisiert, wie z.B. das Upper Eastside in Berlin, den Main Tower in Frankfurt, das Benrather Karree in Düsseldorf, Hofstatt und Uptown in München sowie das Postquartier in Stuttgart. Das Unternehmen mit dem Unternehmenssitz in Houston, Texas ist seit der Gründung in Familienbesitz des Gründers Gerald D. Hines und seines Sohnes Jeffrey C. Hines.

Das hier vorgestellte Projekt ZOOM der Hines Group ist ein Einzelhandel-dominiertes Mischgebäude mit 10.800 m² Einzelhandels-

Inmitten der City West entsteht der charakterstarke und stadtbildprägende Neubau ZOOM Berlin als zentraler Glanzpunkt zwischen Bahnhof Zoo und Kurfürstendamm
Quelle Abb.: Hines Immobilien GmbH

fläche vom 1. Untergeschoss bis zum 2. Obergeschoss und 5.500 m² Bürofläche vom 3. Obergeschoss bis zum 5. Obergeschoss. ZOOM ist an der Joachimsthaler Straße in der City West gelegen.

STANDORT

Die City West gehört traditionell zu den Top-Lagen Berlins. Sie ist Top-Bürostandort, internationaler Retail-Hot-Spot, Touristenmagnet und hochwertiges Wohnquartier. Spektakuläre Entwicklungen der vergangenen Jahre wie Bikini Berlin, Upper West, Waldorf Astoria und zahlreiche neue Shops sorgen für ein abwechslungsreiches und urbanes Umfeld, das keine Wünsche offenlässt. Das ZOOM liegt perfekt platziert zwischen den Haupteinkaufsstraßen Berlin Kurfürstendamm/Tauentzienstraße und dem Hauptbahnhof des Westens, Berlin Zoologischer Garten „Bahnhof Zoo" und stellt die Entwicklung eines der letzten hochklassigen Grundstücke zwischen Kurfürstendamm und dem Bahnhof Zoo dar.

Die direkte Anbindung an den Bahnhof Zoo,

Geplant ist ein Komplex mit sechs Stockwerken: In den drei unteren Etagen werden Shops und Restaurants einziehen, die oberen Stockwerke als Büros vermietet
Quelle Abb.: Hines Immobilien GmbH

wo sich zwei U-Bahn-Linien, drei S-Bahn-Linien sowie neun Regionalbahnlinien und zahlreiche Buslinien kreuzen, sichert dem herausragenden Einzelhandelsstandort eine schnelle und unkomplizierte Erreichbarkeit. Dank seiner ausgezeichneten Lage wird das ZOOM nicht nur zur Attraktion für die täglich mehr als 120.000 Passanten des Bahnhof Zoo, sondern auch für alle Spaziergänger der umliegenden Einkaufsstraßen und Touristenattraktionen. Die Historie und Mischnutzung des Standortes garantiert einen ganzjährigen Kundenfluss.

HANDEL

Neben der exzellenten Lage ist das ZOOM eines der wenigen frei stehenden Gebäude im Westen von Berlin und hat daher eine faszinierende Sichtbarkeit mit einer Shopfront von mehr als 150 m in jedem Geschoss.

Die Hines Immobilien GmbH hat Anfang 2017 einen Mietvertrag mit dem Ankermieter PRIMARK für über 8.800 m² auf vier Etagen unterschrieben. Die Präsenz von Primark wird die Anzahl der Laufkundschaft am ZOOM weiterhin erhöhen und damit einen Vorteil für alle weiteren Mieter erschaffen.

Direkte Nachbarmieter des ZOOM sind u.a. Apple Store, Urban Outfitters, Karstadtsports, Camp David, Jack Wolfskin, Diesel, Görtz und Superdry.

Von den attraktiv gestalteten Dachterrassen genießt man den Ausblick über die City West unter freiem Himmel — zusammen mit Kollegen bei einem Drink oder bei Firmenevents
Quelle Abb.: Hines Immobilien GmbH

BÜRO

Komfort mit beeindruckenden Perspektiven, darüber hinaus inspirierend flexibel – mit diesen Worten lassen sich die Vorzüge der Büroflächen im ZOOM, die über eine repräsentative Eingangslobby zu erreichen sind, zusammenfassen. Bodentiefe Fenster sorgen für helle Räume und geben in den Büros im 3. bis 5. Obergeschoss den Blick über das urbane Leben der Hauptstadt frei.

Nachhaltig gestaltete und technisch modernste Büroflächen ermöglichen hochflexible und teamorientierte Raumkonzepte. Die Büroflächen mit einem Achsraster von 1,35 m und einer lichten Raumhöhe von ca. 3 m sind etagenweise teilbar in bis zu zwei Einheiten mit jeweils ca. 800 m².

Zu den weiteren Annehmlichkeiten der Büroflächen gehören neben einem im Fenster liegenden, elektrisch steuerbaren Sonnenschutz, mechanischer Be- und Entlüftung sowie nach Himmelsrichtungen getrennten abgehängten Gipskartondecken mit Kühl- und Heizfunktion auch Tiefgaragenstellplätze im 2. Untergeschoss.

Eine große Anziehungskraft hat der großzügig begrünte Dachgarten. Von den attraktiv gestalteten Dachterrassen genießt man den Ausblick über die City West unter freiem Himmel – zusammen mit Kollegen bei einem Drink oder bei Firmenevents.

Die Bauarbeiten sind bereits weit fortgeschritten, und es wird mit einer Fertigstellung im 1. Quartal 2018 gerechnet. Die Aukett & Heese GmbH wurde über die Hines Immobilien AG beauftragt, die Ausführungsplanung für den Neubau zu erbringen. Der Entwurf stammt von HASCHER JEHLE Architektur.

Für das Gebäude wird ein DGNB Gold Zertifikat angestrebt.

Bauherr:
Pondus GmbH & Co. KG, Berlin,
vertreten durch
Hines Immobilien GmbH, Berlin

Partner am Bau:
- GA-tec Gebäude- und Anlagentechnik GmbH
- Prof. Burkhardt Ingenieure GmbH
- Max Bögl Stiftung & Co. KG
- Böhning Energietechnik Berlin GmbH

Ausführende Firmen　　　　Anzeige

Projekt „Zoom" glänzt mit Gebäudetechnik von GA-tec

Nach der Maueröffnung stand der Berliner Osten naturgemäß im Zentrum von Investoren und Gebäudeentwicklern. Doch 2010 drehte der Trend. Besonders der Ku´damm, vor allem das Areal rund um die Gedächtniskirche entwickelten sich zu einer "neuen Mitte" Berlins. Erste und stärkste "Vitalitätsspritze" bildete das spektakulär um- und ausgebaute Bikinihaus samt neuem Kino Zoo Palast sowie dem großen und kleinen Hochhaus. Ein Trendzentrum und Shopping-Magnet wuchs heran, dessen Passantenfrequenz zu den höchsten der Stadt zählt. Schon damals – 2011 – am Bikini-Projekt beteiligt: die GA-tec Gebäude- und Anlagentechnik aus Heidelberg, deren Berliner und Baden-Badener Niederlassungen beauftragt waren, den teils denkmalgeschützten Komplex mit modernster Technik und gemäß Gold-Standard nach LEED® auszustatten. Das aktuelle Projekt „Zoom" des internationalen Immobilienentwicklers Hines schreibt die Geschichte der Revitalisierung des Areals fort. Hines bringt dabei die Expertisen aus vielen spektakulären Berliner Projekten ein: Das Unternehmen hat u.a. das Sony Center am Potsdamer Platz gebaut und wird 2019 das repräsentative Wohnhochhaus am Alexanderplatz fertigstellen. Hines hatte das exponiert gelegene „Zoom"-Grundstück zwischen Kant-, Joachimsthaler- und Hardenbergstraße nach einem komplizierten Ankaufsprozess erworben und 2015 mit dem Abbruch der veralteten gewerblichen Nachkriegs-Bebauung begonnen. Generalunternehmer für Gebäudetechnik

Reinraum-Projekt für Takeda in Oranienburg

Europacity mit Kennedy Haus, Total Tower, KPMG und Monnet 4

wird wieder die GA-tec sein, die sich freut, mit dem Projekt „Zoom" ihre langjährige Projektpartnerschaft mit Hines bestätigen und festigen zu können. Die GA-tec stattet das im Bau befindliche sechsgeschossige Büro- und Geschäftsgebäude mit modernster Sanitär-, Heizungs-, Lüftungs- und Klimatechnik aus, installiert Sprinkler und vernetzt die Systeme. Am Ende entsteht eine architektonisch höchst sehenswerte, leicht, offen und organisch wirkende Konstruktion mit hohem Nutz- und Wohlfühlwert für Besucher und Mitarbeiter in Gewerbeeinheit und Büros – ein weiterer Solitär in der "neuen Mitte" Berlins. Das Gebäude, dessen Fertigstellung im Frühling 2018 geplant ist, soll nach DGNB in Gold zertifiziert werden. Mit dem knapp 5 Mio. Euro umfassenden TGA-Auftrag setzt die GA-tec eine Reihe repräsentativer Hauptstadt-Projekte fort, unter ihnen die Komplexe Upper-East-Side und Eurocity mit Kennedy-Haus, Total-Tower, Monnet 4 und der KPMG-Zentrale unweit des Berliner Hauptbahnhofs.

Ebenso stehen technisch anspruchsvolle Reinraum-Projekte bei Takeda in Oranienburg und Bayer in Berlin und Leverkusen auf der Referenzliste. Diese Aufgaben im Anlagenbau und darüber hinaus die Dienstleistungs- und Betreibungsaufträge für Philip Morris, Procter & Gamble, Rolls-Royce, Generali u.a. werden mit 280 Mitarbeitern von der Niederlassung Berlin ausgeführt, 50 Mio. Euro in 2016/17.

GA-TEC: GEBÄUDETECHNIK UND SERVICES FÜR DEUTSCHLAND

Die GA-tec Gebäude- und Anlagentechnik GmbH übernimmt die komplexen Aufgaben rund um die technische Ausrüstung von Gebäuden und Industrieanlagen. Sie projektiert und installiert Strom- und Wärmeversorgungen, Klima-, Sanitär-, Sicherheits- und Brandschutztechnik, Rohrleitungsnetze sowie Mess-, Steuer- und Regelsysteme. Die Errichter-Kompetenz der GA-tec kommt auch ihrem Geschäftsfeld Technisches Facility Management zugute. Aus der Vernetzung beider Geschäftsbereiche generiert das Unternehmen Leistungspakete mit hohem Mehrwert für die Kunden. Das Unternehmen ging aus der GA AG in Fellbach hervor, deren Wurzeln bis ins Jahr 1916 zurückreichen. Seit 2008 gehört die GA-tec zur französischen Sodexo-Gruppe, einem der weltweit führenden Facility-Management-Anbieter. Das von 14 Standorten in ganz Deutschland aus operierende Unternehmen beschäftigt ca. 1.000 Mitarbeiter. Der Umsatz im Geschäftsjahr 2015/16 betrug 181,5 Mio. Euro. Firmensitz der GA-tec ist Heidelberg.

GA-tec | sodexo

GA-tec Gebäude- und Anlagentechnik GmbH
Lorenzweg 5, 12099 Berlin
Fon: +49-30-761 81-0
info.berlin@ga-tec.de, www.ga-tec.de

Anzeige

Wir steuern erfolgreich Bauprojekte seit über 50 Jahren

Unser Profil ist im Wesentlichen durch unsere Auffassung
von Projektsteuerung und Baumanagement als Dienstleistung geprägt

prof **burkhardt** ingenieure

Unser Leistungsspektrum

Projektmanagement
Projektsteuerung gem. AHO
Terminsteuerung
Kostensteuerung
Projektcontrolling
Projektleitung gem. AHO
Wettbewerbsbetreuung
Durchführung VOF-Verfahren

Baumanagement
HOAI § 34 Leistungsphasen 6-9
Qualitätssicherung
Logistikplanung
Claimmanagement

Prof. Burkhardt Ingenieure GmbH

Sachsendamm 6
10829 Berlin
Tel.: +49 30 34 99 43-0
Fax: +49 30 34 99 43-60
office.b@prof-burkhardt.de
www.prof-burkhardt.de

Produktinfo ◀

Charakterstarkes Sauna-Design mit richtigem Maß an Durchblick

(epr) Der Einsatz von Glas beim Saunabau sollte in einem gesunden Verhältnis zum Holz stehen, da es das Saunaklima beeinflusst: Im Gegensatz zu Holz kann Glas weder Feuchtigkeit aufnehmen noch Wärme

Das B+S Saunamodell VIITTA® trägt dem Wunsch nach Optik Rechnung und garantiert bestes Klima für den vollendeten Schwitz-Genuss
(Foto: epr/B+S Finnland Sauna)

speichern. Ein zu hoher Glasanteil verursacht deshalb ein aggressives Klima in der Sauna. Da aber inzwischen eine Sauna zum festen Bestandteil des Wohnraums gehört, spielt das Design eine ganz wichtige Rolle. Das Erfolgsmodell VIITTA® aus dem Hause B+S Finnland Sauna trägt diesem Wunsch zum Beispiel Rechnung. Die Sauna präsentiert sich in einer ausgewogenen Mischung aus Holz und Glas. So herrscht innen bestes Klima, außen überzeugt ein charakterstarkes Design mit „Durchblick". Mehr unter www.welt-der-sauna.de.

Elemente aus Glas erfreuen sich auch beim Saunabau immer größerer Beliebtheit. Jedoch sollte der Einsatz von Glas in einem gesunden Verhältnis zum Holz stehen, da sonst das Saunaklima leidet
(Foto: epr/B+S Finnland Sauna)

Neubau und Umbauten eines Autohauses

Neubau eines Porsche Zentrums in der Hermann-Dorner-Allee 98 in Berlin-Adlershof / Modernisierung des Porsche Zentrums in der Franklinstraße in Berlin-Charlottenburg / Erweiterung des Porsche Zentrums am Albert-Einstein-Ring in Berlin-Potsdam

Es hat sich in jüngster Zeit viel getan in den Porsche Zentren im Großraum Berlin. Die Porsche Zentren Berlin und Berlin-Potsdam sind

Porsche Zentrum Berlin-Adlershof: Eine außergewöhnliche Solaranlage überragt das Gelände an der A113. Mit einer Gesamtoberfläche von ca. 270 m² auf 25 m Höhe erzielt der Pylon unter idealen Bedingungen im Jahr bis zu 30.000 Kilowattstunden Solarstrom
Abb.: Porsche Berlin

modernisiert bzw. erweitert worden. Einerseits sollte mit den Neuerungen für die Kunden und Gäste der Besuch in den Autozentren noch attraktiver gestaltet werden und anderseits wurden die Werkstattbereiche für die Herausforderungen der Zukunft vorbereitet. Dabei wurden auch die Arbeitsbereiche für MitarbeiterInnen modernisiert. Mehr oder

Porsche Zentrum Berlin-Adlershof: Das neue Porsche Zentrum wurde im Sommer 2017 fertiggestellt und sichert die optimale Betreuung, nicht nur der im Südosten der Stadt lebenden Kunden
Abb.: Porsche Berlin

weniger zeitgleich wurde in Berlin-Adlershof ein neues Porsche Zentrum gebaut.

NEUBAU PORSCHE ZENTRUM BERLIN-ADLERSHOF

Nach erfolgreichem Abschluss der Bauarbeiten im Juli 2017 öffnete ein neues Porsche Zentrum am Wissenschaftsstandort in Berlin-Adlershof am Eisenhutweg/Ecke Hermann-Dorner-Allee seine Pforten. Volkswagen Immobilien (VWI) hat als Bauherr und Investor dieses Projekt geplant und realisiert. Im Rahmen des Porsche Wachstumskurses hat die deutsche Handelsorganisation mehr als 200 Mio. Euro für Neubau- und Umbaumaßnahmen investiert. Das neue und strategisch sehr wichtige Porsche Zentrum Berlin-Adlershof in urbaner Lage trägt hierzu einen bedeutenden Teil bei. Es ist eines der modernsten Porsche Zentren Europas. Es wurde ein Ambiente geschaffen, welches den Kunden die Faszination und Exklusivität der Marke Porsche ein-

Porsche Zentrum Berlin: Im Zuge der aktuellen Baumaßnahmen sind in der Franklinstraße moderne Büroräume für die Verwaltung entstanden
Abb.: Porsche Berlin

drucksvoll vermittelt. Als Landmark sticht auf dem Außengelände ein 25 m hoher Turm hervor. Mit dem Solar-Pylon wurde ein Innovationsprojekt realisiert, das den Nachhaltigkeitsgedanken von Porsche unterstreicht. Mit einer Gesamtoberfläche von etwa 270 m² soll der Pylon einen Ertrag von rund 30.000 Kilowattstunden Solarstrom pro Jahr erzielen. Auf dem Grundstück, das mit rund 9.150 m² etwas größer als ein Fußballfeld ist, entstand ein rund 3.000 m² großer zweigeschossiger Neubau mit 21 neuen Mitarbeiterplätzen. Im Erdgeschoss befinden sich eine großzügige Ausstellungsfläche mit Verkauf und Service sowie der Werkstattbereich mit Lager. Die Werkstatt umfasst vorerst neun Hebebühnen, einen Fahrzeugbewertungsplatz und eine Dialogannahme. Im Galeriegeschoss sind die Büro- und Sozialräume für die Autohausmitarbeiter angeordnet. Ausreichende Parkmöglichkeiten werden durch rund 70 Stellplätze sichergestellt.

Für die Architektur und als Generalplaner zeichnet das Ingenieurbüro koerber+koerber aus Berlin verantwortlich.

MODERNISIERUNG PORSCHE ZENTRUM BERLIN

Im Januar 2017 war im Porsche Zentrum Berlin mit dem Umbau der Büro- und Schauraumflächen begonnen worden. Das große Berliner Stammhaus in der Charlottenburger Franklinstraße wurde mit dem Ziel moderni-

Porsche Zentrum Berlin: Seit dem Umbau im Frühjahr 2017 steht noch mehr Schauraum für die Modellpräsentation des Autohauses zur Verfügung
Abb.: Porsche Berlin

ERWEITERUNG PORSCHE ZENTRUM BERLIN-POTSDAM

Bereits im Januar 2016 wurde mit der Realisierung eines Erweiterungsbaus für das Porsche Zentrum Berlin-Potsdam mit dem Ziel der Kapazitätserweiterung und Effizienzsteigerung begonnen. Das im Südwesten des Großraums Berlin gelegene, bestehende Autohaus hat durch dieses Bauvorhaben Platz für fünf zusätzliche Arbeitsbühnen, einen Fahrzeugbewertungsplatz und zwei Auslieferungsplätze für den Verkauf erhalten. Außerdem wurden drei weitere Büroräume errichtet. Durch den Einsatz der für die Zentren üblicherweise verwendeten Trapezblechverkleidung wurde der Anbau optisch in das vorhandene Gebäude integriert.
Die Außenfläche wurde mit Ziel, mehr Außenstellplätze zu schaffen, um 4.000 m² erweitert.

Porsche Zentrum Berlin-Potsdam: Durch die gewählten Materialien sind das bestehende Gebäude und der Erweiterungsbau zu einer Einheit verschmolzen
Abbildungen: Porsche Berlin

siert, ein Mehr an Kundenzufriedenheit und einen Verwaltungstrakt im 2. Obergeschoss des bestehenden Hauses zu schaffen. Durch den Bau dieser zusätzlichen Büroflächen wurden Flächen im Erdgeschoss und 1. Obergeschoss frei, die nun als Schauraum für Fahrzeuge genutzt werden. Zudem werden ein separater Auslieferungsbereich errichtet und eine Neugestaltung des Außenbereichs in Angriff genommen. Durch Optimierung der Parkplatzflächen wird die Anzahl erhöht.
Die Baumaßnahmen konnten im Innenbereich bereits im Frühjahr 2017 fertiggestellt werden.

Bauherr:
Porsche Niederlassung Berlin GmbH, Berlin
-Proj. „Neubau Porsche Zentrum Berlin-Adlershof"
Bauherr/Investor:
Volkswagen Immobilien (VWI), Wolfsburg
Generalplaner:
koerber + koerber, Berlin
-Proj. „Modernisierung Porsche Zentrum Berlin"
Planender Architekt:
CIP GmbH
-Proj. „Erweiterungsbau Porsche Zentrum Berlin-Potsdam"
Generalplaner:
koerber + koerber, Berlin

Partner am Bau:
- koerber + koerber - Architektur und Generalplanung
- ST GEBÄUDETECHNIK GmbH
- INGENIEURGRUPPE HTPS / HTGS GMBH

Anzeige

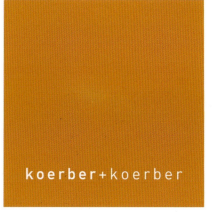

koerber+koerber
architektur und ingenieurbüro

generalplanung für automotive
pharmaindustrie, medizin technologie
infrastruktur, musik

www.koerberkoerber.de

© GBP Architekten — Wohnen Am Frankfurter Tor

Seit 1993 - energieeffiziente, umweltfreundliche und wirtschaftliche Gebäudetechnik.

In den Bereichen …

- Industrieanlagen
- Forschungseinrichtungen
- Krankenhäuser
- Freizeitanlagen
- Wohn- und Geschäftshäuser
- Büro- und Verwaltungsgebäude

Planen, Bauen, Betreuen von …

- Heizungstechnik
- Lüftungstechnik
- Kältetechnik
- Klimatechnik
- MSR-Technik
- Brandschutz
- Sanitärtechnik
- Energieeffizientem Bauen
- Energetischer Sanierung
- Erneuerbarer Energieerzeugung

und dies als

- Technischer Generalunternehmer

Seit 1993 haben wir uns auf energieeffiziente, umweltfreundliche und wirtschaftliche Gebäudetechnik spezialisiert.

In der Region Berlin-Brandenburg haben wir uns einen Namen dafür gemacht, besondere Herausforderungen im Bereich der Gebäudetechnik erfolgreich zu realisieren.

Unsere unscheinbare Technik ist Beweis für höchste Komplexität, ungebremste Innovationskraft und Flexibilität für Individualität und Integration in die Architektur. Nichts sehen, nichts hören, nichts spüren und dennoch ein komfortables hygienisch einwandfreies Klima in Arbeitsräumen, Krankenhäusern oder Laboren.

Stadtbad Oderbergerstraße

PIK - Rechenzentrum

Stone Brewing Show Brauerei

ST GEBÄUDETECHNIK GmbH

Horstweg 53a
14478 Potsdam
Tel: 0331 888 64-0
Fax: 0331 888 64-10
info@stgebaeudetechnik.de
www.stgebaeudetechnik.de
www.facebook.de/stgebaeudetechnik.de
www.youtube.de/stgebaeudetechnik.de

Mehr Wachstum und schöner arbeiten

Schindler Konzern investiert 44 Mio. Euro in den Umbau des Firmengeländes in Alt-Mariendorf und gibt damit ein klares Bekenntnis zum Standort

Der 1874 gegründete Schindler Konzern ist einer der weltweit führenden Anbieter von Aufzügen und Fahrtreppen und damit einhergehenden Dienstleistungen. Seine innovativen und umweltfreundlichen Zutritts- und Beförderungssysteme prägen maßgeblich die Mobilität einer urbanen Gesellschaft. Täglich bewegt Schindler mit seinen Mobilitätslösungen 1 Milliarde Menschen auf der ganzen Welt. Hinter diesem Erfolg stehen mehr als 58.000 Mitarbeitende in über 100 Ländern. Schindler Deutschland ist heute mit rund 3.700 Mitarbeitern an 60 Standorten präsent, darunter bereits seit 111 Jahren in Berlin – als erste Auslandstochter des Schweizer Konzerns. Nach Stationen in Kreuzberg, Neukölln und Tempelhof ist Schindler seit 1964 am Standort an der Ringstraße, dem heutigen Schindler-Platz, in Berlin-Mariendorf vertreten.

WISSENSSTANDORT SICHERT ZUKUNFTSFÄHIGKEIT

Seine Firmenzentrale in Berlin-Mariendorf wird Schindler Deutschland in den nächsten Jahren umbauen. Dazu hat der Schindler Konzern eine Investitionssumme von 44 Mio. Euro bereitgestellt. Am 13. Februar 2017 ist für das Vorhaben in Anwesenheit der Bezirksbürgermeisterin Angelika Schöttler der Startschuss gegeben worden. Im Zuge der Umstrukturierung soll auch das Technische Trainingszentrum zur Aus- und Weiterbildung der Aufzugstechniker aus ganz Deutschland zu einem wirklichen Wissensstandort entwickelt werden. „So sichern wir mit unseren Investitionen nicht nur die bestehenden Arbeitsplätze, sondern auch die zukünftigen", erklärte Meinolf Pohle, CEO von Schindler Deutschland, anlässlich der Vorstellung der Umbaupläne im vergangenen Jahr.

Der ehemalige Produktionsstandort in Berlin Alt-Mariendorf – bis in die 1990er Jahre wurden dort noch Aufzugkomponenten gefertigt – soll ausgebaut werden, damit Schindler die neuen Möglichkeiten des sich wandelnden Aufzugsmarktes optimal nutzen kann. Entstehen wird ein „Innovation Hub" für Digitalisierung, die auch bei Aufzügen und Fahrtreppen auf dem Vormarsch ist. Schindler gilt als Pionier auf diesem Weg. „Wir schaffen am Schindler Campus Berlin neue Arbeitsplätze in einem Segment, das unbestritten zu den Innovationstreibern des 21. Jh. zählt", sagte Pohle. Im Kern gehe es darum, digitale Services für Aufzüge und Fahrtreppen anzubieten. Bereits jetzt sei es möglich, Probleme an Aufzügen vorausschauend zu identifizieren, zu analysieren und zu beheben – vorausge-

Das mehr als 100.000 m² große Schindler-Gelände in Berlin-Mariendorf
Abb.: Schindler Deutschland AG & Co. KG

Geplante Ansicht der Hauptverwaltung von Schindler Deutschland am Schindler-Platz in Berlin
Abb.: Schindler Deutschland AG & Co. KG

setzt die Anlagen liefern Daten über das Internet.

MIT VIRTUAL REALITY IN DIE ZUKUNFT

Beim Umbau des mehr als 100.000 m² großen Firmengeländes wird im 1. Bauabschnitt ein unter Denkmalschutz stehendes Bürogebäude vollständig umgebaut, um den Anforderungen digitaler und mobiler Arbeitsumgebungen zu genügen. Beauftragtes Architekturbüro ist die Gibbins Architekten GmbH aus Hamburg. Ein zentrales Eingangsgebäude zum Campus ist geplant, welches das revitalisierte Gebäude mit einem weiteren verbinden soll. Wie das zukünftig aussehen kann, konnten Mitarbeiter und Besucher bereits auf der Grundsteinlegung hautnah erleben. Mit Virtual-Reality-Brillen ausgestattet duften Interessierte das neue Umfeld bereits besichtigen.

Bei der symbolischen Grundsteinlegung des Schinder Campus war zudem eine der digitalen Innovationen des Unternehmens live zu erleben: die Schindler Doorshow, ein neues Werbe- und Informationsmedium für Aufzugstüren. Ein netzwerkfähiger Projektor bespielt dabei die Außenflächen von Aufzugstüren über GSM mit Informationen, Nachrichten und Werbebotschaften. Durch die Vermarktung ihrer Aufzugstüren als Werbe- oder Informationsfläche können Aufzugsbetreiber ihre Investition in die Schindler Doorshow nicht nur refinanzieren, sondern mittelfristig sogar Erlöse erzielen.

Die Schindler Doorshow ist ein neues Werbe- und Informationsmedium für Aufzugstüren
Abb.: Schindler Deutschland AG & Co. KG

Bauherr:
Schindler Aufzüge & Fahrtreppen GmbH, Berlin

Partner am Bau:
- PB Projektmanagement Bräuling GmbH

Ausführende Firmen   Anzeige

Weniger Aufwand
Mehr Gestaltungsfreiheit

Planen Sie Ihre Wohnprojekte ganz einfach ohne Dachaufbau. Dank des äußerst kurzen Schachtkopfs des Schindler 3300 müssen Sie jetzt bei der Aufzugsplanung auch für niedrige Raumhöhen keine Kompromisse mehr eingehen. Mehr Spielraum für Ihre Ideen, weniger Aufwand in der Umsetzung. Sprechen Sie uns an, gerne beraten wir Sie persönlich: www.schindler.de/kontakt

www.schindler-3300.de

Unser Ziel ist es, jedes Bauvorhaben erfolgreich zu realisieren.

- **Projektmanagement**
- **Projektsteuerung**
- **Controlling**
- **Bauleitung**
- **Technische Due Diligence**

Möckernstraße 65
D-10965 Berlin

Telefon 030 / 78 95 90 9-0
Telefax 030 / 78 95 90 9-19

info@pb-braeuling.de

Wohnen für Studierende

Wohnen am Spreefenster – „SMARTments student – Berlin Kaiserin-Augusta-Allee"

Die Moses Mendelssohn Stiftung fördert Bildung, Erziehung, Wissenschaft und Forschung auf dem Feld der europäisch-jüdischen Geschichte und Kultur. Sie ist Gesellschafterin der GBI AG und engagiert sich in diesem Zusammenhang für gemeinnützige Bauprojekte, die der deutsch-jüdischen Verständigung dienen. Die GBI AG ist ein Hotelprojektentwickler in Deutschlands Metropolen. In den vergangenen 15 Jahren wurden mit der SMARTments-Linie bundesweit neue Produktideen für studentisches Wohnen, Serviced Apartments und Mikrowohnen entwickelt.

SMARTMENTS STUDENT BERLIN – KAISERIN-AUGUSTA-ALLEE

Studentenwohnungen sind in Berlin schon immer knapp und begehrt. Vier Universitäten und über 40 Fachhochschulen sorgen für eine wachsende Nachfrage bei Studierenden aus aller Welt. Mit dem neuen Studentenwohnheim „SMARTments student Berlin – Kaiserin-Augusta-Allee" in Berlin-Moabit entsteht hochwertiges neues Studentenwohnen in unmittelbarer Nähe zur Spree und zur Technischen Universität Berlin.

Bereits zum Sommersemester 2018 sollen Studenten und Studentinnen in die 296 Apartments (274 Standardapartments und 22 barrierefreie Apartments) einziehen. Das „David Friedländer Haus" wird zurzeit auf einem ca. 3.851 m² großen Grundstück errichtet und gliedert sich in zwei Gebäudeteile. Der straßenbegleitende und die Baulücke schließende Baukörper nimmt die Höhen der angrenzenden Gebäude auf und beherbergt

Die FDS gemeinnützige Stiftung bietet geförderten und frei finanzierten Wohnraum für Studenten und Studentinnen an deutschen Hochschulen und wird das neue SMARTments student in Berlin-Moabit betreiben
Abbildungen: GBI AG/moka studios

Das Apartmenthaus liegt im Verwaltungsbezirk Mitte, direkt auf der Grenze von Charlottenburg und Moabit. Wichtige Institutionen wie die Technische Universität sowie das Fraunhofer-Institut sind nur einen Steinwurf entfernt

neben den Apartments fünf großzügig geschnittene Privatwohnungen im Dachgeschoss mit nach Süden vorgelagerten großen Terrassen. Der im Hof befindliche U-förmige Bauteil nutzt die ruhige Gartenlage für angenehme Mikroapartments mit zusätzlichen Angeboten wie Gemeinschaftsräumen und großen Dachterrassen. Die 1-Zimmer-Apartments sind ca. 20 m² groß, möbliert und verfügen über ein Bad und eine Kitchenette mit Ceran-Kochfeld, Mikrowelle und Kühlschrank.

Zu den Serviceleistungen, die in der Gesamtmiete enthalten sind, zählen neben WLAN-Internet und SAT-Anschluss u.a. ein Hausmanager als persönlicher Ansprechpartner, Gemeinschaftsräume, Snack- und Getränkeautomaten, Fahrradstellplätze sowie ein Waschmaschinenraum und Reinigungsgeräte.

> **Projektentwickler:**
> GBI Wohnungsbau GmbH & Co. KG, Berlin
>
> **Bauherr:**
> Wohnen am Spreefenster GmbH, Erlangen
>
> **Planender Architekt:**
> deluse architects, Berlin
>
> **Generalplaner:**
> PBMG Projekt- und Baumanagementgesellschaft mbH, Kassel

Größte freitragende Halle Deutschlands

Das Tropical Islands hat sein Außengelände erweitert. Mit „Amazonia" bieten sich großen und kleinen Besucherinnen und Besuchern vielfältige Freizeitmöglichkeiten zu Wasser und zu Land

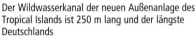

Der Wildwasserkanal der neuen Außenanlage des Tropical Islands ist 250 m lang und der längste Deutschlands

Kurzurlaub auf einer tropischen Insel, das bedeutet Schwimmen, Baden und Tauchen in der Südsee oder der Lagune. An der Bundesautobahn A13 (Berlin – Dresden) im brandenburgischen Krausnick und nur ca. 50 km südlich von Berlin-Schönefeld laden im Tropical Islands zahlreiche Attraktionen wie Deutschlands höchster Wasserrutschen-Turm oder der größte Indoor-Regenwald zu einem Besuch ein. Seit Mai 2016 ist das Angebot des Erlebnisbades mit der größten freitragenden Halle Deutschlands noch größer geworden. Mit „Amazonia" gibt es einen ganzjährig geöffneten Außenbereich mit zahlreichen Wasserattraktionen, ausgedehnten Liege- und Sportflächen sowie Wellness- und Erholungsmöglichkeiten für die ganze Familie. Auf rund 35.000 m² wird alles geboten, was man für einen Badetag (nicht nur) im Sommer braucht. Die beheizten Ganzjahresbecken mit einer Wassertemperatur von rund 31 Grad Celsius festigen Tropical Islands Ruf als wetterunabhängiges Reiseziel mit vielen Spa-Elementen für einen aktiven Kurzurlaub, der gerne auch ein paar Tage andauern darf. Übernachtungsmöglichkeiten unterschiedlichster Art in der Halle oder dem angrenzenden Campingplatz laden dazu ein.

Neben einer Pool-Landschaft mit mehreren Becken ist der Whitewater River – ein Strömungskanal – das zentrale Highlight und einzigartig in Deutschland. Die Wildwasserbahn windet sich auf 250 m durch die Landschaft. Durch einen Niveauunterschied von bis zu 3,5 m und eine Fließgeschwindigkeit von bis zu 1,5 m pro Sekunde kommt man ganz schön in Fahrt – fast schon wie beim Rafting durch den Kanal, nur ohne Boot.

Es gibt zwei große Außenbecken mit 530 m² und 390 m² im „Amazonia", die mit 31 Grad Wassertemperatur ganzjährig nutzbar sind.

Es gibt zwei gigantische Außenbecken im „Amazonia", in denen verschiedene Attraktionen eingebaut sind

Egal, wie kalt die Lufttemperatur ist: Das Wasser in den Becken der Außenanlage „Amazonia" hat 31 Grad

Verschiedene kleinere Attraktionen wie Nackenduschen, Sprudelsitzbänke, Schwallbrause, Massagedüsen, Geysir, Strudelwellenberg und vieles mehr wollen entdeckt und ausprobiert werden. Der kleinere Sommerpool lockt mit einem Blubber-Becken, drei Grotten und eine Familienrutsche. Für Kinder bietet die Spray Area abwechslungsreiche Wasserspiele. Weitere Wasserattraktionen und ein Abenteuerspielplatz schaffen ein wahres Paradies für die Kids.

Aber auch wer es sportlich mag, kann im Außenbereich seinen Bewegungsdrang austoben, entweder beim Kicken auf den Wiesen oder beim Beachvolleyball. Für Schwimmer gibt es jetzt erstmalig ein 25-m-Becken mit abgetrennten Bahnen. Fest installierte Tore in einem Becken ermöglichen es, Wasserball zu spielen; auf einem langen schwimmenden Geschicklichkeits-Parcour kann die Balance mit Spaß trainiert werden. Außerdem steht eine Liegewiese für 2.500 Personen zur Verfügung, und Außengastronomiestände sorgen für das leibliche Wohl.

Seit 2004 gibt es das Tropical Islands in der ursprünglich als Zeppelin-Werft konzipierten Halle. Im Jahr 2015 zählte das Erlebnisbad etwa 1,2 Mio. Besucher. Die Auslastung der Übernachtungsmöglichkeiten liegt bei etwa 90 Prozent.

Bauherr:
Tropical Island Management GmbH, Krausnick

Planender Architekt:
geising + böker gmbh
Architekten BDA, Hamburg

Partner am Bau:
- ISIMKO GmbH Informationstechnik, Sicherheitstechnik, Medientechnik, Kommunikationstechnik
- VERDIE GmbH Bauunternehmen
- Siegfried Minetzke Vermessungsbüro

— Anzeige —

Intelligente Techniklösungen für Gebäude und Industrieanlagen

ISIMKO

INFORMATIONSTECHNIK · **SI**CHERHEITSTECHNIK · **M**EDIENTECHNIK · **KO**MMUNIKATIONSTECHNIK

Tropical Islands · Mall of Berlin · KPMG · ifp Berlin · Humboldt Universität · Heinrich-Böll-Stiftung
Hochschule für Technik und Wirtschaft · Friedrich-Ebert-Stiftung · GeoForschungsZentrum · FH Magdeburg
Sparkasse Spree-Neiße · LEAG · SeeCampus Niederlausitz · Vattenfall · TU Dresden · Vestas Lauchhammer · FH Potsdam

ISIMKO GmbH (ehemals Fleischhauer Cottbus GmbH)
Guhrower Straße 5 · 03044 Cottbus · Telefon 0355 78015 - 0 · Telefax 0355 78015 - 277 · info@isimko.de · www.isimko.de

- Straßen-, Tief- und Landschaftsbau
- Transport und Winterdienst
- Fräsleistungen

Frankfurter Str. 1, 03185 Turnow-Preilack
Tel. 035601 / 88 180, Fax 035601 / 24 252
info@verdie-gmbh.de, www.verdie-gmbh.de

Ein nicht alltägliches Projekt in Kreuzberg

IBeB – Integratives Bauprojekt am ehemaligen Blumengroßmarkt in der Lindenstraße 91

Wie wollen wir künftig wohnen, arbeiten und leben? Das haben sich die Initiatoren – die Architekturbüros ifau und HEIDE & VON BECKERATH in Zusammenarbeit mit der Selbstbaugenossenschaft Berlin eG – gefragt, als sie das „Integrative Bauprojekt am ehemaligen Blumengroßmarkt" (IBeB) im Rahmen eines konzeptgebundenen Grundstücksvergabeverfahrens des Berliner Liegenschaftsfonds entwickelten. Nach den Plänen der Architekten entsteht bis zum Spätherbst 2017 ein sechsgeschossiges Gebäude aus Wohnungen, Ateliers, Studios und Gewerberäumen, das Wohnen und Arbeiten verknüpft. Es liegt mitten in der Südlichen Friedrichstadt und ist Teil des städtischen Entwicklungsprojektes rund um den ehemaligen Blumengroßmarkt. Das alte Zeitungsviertel ist heute geprägt von den Wohnungsbauten der IBA 1984 – 1987 sowie durch Galerien an der Markgrafenstraße und Lindenstraße, die Berlinische Galerie, das Jüdische Museum mit seiner Akademie. Die Baugemeinschaft hat sich Ende 2012 gegründet. Rund 90 EinzeleigentümerInnen und genossenschaftliche NutzerInnen wollen ein Projekt, das nicht auf Profit zielt, sondern den Bedürfnissen der BewohnerInnen folgt und eine Architektur, die den unterschiedlichen Nutzungsvorstellungen mit vielfältigen Raumangeboten begegnet. Zentraler Gedanke dabei ist die Mitbestimmung aller am Planungsprozess Beteiligten. Das Projekt verschränkt drei unterschiedliche Finanzierungsmodelle, die eine vielfältige, urbane Mischung ermöglichen: Im Rahmen der integrativen Baugemeinschaft werden Wohn-, Atelier- und Gewerbeeinheiten durch die Selbstbaugenossenschaft Berlin eG, private Bauherren und einen sozialen Träger genutzt. Die Wohnungen und Gewerbeeinheiten für private Eigentümer werden zu einem dem Ort und der Lage angemessenen Kaufpreis angeboten, während der konzeptgebunden günstige Grundstückspreis die Quersubventionierung und damit Stabilisierung der genossenschaftlichen Wohn- und Gewerbeeinheiten ermöglicht. Diese können so zu einem festen Mietzins angeboten werden und sichern eine Alternative innerhalb laufender marktabhängiger Aufwertungsprozesse.

Für die Gewerbeflächen im Erdgeschoss, prominent an der östlichen Spitze des Gebäudes am Stadtplatz gelegen, wird gegenwärtig ein Nutzer gesucht – eine Galerie oder eine Einrichtung aus den Bereichen Musik, Film und Ähnliches. Auch eine gastronomische Nutzung – Experten geben ihr gerade an dieser Stelle große Chancen – wäre möglich und erwünscht. Die Nutzungen sollen sich in das Hauskonzept einfügen, langfristig angelegt sein und nachbarschaftliches Leben in diesem Quartier stärken. Die Gewerbeeinheit am Stadtplatz mit einer Deckenhöhe von 5,10 m umfasst 180 m² Nutzfläche, zeichnet sich durch eine dreiseitige Glasfassade aus und wird direkt vom Fromet-und-Moses-Mendelssohn-Platz oder von der Lindenstraße erschlossen. Sie ist um ein 110 m² großes Untergeschoss erweiterbar, das eine Küche mit Tageslicht sowie Lagerräume aufnehmen kann.

Als öffentliche Schnittstellen zum Quartier entstehen im Erdgeschossbereich des IBeB Ateliers und Gewerbeeinheiten. Diese öffnen und verknüpfen das Gebäude mit den angrenzenden verkehrsberuhigten Straßenräumen und befördern die Entstehung einer lebendigen kommunikativen Zone

---

Projektentwicklung
ifau I HEIDE & VON BECKERATH mit Selbstbaugenossenschaft Berlin eG

Planende Architekten:
ARGE ifau I HEIDE & VON BECKERATH, Berlin

Bauleitung:
B.AB BEUSTERIN.ARCHITEKTURBÜRO

Bauherr:
IBeB GbR c/o Selbstbaugenossenschaft Berlin eG, Berlin

Partner am Bau:
- Bleck & Söhne Hoch- und Tiefbau GmbH & Co. KG

Fünf Morgen
Wohnen Dahlem Urban Village

Scandic-Hotel-Berlin
Potsdamer Platz

The Metropolitan Gardens
Clayallee / Saargemünder Straße Berlin

Betonsanierungs- und Korrosionsschutz-
maßnahmen im Deckenbereich des Bahnhofs

Airport BER – Schienenanbindung mit Bahnhof
und Tunnel

Rohrleitungsbau mit Grundwasserabsenkung

Hochbau

- Building Information Modeling
- Schlüsselfertigbau
- Gewerbe- und Industriebau
- Wohnungsbau
- Betonsanierung
- Komplexe Sanierungen

Tiefbau

- Rohrleitungsbau
- Kanalbau
- Rohrvortrieb
- Grabenloser Rohrleitungsbau
- Rohreinzug
- Sanierung mit Primus Line

Bleck & Söhne Hoch- und Tiefbau GmbH & Co. KG
Riedemannweg 16 – 18 ◆ 13627 Berlin
Telefon: 030-3460020 ◆ Telefax 030 34600270
www.bleck-soehne.de ◆ info@bleck-soehne.de

Building Information Modeling – BIM – 3 mal mehr Sicherheit

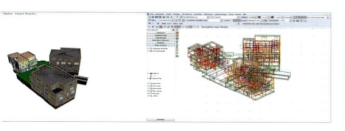
Bauvorhaben Fünf Morgen – Darstellung Gebäude

Bauvorhaben Truman Plaza – 2D_3D

Bauen mit Tradition und Innovation

Seit über 75 Jahren sind wir als mittelständisches Familienunternehmen mit der Erfahrung von vier Generationen ein leistungsstarker Partner am Bau. Hierbei prägen zwei Säulen unser Selbstverständnis: Kompetenz und Fairness. Die Erfahrungen der letzten Jahrzehnte zeigen uns, dass dieser werteorientierte Ansatz aus bester Tradition mit unseren zufriedenen Bauherren langjährige, nachhaltige und ertragsvolle Geschäftspartner hervorbringt.

Für Ihre anstehenden Bauprojekte stehen wir Ihnen mit unserer umfassenden Leistungspalette als Generalunternehmer ebenso wie als ausführendes Unternehmen mit allen Gewerken des Hoch- und Tiefbaus gerne zur Seite.

Städtebauliche Akzente in der City West

Deutsche Bank baut Campus für 2.200 Mitarbeiter in Berlin

Blick zum öffentlichen Restaurant „Dave B"
Abb.: Andrew Alberts

Als Bauherr und Projektentwickler zeichnete die Art-Invest Real Estate für den im August 2016 fertiggestellten Neubau des Deutsche Bank Campus Berlin verantwortlich. Der in zweijähriger Bauzeit realisierte Bürokomplex an der Berliner Otto-Suhr-Allee setzt städtebauliche Akzente in der City West. Mit dem siebengeschossigen Neubau ergänzt die Deutsche Bank das Bestandsgebäude am Ernst-Reuter-Platz um ca. 25.000 m² Mietfläche und erschuf so ein hochmodernes Campus-Areal in Berlin-Charlottenburg.

Das Grundstück mit dem 14-geschossigen Bestandshochhaus ist 2012 durch die Art-Invest erworben worden. Geschaffen werden sollte ein moderner und zukunftsorientierter

Links der Neubau Otto-Suhr-Allee 16 und Fraunhofer Straße 28 in Berlin, rechts das Bestandsgebäude Otto-Suhr-Allee 6
Abb.: Andrew Alberts

Neubau mit signifikanter Architektur in hochwertiger Ausführung, der das benachbarte Bürohochhaus der Deutschen Bank ergänzt. Art-Invest Real Estate realisierte nach den

Neubau Otto-Suhr-Allee/Fraunhofer Straße
Abb.: Andrew Alberts

Gewerbebauten

Blick in ein Großraumbüro   Abb.: Andrew Alberts

Plänen von HPP Architekten am Standort Otto-Suhr-Allee 16 und Fraunhofer Straße 28 einen Neubau mit einer Bruttogeschossfläche von 35.700 m². Dank der Bauweise sind die Office-Flächen flexibel gestaltbar, bieten ein modernes Arbeitsplatzkonzept, welches die Menschen gut miteinander vernetzt und ermöglicht eine nachhaltige Nutzung. Im Erdgeschoss des Neubaus befindet sich sowohl ein internes Betriebsrestaurant mit Küche als auch ein öffentlich zugängliches Restaurant. Das öffentliche Restaurant „Dave B" sowie das Betriebsrestaurant im Erdgeschoss bilden somit das kommunikative Fundament des Neubaus. In direkter Nachbarschaft zu den Schulungs- und Konferenzräumen dienen sie als Gemeinschaftsraum und Treffpunkt für die rund 2.500 Mitarbeiter.

Ein unterirdisches Geschoss beinhaltet eine Tiefgarage mit 186 Pkw-Stellplätzen, ergänzt um zahlreiche Fahrradstellplätze rund um den Komplex. Ein zusätzlicher Hingucker des Areals ist ein Kunstwerk, ein 7 t schwerer Stahl-Würfel des Künstlers Dirk Bell.

Der Neubau trägt das Umweltzertifikat LEED-Gold für Leadership in Energy and Environmental Design. Städtebaulich wurde der Standort nahe dem Ernst-Reuter-Platz durch ein hochmodernes Campus-Areal somit aufgewertet.

Selbst oder gemeinsam mit ausgewählten institutionellen Anlegern wie Versicherungen, Versorgungswerken, Stiftungen und Family-Offices investiert Art-Invest Real Estate in Gewerbeimmobilien mit vielversprechenden Wertschöpfungspotenzial in guten Lagen großer Städte. Neben den geschäftsführenden Gesellschaftern ist die Zech Group Investor bei Art-Invest Real Estate. Hauptsitz ist Köln, Niederlassungen befinden sich in Berlin, Hamburg, München und Frankfurt.

> **Bauherr und Projektentwickler:**
> Art-Invest Real Estate, Köln/Berlin
> **Generalunternehmer (Hochbau):**
> Zechbau GmbH, Berlin
> **Architekt:**
> HPP Hentrich - Petschnigg & Partner GmbH & Co. KG, Düsseldorf

> **Partner am Bau:**
> • ABIA Hoch- und Tiefbau GmbH
> • Keller Grundbau GmbH
> • Ebert Ingenieure GmbH

Betriebsrestaurant   Abb.: Andrew Alberts

Gewerbebauten

Ausführende Firmen | Anzeige

Der Spezialist für anspruchsvolle Bauprojekte

Die ABIA Hoch- & Tiefbau GmbH bietet Ihnen umfassende Lösungen sowie einen beispiellosen Service zu Ihren Bauprojekten an. Unser Leistungsbereich umfasst Neubauten, Modernisierungen, Sanierungen sowie Umnutzungen von Bauwerken aller Art.

ABIA deckt sämtliche Kompetenzen rund um den Ausbau und die Sanierung ab. Wir garantieren eine optimale Umsetzung, von der Planung über die Ausführung bis hin zum erfolgreichen Projektabschluss. So konnten wir bereits zahlreiche Bauwerke in den letzten Jahren erfolgreich umbauen und sanieren.

DIE VORTEILE EINER ZUSAMMENARBEIT MIT UNS SIND KLAR:
- Exakte Einhaltung der vereinbarten Termine & Qualitätsstandards
- Seriöse Projektabwicklung garantiert!
- Wirtschaftlichkeit in der Ausführung und Berücksichtigung der Bauherreninteressen
- Strikte Beachtung und Umsetzung aller technischen Vorgaben, sowie die Einhaltung von DIN Normen und sonstigen relevanten technischen Regelwerken

EICHENALLEE 60-64 + BOLIVARALLEE 7

Das Objekt besteht aus einem Wohngebäude aus den 1930er-Jahren und einem Ergänzungsbau aus den 1970er-Jahren. Insgesamt handelt es sich um 38 Wohnungen mit ca. 4.500 m² Wohnfläche.

Es erfolgt eine vollständige Modernisierung und Instandsetzung der Einheit mit Dachgeschossausbau, der Gestaltung des Außenraums und der Sanierung der über 1.200 m² großen Tiefgarage. Die ABIA Hoch- und Tiefbau GmbH ist als Teil-GU beauftragt. Bauzeit 04/2017 - 05/2018 / Architekt und Bauleitung: Uwe Kuhn, PSM Architekten Auftraggeber: Volkswohl Bund Lebensversicherungen a. G.

ABIA Hoch- & Tiefbau GmbH, Berlin

ABIA Hoch- & Tiefbau GmbH
Ihr Berliner Handwerksbetrieb.

- Generalunternehmer
- Hoch- und Tiefbauleistungen
- Sanierung und Renovierung
- Baumanagement
- Bauleitung & Baubetreuung

ABIA Hoch- & Tiefbau GmbH
Teilestrasse 26-28
DE - 12099 Berlin

Telefon: +49 30 897 45 49 -0
Telefax: +49 30 897 45 49 -29

HOCH- & TIEFBAU GmbH

mail@abia.ag   www.abia.ag

Mit Leidenschaft auch für kleinere Projekte
Umbau von Geschäftsräumen für den Mieter Postbank AG in der Schloßstraße in Berlin-Steglitz

Die im Jahr 2016 realisierte Bauaufgabe hatte den Umbau leer stehender Innenräume in mehreren Geschossen des denkmalgeschützten „Salamanderhauses" in der Schloßstraße 21 in Berlin-Steglitz zum Gegenstand. Bei der Immobilie handelt es sich um ein fünfgeschossiges Geschäfts- und Wohnhaus mit zwei Untergeschossen zur Schloßstraße und einem zweigeschossigen Anbau mit einem Untergeschoss zur Ahornstraße, das in den Jahren 1959 bis 1960 nach Plänen der Architekten von Klaus Hendel und Horst Haseloff für die Salamander AG errichtet worden ist. Beide Gebäudeteile sind im 1.UG und EG miteinander verbunden.

Mit den im Jahr 2016 realisierten Baumaßnahmen wurden die Funktionsflächen im Haupt- und Nebengebäude in den Grundrissen der jeweiligen Erdgeschosse und 1. Obergeschosse neu organisiert, um Platz für den öffentlichen Filialbereich des neuen Mieters, der Deutschen Postbank AG, zu schaffen. Im 1. Obergeschoss entstanden Büroräume für MitarbeiterInnen und die Kundenberatung. Die beiden Untergeschosse wurden rückgebaut und beherbergen nun Technik- und Lagerräume anderer Mieter. Zudem wurde die Schaufensterfassade im Erdgeschoss neu gestaltet.

Zuletzt wurde das Gebäude im Jahr 1997 nach Planung von Kahlfeldt Architekten aus Berlin umgebaut, modernisiert und die Fassade bezüglich des Wärmeschutzes erneuert. Im Zuge dieser Baumaßnahme war u.a. der

Erbaut wurde das denkmalgeschützte Gebäude in den Jahren 1959 bis 1960 von den Architekten Klaus Hendel und Horst Haseloff. Bauherr war die Salamander AG
Abb.: ASSMANN BERATEN + PLANEN AG

zweigeschossige Anbau abgerissen und auf den alten Fundamenten wieder aufgebaut worden. Es entstanden Flächen für zwei Verkaufseinheiten im Erdgeschoss und 1. Untergeschoss. Im 1. Obergeschoss wurden Personalräume errichtet. Zudem erfolgte ein Ausbau des Dachgeschosses im Hauptgebäude. Es entstanden zwei Wohnungen.

Die bestehende Hauptfassade zur Schloßstraße stellt sich vom 1. bis 4. Obergeschoss als eine Aluminiumvorhangfassade mit festen Brüstungselementen und Lochfenstern dar. Im Erdgeschoss ist die Schaufensterfassade als geschosshohe, stumpf gestoßene Glas- bzw. Stahl-Glasfassade (vertikale Sprossen) und mit niedrigem Sockel (in Anthrazitfarben) gestaltet. Giebelseitig handelt es sich ab dem 1. Obergeschoss um eine Natursteinvorhangfassade mit grün-grauen Granitplatten. In der mit Kleinmosaiken/Azulejos

In enger Absprache mit dem Denkmalschutzamt wurde die bestehende Schaufensterfassade der Erdgeschosszone entsprechend dem bisherigen Erscheinungsbild umgebaut, ertüchtigt und wo erforderlich erneuert
Abb.: ASSMANN BERATEN + PLANEN AG

geschmückten Erdgeschossfassade des Anbaus wurden großformatige quadratische Schaufenster vorgefunden, und im 1. Obergeschoss rhythmisieren öffenbare Lochfensterelemente die WDVS-Putzfassade.

Die 10 mm dicke Einscheibenverglasung im Bestand der Schaufensterfassade wurde durch den Einbau einer Zweifach-Isolierverglasung ertüchtigt. Die neue Fassadenaufteilung wahrt den Bestand und den Charakter des Hauses durch Beibehaltung der Bestandsfarben und Aufnahme der Geometrien der Blenden und Glashalterungen. Durch die Anforderung der Postbank, eine Anlieferungsmöglichkeit zu schaffen, ist im Anbau der Ahornstraße ein quadratisches Fenster entfallen. An gleicher Stelle wurde eine neue zweiflügelige Tür (nach außen aufschlagend) eingebaut. Um die Optik der Fassade zu erhalten, wurde für dieses Öffnungselement die Gestaltung als „Tapetentür" gewählt, die die Verglasung und den Mosaikfliesenspiegel des vorgefundenen Bestandes aufgreift bzw. abbildet.

> **Generalplaner:**
> ASSMANN BERATEN + PLANEN AG, Berlin
>
> **Bauherr:**
> aik Immobilien-Kapitalanlagegesellschaft mbH, Düsseldorf

Schlüsselfertigbau und Erweiterter Rohbau

Altstadt Studios: Neubau von Eigentumswohnungen in Berlin-Spandau / Neubau eines Nahversorgungszentrums in der Gemeinde Schulzendorf/Brandenburg / Technik-Zentrale Auguste-Viktoria-Klinikum (AVK)

Altstadt Studios: Die Backsteinfassade des Hauses fügt sich harmonisch in das Gesamtbild des Kiezes ein, die hohen Fenster sowie der Materialmix und das Flachdach stellen aber gleichzeitig interessante architektonische Kontraste her
Abb.: Hofmann – Architekten GbR, Berlin

Die CONEX Baugesellschaft mbH ist ein 1997 gegründetes mittelständisches Bauunternehmen mit Firmensitz und Maschinenpark in Berlin-Zehlendorf. Mit einem Team von rund 50 qualifizierten Mitarbeitern und einem voll ausgerüsteten Gerätepark werden von dem inhabergeführten Unternehmen, das seit 2005 Lehrlinge in den Bauberufen ausbildet, sämtliche Leistungen der Sparten Schlüsselfertigbau und Erweiterter Rohbau ausgeführt. Im Folgenden werden aktuelle Bauvorhaben mit ihren Besonderheiten skizziert.

STUDENTENWOHNHAUS/ALTSTADT STUDIOS, BERLIN-SPANDAU

Bis Ende 2017 wird ein Neubau für Studentenateliers nach KfW-55-Standard auf einem Eckgrundstück Moritzstraße/Altstädter Ring in Berlin-Spandau fertiggestellt. Die Wohneinheiten werden als voll möblierte Eigentumswohnungen nach Plänen des Berliner Büros Hofmann – Architekten GbR errichtet. Das kompakte Volumen auf L-förmiger Grundfläche bietet Platz für insgesamt 45 Wohneinheiten. Zur Auswahl stehen großzügig geschnittene 1- bis 2-Zimmer-Apartmens mit ca. 20 m² bis ca. 45 m² sowie jeweils eine 3- und 4-Zimmer-Maisonette-Dachgeschosswohnung mit ca. 68 m² bzw. ca. 73 m². Das Haus hat ein innenliegendes Treppenhaus und einen als Spindeltreppe ausgebildeten zweiten Fluchtweg in den Hof. Eine hofseitig

angeordnete Außentreppe in das Kellergeschoss dient zum Transport von Fahrrädern in die Fahrradabstellräume im Untergeschoss. Ein Materialmix der Fassaden strukturiert die Gebäudevolumen. Für das Erdgeschoss und das 1. Obergeschoss sowie die Fassade des Verbindungsbaukörper wurde ein rotbrauner Klinker gewählt, von dem sich das fünfgeschossige Volumen am Altstädter Ring, das ca. 1,15 m über den Gehweg auskragt, deutlich mit seiner Vorhangfassade aus Metall-Schichtstoffplatten mit Farbbeschichtung Kupfer-Patina abhebt. Diese bekleidet auch das Steildach des Verbindungsbaukörpers, in das Dachterrassen eingeschnitten sind. Für die Öffnungen kommen pulverbeschichtete Alufenster zur Ausführung.

Die Einheiten verfügen über Französische Fenster, Balkone oder Terrassen.

NEUBAU NAHVERSORGUNGSZENTRUM, SCHULZENDORF

In der Gemeinde Schulzendorf, die an der südlichen Stadtgrenze Berlins liegt, wurde an

Altstadt Studios: Viele der Wohnungen haben nach Südosten ausgerichtete Balkone oder Terrassen
Abb.: Hofmann – Architekten GbR, Berlin

NVZ Schulzendorf: Die Gemeinde Schulzendorf setzt alles daran, eine noch leistungsfähigere Infrastruktur aufzubauen und gleichzeitig ihr Flair in der grünen und ökologisch gesunden Landschaft der Dahme-Seen-Region zu bewahren. Das Ortszentrum an der Richard-Israel-Straße hat sich gut entwickelt. Im Umfeld des im Jahr 2010 nach Plänen des Büros Riccius-Winter Freie Architekten fertiggestellten Rathauses mit der Gemeindeverwaltung wurde Ende 2015 ein Nahversorgungszentrum fertiggestellt
Abbildungen: Riccius-Winter Freie Architekten, Berlin

der Ernst-Thälmann-Straße/Richard-Israel-Straße vor rund acht Jahren begonnen, ein neues Ortszentrum zu errichten. Das Ziel ist die Sicherung der erforderlichen Verwaltungsarbeit in der Gemeinde und die Nahversorgung mit Gütern des täglichen Bedarfs. Materialwechsel an den Fassaden gliedern und lockern die langgestreckten Gebäudekörper auf. Vordächer und Dachüberstände markieren die Zugänge.

Das im Jahr 2010 fertiggestellte Rathaus mit einem Spitzdach wirkt als klare städtebauliche mehrgeschossige Dominante und bildet mit seinem vorgelagerten Rathausplatz das neue Zentrum. Der Platz wird auch als Marktplatz und für Veranstaltungen genutzt. Flächen für Gastronomie, Dienstleistungen und Ärzte sind angegliedert. Das Rathaus erhielt als einziges Gebäude des Zentrum-Ensembles eine rote Klinkerfassade. Ein langgestreckter eingeschossiger Baukörper schließt an das Rathaus an und deckt mit seinen drei Märkten, weiteren kleineren Läden und diversen Dienstleistungen die Versorgung ab. Um das Rathaus und die benachbarte bestehende Kirche städtebaulich zu betonen, wurde dieses Gebäude zur Straße hin rückversetzt und über die gesamte Länge der erforderliche Parkplatz vorgelagert, der mit Baumreihen begrünt und aufgelockert ist. Materialwechsel an den eingeschossigen Fassaden gliedern und lockern die langgestreckten Gebäudekörper auf. Vordächer und Dachüberstände markieren die jeweiligen Zugänge.

Aufgrund der hohen Nachfrage nach weiteren Gütern des täglichen Bedarfs an diesem Standort wurde in 2015 von der SD Schulzendorf Projekt GmbH beschlossen, die bestehende Anlage um einen weiteren eingeschossigen Baukörper zu ergänzen, der neben einem Discounter auch einen Drogeriefach- und einen Getränkemarkt beherbergt. Um die Erweiterung nahtlos in die bestehende städtebauliche Figur einzufügen, wurde von den beauftragten Architekten Riccius-Winter für den neuen Baukörper die bisherige Struktur übernommen. Das

NVZ Schulzendorf: Den Baufeldern ist ein langgestreckter Parkplatz vorgelagert, der mit Baumreihen aufgelockert wird. Sitzgelegenheiten, Baumgruppen und ein Wasserspiel sorgen für eine hohe Aufenthaltsqualität
Abbildungen.: Riccius-Winter Freie Architekten, Berlin

neue Gebäude steht in einer Flucht mit dem bestehenden ersten Baukörper und damit rückversetzt gegenüber dem Rathaus; die begrünten Stellplatzreihen setzen sich auf dem Neubaugrundstück fort. Die Fassadengestaltung mit ihrer unregelmäßigen Abfolge von vertikalen Vor- und Rücksprüngen und Farbwechseln der Putzoberfläche wurde gleichfalls vom Bestand übernommen und an die Nutzung angepasst.

Die CONEX Baugesellschaft wurde mit der schlüsselfertigen Errichtung des Bauvorhabens beauftragt und hat innerhalb von fünf Monaten Bauzeit in 2016 den „Schlussstein" des neuen Ortszentrums mit drei Märkten, ca. 2.300 m² Verkaufsfläche und 105 Stellplätzen gesetzt.

Wohnungsbau / Gewerbebauten 163

AVK TECHNIK-ZENTRALE

Auf dem Gelände des Auguste-Viktoria-Klinikums entsteht zurzeit der Neubau einer Technik-Zentrale. Im Rahmen der Baumaßnahme wird ein bestehender unterirdischer Medienkanal teilweise abgebrochen und durch einen neuen ca. 120 m langen Medienkanal in ca. 9 m Tiefe ersetzt. Die Technik-Zentrale wird überwiegend unterirdisch errichtet. Die Außenmaße des unterirdischen Baukörpers sind 22 m mal 22 m.

Das gesamte Bauwerk wird aus Stahlbeton hergestellt. Der oberirdische Teil des Gebäudes steht frei auf dem Gelände. Dieser Teil erhält eine Metalllamellen-Fassade und ein Gründach. Die Technikräume im UG sind um einen zentralen Flur herum angeordnet. Im EG befindet sich die Lüftungszentrale. Zu Wartungszwecken wird im Dach eine Einbringöffnung vorgesehen. Im Inneren gibt es einen abgeschlossenen Treppenraum, der in alle Geschosse reicht. Die Technik-Zentrale enthält keine Aufenthaltsräume und ist nicht öffentlich zugänglich.

Die Rohbauarbeiten wurden im Dezember 2016 aufgenommen und sollen im Oktober 2017 abgeschlossen werden.

AVK Technik-Zentrale: Am westlichen Teil der Baumaßnahme wurde über die komplette Länge von 120 m durch die CONEX Baugesellschaft ein Verbau von ca. 7 m Höhe errichtet
Abb.: MHB Planungs- Ingenieurgesellschaft mbH, Berlin

Generalunternehmer:
CONEX Baugesellschaft mbH, Berlin

-Proj. „Altstadt Studios Moritzstraße 13"
Bauherr:
REAL-Wohn-Wert Immobilienges. mbH, Berlin
Planender Architekt:
Hofmann – Architekten GbR, Berlin

-Proj. „NVZ Schulzendorf"
Bauherr:
SD Schulzendorf Projekt GmbH, Schönefeld
Planender Architekt:
Riccius-Winter Freie Architekten, Berlin

-Proj. „AVK Technik-Zentrale"
Bauherr:
Vivantes Service GmbH FM und Bau
Planung:
MHB Planungs- Ingenieurgesellschaft mbH, Berlin

Partner am Bau:
- GEOTOP GbR Ronald Gruber + Frank Grote Gesellschaft für Baugrund- und Umweltuntersuchungen
- Wilhelm Banzhaf Krananlagen

Anzeige

CONEX
Baugesellschaft mbH

Rohbau
Komplettlösungen am Bau
Sanierung

Tel. 0049 (0) 30 89 000 69-0   www.conex-gmbh.de

Wir bringen die Wahrheit ans Licht!

GEOTOP GbR Ronald Grube + Frank Grote
Gesellschaft für Baugrund- und Umweltuntersuchungen

Firmensitz:
Hönower Str. 35
10318 Berlin

Tel.: 030 - 922 11 363
Fax: 030 - 922 11 364

kontakt@geotop-berlin.de
www.geotop-berlin.de

WILHELM BANZHAF KRAN ANLAGEN

Seit 40 Jahren in Berlin –
Ihr kompetenter
Ansprechpartner
für Krane und
Kranarbeiten

Am Weidendamm 8, 15831 Blankenfelde-Mahlow OT Groß Kienitz
Tel. 033708/90 20 - 0, Fax 033708/90 20 – 99, www.banzhaf-krane.de · info@banzhaf-krane.de

Für ausreichend Stellplätze ist gesorgt

Das EUROPA-CENTER Parkhaus in der Albert-Einstein-Straße in Adlershof trägt erheblich zur Verbesserung der Parkplatzsituation in Berlin Adlershof bei

In Adlershof kommen Wirtschaft, Wissenschaft und Medien zusammen und bilden eines der erfolgreichsten Technologiezentren Deutschlands. Die Problematik der knappen Parkplätze ist die EUROPA-CENTER AG mit einem Parkhaus in zentraler Lage in Adlershof und fußläufiger Entfernung zu den EUROPA-CENTER Bürogebäuden angegangen   Abb.: EUROPA-CENTER

STANDORT BERLIN ADLERSHOF WÄCHST KRÄFTIG

Inmitten der Hauptstadt hat sich Berlin Adlershof zu einem pulsierenden Zentrum entwickelt. Vom weltweit agierenden Konzern bis hin zum kleinen Start-up haben sich mehr als 1.000 Unternehmen angesiedelt. Seit dem Autobahnanschluss an die A113 im Jahr 2007 wächst der Standort kräftig, über 16.000 Menschen haben dort mittlerweile ihren Arbeitsplatz gefunden.

Der aufstrebende Stadtteil ist Berlins größter Medienstandort und gilt als eines der erfolgreichsten Technologiezentren Deutschlands. Dabei profitiert Adlershof besonders von der renommierten Humboldt-Universität zu Berlin mit ihren vielen naturwissenschaftlichen Instituten.

Adlershof bietet auch eine angenehme Wohnqualität. So finden sich am Adlershofer Park zahlreiche Eigenheime, eingebunden in eine optimale Infrastruktur. Als zentraler Platz hat sich das Forum Adlershof, direkt an der Rudower Chaussee gelegen, zu einem beliebten Treffpunkt und idealen Veranstaltungsort entwickelt.

Die Verkehrserschließung in Adlershof überzeugt sowohl für den Individual- als auch für den öffentlichen Nahverkehr. Der Adlershofer Anschluss an die A113 sichert die unmittelbare Anbindung an die Stadtautobahn, das überregionale Autobahnnetz und den Flughafen Schönefeld.

ERSTES EUROPA-CENTER PARKHAUS BERLIN ADLERSHOF

In Adlershof sind Parkplätze knapp. Wer in Berlin Adlershof Büroräume oder andere Gewerbeflächen mieten will, muss sich Gedanken über Parkmöglichkeiten für sich und seine Mitarbeiter machen. Denn wer keinen Stellplatz angemietet hat, muss oft lange suchen. Diese Problematik ist die EUROPA-CENTER AG mit einem Parkhaus in zentraler Lage in Adlershof und in der näheren Umgebung des unternehmenseigenen EUROPA-CENTER Adlerduo angegangen. Das Parkhaus in der Albert-Einstein-Straße 1 ist im Frühjahr 2016 fertiggestellt worden. Es verfügt auf sieben Parketagen über 80 öffentliche Stellplätze in den beiden unteren Ebenen sowie 500 Stellplätze zur Daueranmietung in den oberen Etagen. Jeder Bereich hat eine eigene Einfahrt mit Schranke und Zutrittskontrolle bzw. Parkscheinautomat. Durch umfangreiche Begrünung wird das lichtdurchflutete Parkhaus zusätzlich optisch aufgewertet.

ÜBER DIE EUROPA-CENTER IMMOBILIENGRUPPE

Die EUROPA-CENTER Immobiliengruppe mit zentralem Sitz in Hamburg ist als Investor, Entwickler und Bestandshalter von hochwertigen Büro- und Geschäftshäusern, Hotels, Business-Apartments sowie Logistik- und Gewerbehallen tätig. Unter der Marke EUROPA-CENTER wurden bisher 22 Gebäude mit einem Bauvolumen von ca. 350.000 m² entwickelt.

Neben dem Wachstum der Immobiliengruppe an den bestehenden Standorten in Hamburg, Barcelona, Berlin, Bremen, Bremerhaven, Essen und Frankfurt sind weitere neue Standorte in der Akquisition, wie: Hannover, Düsseldorf, Köln, München, Madrid und Lissabon.

> Bauherr:
> XXX. EUROPA-CENTER GmbH & Co. KG, Hamburg

Für den Erhalt bedrohter Baudenkmäler

Eines der wenigen erhaltenen barocken Bürgerhäuser Berlins – das Nicolaihaus in Berlin-Mitte wurde restauriert / Eine Turmvilla mit zahlreichen Vorbildern – Schloss und Park Dahlwitz-Hoppegarten

NICOLAIHAUS, BERLIN-MITTE

Als Verbindung vom Königlichen Schloss zur Petrikirche in der Doppelstadt Berlin-Cölln zählte die Brüderstraße zu den begehrtesten Lagen in der Residenzstadt. Das Gebäude Nr. 13, das Nicolaihaus, ist nicht nur eines der wenigen erhaltenen barocken Bürgerhäuser, sondern einer der ältesten Wohnbauten Berlins. Am 18. März 2016 wurde es nach umfangreicher und sorgfältiger Restaurierung und Instandsetzung feierlich eröffnet und ist nun wieder ein Ort lebendiger Geschichte. Der Gebäudekomplex um einen Innenhof wurde insgesamt behutsam modernisiert und für eine zeitgemäße Nutzung – u.a. beherbergt er den Berliner Sitz der Deutschen Stiftung Denkmalschutz (DSD) – ausgebaut. Bei den Arbeiten erfolgte eine intensive Bauforschung, es wurden Abdichtungsarbeiten am Sockel, Arbeiten an Dach und Dachstuhl

Das Nicolaihaus ist ein Denkmal von herausragender Bedeutung. Es ist eines der wenigen barocken Häuser, die bis heute in Berlin überlebt haben.
Es ist ein Gebäude, das fast wie kein anderes für Berliner Geschichte steht – und für den Geist der Aufklärung.
Um dieses bedeutende Denkmal für die Zukunft zu sichern, übernahm es die Deutsche Stiftung Denkmalschutz im Jahr 2011 nach mehrjährigem Leerstand in ihr Eigentum und trägt so dauerhaft Verantwortung für seinen Erhalt

durchgeführt sowie die Instandsetzung der Putze und Fassaden.
Friedrich Nicolai, Schriftsteller, Verleger und Buchhändler, erwarb das Haus in der Brüderstraße im Jahr 1787 für 32.500 Taler. Bis heute ist der Bau durch diese Zeit als Wohn- und Geschäftshaus, das in der Zeit der Aufklärung zu einem kulturellen Zentrum in Berlin wurde, geprägt. Nicolai ließ es durch den Baumeister Carl Friedrich Zelter für seine Bedürfnisse umbauen. Zelter verlegte die Durchfahrt in die Mitte des Erdgeschosses und gab der siebenachsigen Straßenfassade ihr heutiges Aussehen. Im Erdgeschoss wurden Räume für die Nicolaische Verlagsbuchhandlung geschaffen. Die 16.000 Bände umfassende Privatbibliothek Nicolais lag im ersten Obergeschoss des Hauses. Im Zuge der späteren Nutzungen wurden hölzerne Galerien angelegt, um die Räume des gesamten ersten Stocks „auf schickliche Weise" miteinander zu verbinden.
Die Gesprächsrunden, literarischen Vorträge und musikalischen Unterhaltungen können als Vorläufer der Berliner Salons des 19. Jh. gelten. Zu den Gästen, die sich ab 1787 bei Nicolai in der Brüderstraße trafen, zählen neben Johann Gottfried Schadow, Karl Friedrich Schinkel, Theodor Körner, Christoph Wilhelm Hufeland oder Daniel Chodowiecki zahlreiche Schriftsteller, Ärzte, Musiker und Baumeister. Die instandgesetzten Empfangsräume im ersten Obergeschoss des Vorderhauses sowie ein museal eingerichteter Raum zum Lebenswerk und der Sammlung Nicolai erinnern an diese wichtige Epoche in der Geschichte Berlins.
Möglich wurden die Arbeiten für rund 5,5 Mio. Euro insbesondere durch erhebliche zweckgebundene Spenden der Stiftungs-Förderer für das Nicolaihaus und seine geplante Nutzung als Haus der Deutschen Stiftung Denkmalschutz.

Besondere Aufgabe war die restauratorische Wiederherstellung der beiden Treppenhäuser, die Aufarbeitung der historischen Türen, Fenster, Wandverkleidungen und Fußböden

Öffentliche Bauten / Sanierung

Architekt Friedrich Hitzig, ein bedeutender Baumeister der Schülergeneration Schinkels, entwarf die Turmvilla in Dahlwitz-Hoppegarten, für die es zahlreiche Vorbilder und Parallelen, insbesondere in Potsdam, gibt

SCHLOSS DAHLWITZ-HOPPEGARTEN

Das Schloss Dahlwitz ließ Heinrich v. Treskow, bekannt als Mitbegründer der Pferderennbahn Hoppegarten, in den Jahren 1855/56 als schlossartigen Herrensitz im Stil des Spätklassizismus errichtet.

Wegen befürchteter Feuchtigkeitsprobleme wurde der Keller als Sockelgeschoss, der kaum in die Tiefe ragt, errichtet. Auf besonderem Wunsch des Erbauers liegt das Hauptaugenmerk auf dem Erdgeschoss. Über diesem befindet sich ein Attikageschoss mit sehr flach geneigtem Walmdach. Der nach der Jahrhundertwende (1906) erfolgte östliche Anbau schließt den ursprünglich zur Hälfte freistehende Turm ein. Der Anbau fügt sich dem Hauptgebäude an. Nach 1947 wurden der Fassadenschmuck zum überwiegenden Teil sowie die Innenausstattung komplett entfernt. Bis 1997 wurde das Schloss als Kindergarten und Hort genutzt.

Der ehemalige Gutspark wurde 1821 nach Plänen von Peter Joseph Lenné angelegt und bezog auch die jenseits der Allee gelegenen Wirtschaftsflächen, Nutzgärten und Feuchtgebiete mit ein. Die ursprüngliche Gliederung der Parklandschaft durch Wege, Wasserläufe und malerisch gruppierte Gehölze ist in Teilen noch ablesbar. Einzelne Gehölze aus der ersten Gestaltungsphase, wie Weiden, Eichen, Linden, Kastanien, und auch die Wegeführungen in späteren Kartenwerken belegen die Lennésche Tätigkeit in Dahlwitz. Stark verändert stellt sich durch die straßenbegleitende Bebauung an der B1, aber auch durch die veränderten Nutzungskonzeptionen, das südliche Erweiterungsgebiet dar. Im Bereich des Bachlaufes ist die Gestaltung gegenwärtig aber noch deutlich erkennbar.

Nach Kauf des Gebäudes mit Park durch die Brandenburgische Schlösser GmbH im Jahre 2004 wurden im Folgenden erste Sicherungsarbeiten, Sanierung des Turms und des Dachstuhls einschließlich Dachhaut durchgeführt. Der Park ist in seinem Grundkonzept im Jahr 2005 wiederhergestellt worden. Bis 2013 wurden diverse Rohbauarbeiten, umfangreiche statische Sicherungen und Erneuerung der Fenster am Schloss abgeschlossen. Seit 2015 Planung und Ausführung der Erneuerung des Fassadenputzes und der beiden zu erneuernden Terrassenbauwerke. Der Park ist weiterhin öffentlich nutzbar.

-Proj. „Nicolaihaus, Brüderstraße 13"
Bauherr:
Deutsche Stiftung Denkmalschutz, Berlin
Planender Architekt:
Dr. Krekeler Generalplaner GmbH, Berlin

-Proj. „Schloss Dahlwitz-Hoppegarten"
Bauherr:
Brandenburgische Schlösser GmbH, Potsdam
Planung und Ausführung Landschaftsarchitektur:
Brandenburgische Schlösser GmbH – Dipl.-Ing. Juliane Lehmpfuhl
Planender Architekt:
Behrens & Heinlein Architektengesellschaft, Potsdam

Partner am Bau:
- Wolfgang Bauer Ingenieurbau GmbH
- ST GEBÄUDETECHNIK GmbH

— Anzeige —

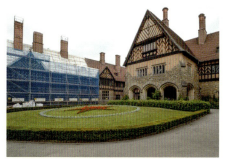

Bauen im Bestand
Professionell modernisieren, umbauen, instand setzen.

- Schutz und Instandsetzung von Baudenkmälern und denkmalgerechte Instandsetzung von Bauwerken
- Bauen im Bestand bis zur schlüsselfertigen Übergabe
- Ingenieurmäßige Rekonstruktion und Umbau

Wolfgang Bauer Ingenieurbau GmbH
Großkopfstraße 8 in 13403 Berlin
Tel. (030) 4178730, Fax (030) 41787320
info@bauer-ingbau.de, www.bauer-ingbau.de

Neubauten an zentralen Orten der Stadt

„Cuvry Campus" in Berlin-Kreuzberg / Hotel- und Bürogebäude am Stralauer Platz in Berlin-Friedrichshain / Bürogebäude in Berlin-Mitte

Cuvry Campus: Der geplante Bau an der Schlesischen Straße/Cuvrystraße orientiert sich architektonisch an der klassischen Speicherarchitektur
Abb.: tschoban voss architekten GmbH, Hamburg Berlin Dresden

CUVRY CAMPUS, BERLIN-KREUZBERG

Auf einem rund 10.000 m² großen Filetgrundstück an der Spree ist 2016 mit dem Bau des Cuvry Campus begonnen worden. Mitten im pulsierenden Kreuzberg, nahe der Oberbaumbrücke wird ein doppelter Gebäuderiegel, der an ein altes Handelskontor erinnert, errichtet. Im Untergeschoss ist das Grundstück – bis auf einen ca. 6 m breiten Uferstreifen – voll überbaut. Ab dem Erdgeschoss teilt sich die Bebauung in eine zweiflüglige Anlage mit jeweils drei Häusern mit je sieben Vollgeschossen. An der Schlesischen Straße sind die beiden Gebäuderiegel durch einen filigranen gläsernen Baukörper verbunden und zur Spree hin öffnet sich der Innenhof konisch.

Die Erschließung des Gebäudekomplexes im Untergeschoss erfolgt durch zwei getrennte Einfahrten zur Tiefgarage, jeweils von der Schlesischen Straße und der Cuvrystraße. Die fußläufige Erschließung erfolgt über einen Treppenhauskern und zwei Aufzügen pro Gebäude vom Unter- bis zum Obergeschoss. Der Innenhof wird begrünt und ist tagsüber für die Öffentlichkeit geöffnet.

Das Projekt Cuvry Campus wird nach der Deutschen Gesellschaft für Nachhaltiges Bauen (DGNB) zertifiziert. Es wird ein Gütesiegel in Gold angestrebt. Im Frühjahr 2017 wurde bekannt, dass ein großer deutscher Online-Händler mehr als 34.000 m² Bürofläche anmieten wird.

HOTEL- UND BÜROGEBÄUDE STRALAUER PLATZ 29 – 31

In unmittelbarer Nachbarschaft zum Ostbahnhof in Berlin-Friedrichshain sowie zum Spreeufer und der „East Side Gallery" wird bis 2019 ein Gebäude mit einer Gesamtfläche von ca. 11.650 m² oberirdisch entstehen, das für eine Hotel- und Büronutzung konzipiert ist. Der Neubau gliedert sich in zwei Hauptbaukörper, wobei der Hotelbereich mit 61 Prozent der Fläche und 174 Zimmern direkt an den Bürobereich mit 3.400 m² grenzt. Durch eine differenzierte Gestaltung der Fassade werden die unterschiedlichen Gebäudenutzungen auch äußerlich erkennbar sein. Im Erdgeschoss dient eine großzügige Eingangshalle – das „Spreefenster" – als verbindendes Element sowie als Durchgang zum Innenhof mit Terrassen. Das Gebäude wird über zwei Untergeschosse mit Tiefgarage für ca. 46 Stellplätze verfügen. Oberirdisch werden sechs (Bürogebäude) bzw. sieben (Hotel) Obergeschosse bei gleicher Gesamthöhe realisiert. Die Erschließung erfolgt über Treppenhauskerne und Aufzüge. Im Erdgeschoss sind neben Konferenzräumen und Lobby für die Büronutzung auch der Empfangsbereich für das Hotel und Flächen für Gastronomie

STP Stralauer Platz: Eine optische und funktionelle Trennung der Gebäudeteile erfolgt durch das sogenannte Spreefenster, welches nicht nur als spätere Sichtverbindung zur Spree, sondern auch als zentrales Erschließungs- sowie Durchgangselement geplant ist
Abbildungen: tschoban voss architekten GmbH, Hamburg Berlin Dresden

Die Tiefen orientieren sich mit etwa 10 m (Chausseestraße) und etwa 13,50 m (Invalidenstraße) an den Nachbargebäuden. Die Häuser werden jeweils getrennt, straßenseitig erschlossen, und verfügen über zwei Innenhöfe und Terrassenflächen und haben jeweils einen Kern als vertikale Erschließung. Die Brutto-Grundfläche beträgt ca.6.000 m².

geplant. Die Teilbarkeit der Flächen im Bürotrakt lassen sowohl kleinteilige als auch großflächige oder die gesamte Vermietung des Gebäudes zu. Die Ausstattung der Mietflächen ist noch nicht festgelegt und kann mit zukünftigen Mietern abgestimmt werden.

CH20/INV113 Invalidenstraße 113: Die Fassade des Bürohauses an der Chausseestraße wird als Elementfassade mit Lisenen und Gesimsen aus GFB-Elementen ausgeführt
Abb.: platena + jagusch architekten Partnergesellschaft mbB, Berlin

BÜROGEBÄUDEKOMPLEX INVALIDENSTRASSE 113/CHAUSSEESTRASSE 20

Das Grundstück befindet sich in der Invalidenstraße 113/Chausseestraße 20 in Berlin-Mitte. Die Umgebungsbebauung ist durch eine Mischung aus Gründerzeit und Nachwendezeit sowie Gebäuden aus der ehemaligen DDR geprägt. Viele Gebäude werden derzeit von Unternehmen der IT-, Medien- und Technologiebranche genutzt.
Auf den Grundstücken wird zurzeit ein Bürohaus in Form von zwei zusammenhängenden Bürokomplexen errichtet. Dafür ist ein bestehendes dreigeschossiges Gebäude auf dem Grundstück Chausseestraße 20 abgerissen worden. Beide Gebäude sind L-förmig mit jeweils sechs Obergeschossen und einem Untergeschoss als Technikfläche ausgestattet. Die Baukörper werden im EG sowie im UG miteinander verbunden. Das Gesamtgebäude gliedert sich in zwei Mietbereiche. Eine der Mietflächen soll über eine Aufzugsanlage mit einzelnen Mietflächen des Nachbar-Gebäudes verbunden werden.

Projektmanagement/Bauleitung:
das projekt, Projektmanagement Consulting & Services GmbH
-Proj. „CUV Cuvry Campus"
Bauherr:
Cuvry Str. 50 – 51 Berlin GmbH, Berlin
Planender Architekt:
TSCHOBAN VOSS Architekten GmbH, Hamburg Berlin Dresden
-Proj. „STP Stralauer Platz 29 – 31"
Bauherr:
Süsskind Liegenschaftsgesellschaft Stralauer Platz GmbH, Berlin
tschoban voss architekten gmbh, Hamburg Berlin Dresden
-Proj. „CH20/INV113 Chausseestraße 20/Invalidenstraße 113"
Bauherr:
Invalidenstraße 113 Investment GmbH, Berlin
Planender Architekt:
platena + jagusch architekten Partnergesellschaft mbB, Berlin

Partner am Bau:
- DELTA-i Ingenieurgesellschaft mbH
- K+P Ingenieure GmbH

— Anzeige —

DELTA-i Ingenieurgesellschaft mbH

Sonnenallee 262, 12057 Berlin
Tel. 030 6150830, Fax 030 61508329
www.delta-i.de, info@delta-i.de

UNSER KNOW-HOW FÜR IHRE VISIONEN

INGENIEURDIENSTLEISTUNGEN FÜR GEBÄUDE UND PRODUKTION
TECHNISCHE GEBÄUDEAUSRÜSTUNG
ENERGIE- UND VERSORGUNGSTECHNIK

Ein Neubau an der Spree
Bebauung des Grundstücks Am Stralauer Platz 35 in Berlin-Friedrichshain

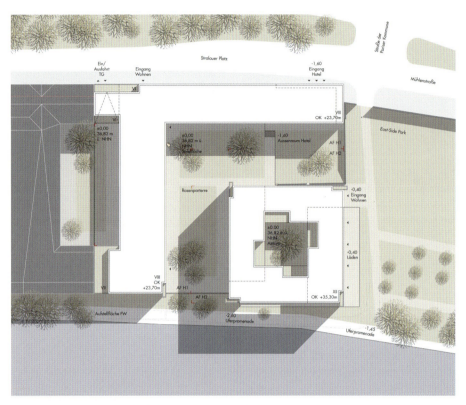

Die Konzeption sieht acht- und zwölfgeschossige Gebäudeteile vor. Der Hotelneubau im Bauteil 1 erstreckt sich entlang der Straße Am Stralauer Platz 35 und schirmt die Wohnungen in den Bauteilen 2 und 3 ab von Lärm und Abgasen
Abb.: Winking Froh Architekten

Friedrichshainer Ufern geht auf eine Planung des Senats in den 1990er Jahren zurück, als man nach der Wende mit einem starken wirtschaftlichen Wachstum der Stadt rechnete. Als dieses vorerst ausgeblieben war und viele Baupläne nicht verwirklicht wurden bevölkerten Berliner aus den benachbarten Quartieren die Brachen und bauten sie schrittweise zu Clubs und Party-Locations aus, was Berlins Ruf als deutsche Partyhauptstadt gefestigt hat. Diese Zwischennutzungen müssen nun aktuellen Bauprojekten weichen.

Jede Planung steht somit auf einem besonderen Prüfstand. Auch für die Neubebauung des Grundstücks Am Stralauer Platz 35 traf das zu. Doch nun drehen sich die Baukräne über dem ehemaligen Yaam-Gelände – einem inzwischen legendärer Club der Berliner Par-

Das Gebiet zwischen Ostbahnhof und Warschauer Brücke verändert sich rasant. In den vergangenen Jahren sind schon sehr viele Neubauten entlang des Stralauer Platzes und der weiterführenden Mühlenstraße entstanden. Die Grundstücke entlang der Spree mit direkter Wasserlage nehmen eine besondere Stellung ein, und die angrenzende „East Side Gallery" führt zu erhöhter Aufmerksamkeit und durchaus kontrovers geführten Diskussionen in der Öffentlichkeit. Die Bebauung der Grundstücke an den Kreuzberger und

Blick von der Spree: Es entsteht ein Ensemble aus Hotel, Wohnungen und einigen Gewerbeeinheiten. Die angrenzenden Mauerteile der „East Side Gallery" werden während der Bauzeit fachgerecht geschützt und städtebaulich sensibel in das Ensemble integriert
Abb.: Winking Froh Architekten

Die Ansicht vom Ostbahnhof aus mit der Fassade des Hotelneubaus im Vordergrund und dem Wohnturm auf dem südlichen Teil des Grundstücks
Abb.: Winking Froh Architekten

ty-Szene, der auf das nahegelegen Gelände an der Schillingbrücke gezogen ist.

Direkt gegenüber des Ostbahnhofs wird auf einem rund 9.000 m² großen Grundstück, das bis an die Spree reicht, ein Neubaukomplex mit drei bzw. vier Bauteilen errichtet. Die Konzeption sieht einen L-förmigen, sich zum Park und zur Spree hin öffnenden achtgeschossigen Gebäudewinkel (Bauteil 1/Bauteil 2) und einen zwölfgeschossigen solitären Baukörper (Bauteil 3) vor. Das straßenseitige achtgeschossige Bauteil 1 wird ein Hotel mit ca. 300 Zimmern beherbergen. Die Bruttogrundfläche beträgt 11.700 m². Im anderen Gebäudewinkel (Bauteil 2) am Energieforum und in dem Wohnturm auf der Südseite entstehen Wohnungen in acht- bzw. zwölfgeschossigen Baukörpern. Es sind 327 Wohnungen mit einer Gesamtfläche von 19.500 m² Wohnfläche konzipiert. Hinzu kommen vier Gewerbeeinheiten mit ca. 290 m² Gewerbefläche. Als Bauteil 4 wird die eingeschossige Tiefgarage bezeichnet, die sich im Untergeschoss des Gesamtkomplexes befindet. Die Herstellung eines Uferwanderwegs zwischen dem Park an der Spree und dem Energieforum, den die Initiative „Mediaspree versenken" erkämpft hatte, ist inzwischen wesentlicher Bestandteil des Projektes.

Die Besonderheit des Grundstücks stellt die Geschichte des Ortes dar. Die Artefakte der denkmalgeschützten Mauer mussten in die Konzeption des Neubaus einbezogen werden und waren bestimmend für die städtebauliche Form der Baukörper. Die vorhandenen Teile der Berliner Mauer werden während der Bauzeit fachgerecht geschützt.

Der Entwurf stammt aus dem Berliner Architekturbüro Winking Froh Architekten, das den im Jahr 2015 von der JUWI 3 Immobilien GmbH ausgelobten Architekturwettbewerb gewonnen hat. Die gesamte Anlage ist als KfW-Effizienzhaus-70 geplant.

Die Tragwerke aller Bauteile werden aus Stahlbeton erstellt. In den Bauteilen 1 und 3 gibt es Wandscheiben, die über mehrere Geschosse tragen. So werden im Erdgeschoss und ersten Obergeschoss offene Bereiche geschaffen, die einen freien Durchblick und großzügigen Zugang vom Stralauer Platz zum Spreeufer ermöglichen.

Planender Architekt:
Winking • Froh Architekten, Berlin Entwurf),
Arge Winking Froh/Balzke Palinske, Berlin (Planung)
Bauherr:
JUWI 3 Immobilien GmbH, Würzburg
Generalunternehmer (schlüsselfertig):
Schrobsdorff Bau AG, Berlin

Partner am Bau:
- RSM Ingenieure GmbH
- Winzler GmbH Spedition und Baustoffhandel

— Anzeige —

Havelländer Weg 10
14612 Falkensee

Tel.: 03322 / 12868-0
info@rsm-ingenieure.de

- Baugrubenplanung / -statik
- Bemessung von Tiefgründungen
- Bemessung von Bodenverbesserungsverfahren
- Bauüberwachung von Spezialtiefbauarbeiten
- Erschütterungsmessungen und Auswertung nach DIN 4150

Im Geiste der Potsdamer Tradition, ohne zu kopieren

Neubau Büro- und Verwaltungsgebäude der KVBB und der LÄK Brandenburg in der Potsdamer Pappelallee

Das rechteckige Bauvolumen wird durch zwei geschlossene Innenhöfe und einen zur Straße geöffneten Eingangshof gegliedert
Abb.: Stefan Josef Müller

Auf einem ca. 14.500 m² großen Baugrundstück nördlich der Pappelallee wurde für die Kassenärztlichen Vereinigung Brandenburg (KVBB) und die Landesärztekammer Brandenburg (LÄKB) ein Büro- und Verwaltungsgebäude realisiert. Die Fertigstellung erfolgte im Herbst 2015.

Der Baukörper fasst den Straßenraum der Georg-Herrmann-Allee, in dem er in einer Flucht mit der nördlich anschließenden Bebauung ausgerichtet ist. Davon abgesehen ist er als frei stehender Solitär konzipiert, der in einen parkartig gestalteten Außenraum mit altem Baumbestand eingebettet ist. Auf dem frei bleibenden östlichen Grundstücksbereich, der langfristig als Erweiterungsfläche zur Verfügung steht, konnten die erforderlichen Stellplätze optimal untergebracht werden. Der Hauptzugang ist auf der Südseite angeordnet, somit gut auffindbar und vom Parkplatz aus gut zu erreichen. Die Andienung sowie die Müllentsorgung erfolgen über die Gebäudenordseite.

Das rechteckige Bauvolumen wird durch zwei geschlossene Innenhöfe und einen zur Straße geöffneten Eingangshof gegliedert. Der westliche Innenhof ist vom Erdgeschoss aus be-

Mit der Verwendung eines hellen Muschelkalks wurde nicht nur die Potsdamer Bautradition fortgesetzt, sondern eine dauerhafte, repräsentative Gebäudehülle geschaffen
Abb.: Stefan Josef Müller

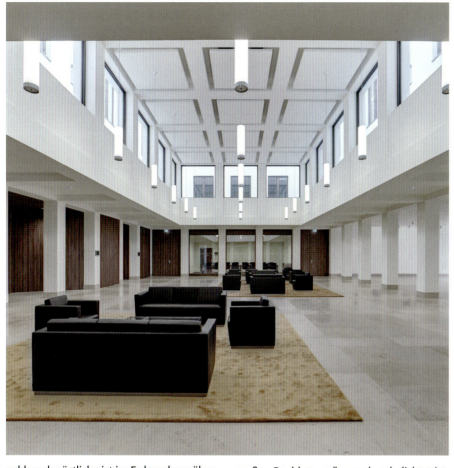

Eingangshalle   Abb.: Stefan Josef Müller

gehbar, der östliche ist im Erdgeschoss überbaut.

Der Baukörper zeichnet sich durch seine Kompaktheit aus, was u.a. kurze Wegebeziehungen innerhalb der Obergeschosse zur Folge hat. Die Eingangshalle gliedert sich in einen vorderen eingeschossigen Bereich, oberhalb dessen ein Büroriegel liegt, und in eine zweigeschossige zentrale Halle, die über eine große „Dachlaterne" von oben belichtet ist. Der Konferenzbereich lagert sich um die zentrale Halle, wodurch ein großzügiger attraktiver Pausenbereich geschaffen wird. Über das gut auffindbare zentrale Treppenhaus links vom Eingang gelangen die Mitarbeiter in die Bürogeschosse, ohne dass es zu einem Konflikt mit dem Konferenzbetrieb kommt. Die Kantine liegt in unmittelbarer Nähe zur Halle bzw. dem Konferenzbereich und kann somit bei größeren Veranstaltungen mitgenutzt werden. Der Kantine ist eine Außenfläche im zentralen Hof zugeordnet.

Die Gebäudehülle verleiht dem Bau einen Ausdruck, der sowohl die Funktion und Bedeutung des Verwaltungsbaus angemessen widerspiegelt als auch mit dem Ort verknüpft ist. Die Suche führt dabei aber nicht in die unmittelbare Nachbarschaft, sondern zur Potsdamer Bautradition im Allgemeinen. Abgesehen von den Beispielen gelber oder roter Backsteinbauten liegt das Farbspektrum der traditionellen Bausubstanz vorwiegend zwischen warmen Weiß-, Grau-, Gelb- sowie Sand- und Beigetönen. Mit der Verwendung eines hellen Muschelkalks wurde nicht nur diese Tradition fortgesetzt, sondern eine dauerhafte, repräsentative Gebäudehülle geschaffen.

Die jeweils zwei- bzw. dreiachsbreiten, fast raumhohen Fensteröffnungen erzeugen ein großzügiges Erscheinungsbild, das Ausdruck eines offenen und zeitgemäßen Verwaltungsbetriebs ist. Durch die Verwendung des hellen Steins und das Zusammenspiel aus flächigen Bereichen und plastischen Fassadenpfeilern entsteht ein Bild, das im Geiste der Potsdamer Tradition steht, ohne diese direkt zu kopieren. Als quasi abstraktes Bild eines Astwerks vollzieht sich durch das sich geschossweise ändernde Verhältnis von vorne und hinten liegenden Pfeileransichtsflächen ein schrittweiser Übergang von leicht zu schwer. Dieser Logik folgend, ist das Sockelgeschoss flächig ausgebildet und darüber hinaus über eine Schattenfuge von den Obergeschossen abgesetzt.

Treppenhaus   Abb.: Stefan Josef Müller

> **Bauherr:**
> Baugemeinschaft Pappelallee GbR, Potsdam
> **Architekten:**
> Planungsgemeinschaft Objektplanung Pappelallee Kleihues + Kleihues und platena+jagusch.architekten, beide Berlin

> **Partner am Bau:**
> • CONEX Baugesellschaft mbH

Öffentliche Bauten   173

Büroneubauten in Berlin und Potsdam

Neubau des Bürohauses Feratti in Berlin-Kreuzberg / Neubau eines Bürokomplexes für die Landesregierung Brandenburg in Potsdam

Feratti-Haus: Neben Bundesdruckerei und den Murattihöfen, nur wenige Gehminuten vom Gendarmenmarkt entfernt, entstand auf einem ca. 1.189 m² großen Grundstück der Neubau eines repräsentativen Büro- und Geschäftsgebäudes Abb.: Branislav Jesic

FERATTI-HAUS, BERLIN-KREUZBERG

In der Alten Jakobstraße 105, in zentraler Lage zwischen Kreuzberg und Berlin-Mitte wurde neben den Murattihöfen (2010, delusearchitects) auf einem Eckgrundstück im Sommer 2016 der Neubau eines Bürogebäudes mit ca. 5.440 m² Nutzfläche fertiggestellt. Nach intensiv geführter Abstimmungen mit dem beteiligten Bauamt konnte für das Feratti-Haus (Feratti ist ein Kunstbegriff, gebildet aus den Namen der benachbarten „Muratti"-Höfe und des gegenüberliegenden Wohnkomplexes „Fellini"–Residenz in der Kommandantenstraße) eine hohe Bebauungsdichte erreicht werden.

Feratti-Haus: Die Erschließung der Nutzungseinheiten erfolgt über das zentral gelegene Atrium mit den Erschließungsgalerien, den frei stehenden Aufzugsanlagen und den zwei angeschlossenen Treppenhäusern Abb.: Branislav Jesic

Um optimale Arbeitsbedingungen für die Nutzer zu gewährleisten, ist im Inneren des Gebäudes ein offenes lichtdurchflutetes Atrium über alle Geschosse realisiert worden, das durch raumhohe Verglasungen Einblick in die verschiedenen Geschosse ermöglicht. Der Luftraum des Atriums geht über alle Obergeschosse und wird von einem Glasdach mit Öffnungselementen abgeschlossen. Der Boden ist mit Natursteinplatten belegt. Die

Büroflächen sind zum Atrium großflächig mit raumhohen Fensterelementen über alle Etagen begrenzt. Die Aufzüge sind an den Seiten mit einer Sichtbetonkonstruktion abgeschlossen und haben eine verglaste Rückfront. Zu den beiden Straßenräumen sind die vollständig verglasten Fronten durch Travertinlisenen akzentuiert. Dieser Naturstein fand ebenfalls Einsatz für die Gestaltung des großzügigen Eingangsbereichs.

Bauherr war das Unternehmen der Van Caem Projects. Das Projekt wurde Ende September 2016 an den neuen Nutzer, den Berliner Verlag, übergeben. Seit Januar 2017 arbeitet die Redaktion der Berliner Zeitung im Feratti-Neubau. Das oberirdisch sechsstöckige Gebäude mit einer Nutzfläche von rund 6.565 m² wurde modern, flexibel und nachhaltig entwickelt. Es ist inzwischen mit LEED-Gold zertifiziert. Das Haus ist mit modernster technologischer Infrastruktur ausgerüstet und bietet flexible technische sowie räumliche Lösungen. Hohe Decken, weite Glasfronten und helle, offene Büros mit modernen Arbeitsplätzen bietet der neue Sitz der Zeitung. Gleichzeitig hat jede Etage individuelle Rückzugsmöglichkeiten und multifunktionale Konferenzräume. Durch die verglaste Travertin-Jura-Kalksteinfassade hat man aus allen Geschossen einen beeindruckenden Ausblick. Die Terrasse auf dem Dachgeschoss wird mit allen Mietern geteilt und eignet sich besonders gut für soziale Begegnungen der Mitarbeiter oder ein Mittagessen in der Sonne. Im Untergeschoss befinden sich Technikräume, Lager und 26 Pkw-Stellplätze.

NEUBAU BÜROKOMPLEX FÜR DIE LANDESREGIERUNG BRANDENBURG

Nach einem langen Bieterverfahren zur Vergabe eines Public-Private-Partnership-(PPP)-Projektes hatte der Brandenburgische Landesbetrieb für Liegenschaften und Bauen (BLB) als Projektpartner des Landes die STRABAG Real Estate (SRE) GmbH im April 2013 mit der Planung, dem Neubau und dem 30-jährigen Betrieb eines Regierungsgebäudes auf dem Regierungsgelände an der Henning-von-Tresckow-Straße in Potsdam be-

Neubau Landesregierung Potsdam: Es ist ein nachhaltiger, energieeffizienter und barrierefreier Neubau entstanden, der mit seiner variablen Struktur auf veränderte Nutzerbedürfnisse reagieren kann
Abbildungen: Christian Richters

auftragt. Der Vertrag mit der SRE umfasst die Planung, den Bau, die Finanzierung sowie den Gebäudebetrieb (Instandhaltung, Wartung, Reinigung). Das Land zahlt über 30 Jahre monatlich eine Miete und wird nach Ablauf dieses Zeitraums Eigentümer der Immobilie. Die SRE hat für die Architektenleistungen GKK Gössler Kinz Kerber Kreienbaum und die Arge SEHW – delusearchitects beauftragt.

Der neue Bürokomplex mit 10.000 m² Nutzfläche besteht aus 15 sogenannten Nutzungseinheiten und wurde – wie geplant – im Juli 2015 fertiggestellt. Die Ressorts Ländliche Entwicklung, Umwelt und Landwirtschaft sowie das Ressort für Arbeit, Soziales, Gesundheit, Familie und Frauen mit 460 MitarbeiterInnen sind in den Neubau eingezogen. Der Bürobau präsentiert sich einerseits als rigider Block, andererseits als mäandernder Baukörper mit sich immer wieder unterschiedlich öffnender Form, die Innen- und Außenräume miteinander vernetzt. Die Struktur des bis zu fünfgeschossigen Gebäudes umschließt drei Innenhöfe, die durch große torartige Öffnungen in verschiedene Richtungen durchlässig sind. Durch Ausschnitte, Arkaden, Dachterrassen und Brücken wurden großzügige Arbeitsbereiche geschaffen, die dem Anspruch einer offenen und bürgernahen Verwaltung Gestalt geben. Ein gläserner Eingangsbereich und eine Erschließungsachse im Erdgeschoss gewähren Einsicht in das moderne Bürogebäude zweier wichtiger Ministerien Brandenburgs.

Der Neubau für die Landesregierung sollte hinsichtlich Nachhaltigkeit und flexibler Nutzung beispielhaft sein und wurde angenähert an den Passivhausstandard errichtet. Der Primärenergiebedarf des hoch energieeffizienten Gebäudes beträgt nur 50 kWh/m² pro Jahr. Eine rund 1.000 m² große Photovoltaikanlage auf dem Dach leistet einen nicht unerheblichen Beitrag zur Stromversorgung. Heizung, Lüftung und Sonnenschutz sind exakt aufeinander abgestimmt. Eine Gebäudeleittechnik überwacht sämtliche Anlagenkomponenten, die in der Betriebsphase analysiert und optimiert werden können.

Der Standort ist gut mit dem öffentlichen Nahverkehr zu erreichen, und ein Parkplatz mit 125 Pkw- und 118 Fahrradstellplätzen steht für die MitarbeiterInnen zur Verfügung. Das Gesamtvertragsvolumen mit 30-jährigem Gebäudebetrieb beträgt 79,3 Mio. Euro (Barwert). Finanziert wird das Projekt durch die Deutsche Kreditbank AG.

Neubau Landesregierung Potsdam: Im Innern erzeugt der Einsatz von warmen Farben und Holzoberflächen eine freundliche Atmosphäre. Die verschiedenen Farbtöne der Treppenhäuser und Aufzüge wirken unterstützend bei der Orientierung im Gebäude
Abb.: Christian Richters

-Proj. „Neubau Alte Jakobstraße 105"
Bauherr:
van Caem Projects
Planender Architekt:
delusearchitects, Berlin
Generalunternehmer:
MAX BÖGL Stiftung & Co. KG, Berlin

-Proj. „Bürokomplex Landesregierung Brandenburg, Potsdam"
Bauherr:
Strabag Real Estate GmbH /
BLB Potsdam
Planender Architekt:
GKK Gössler Kinz Kerber Kreienbaum Architekten BDA /
Arge SEHW – delusearchitects, Berlin
Generalunternehmer:
Ed. Züblin AG, Stuttgart

Partner am Bau:
- CA·E·C Architekten und Sachverständige GmbH
- INGENIEURGRUPPE HTPS / HTGS GmbH
- Keller Grundbau GmbH

Mit zeitloser klassischer Formensprache

Wohngebäude Mommsenstraße 15 in Berlin-Charlottenburg / Wohngebäude Kaiserdamm 116 in Berlin-Charlottenburg / RTL-Hauptstadt-Studio in Berlin-Mitte / Neubau am Maybachufer in Berlin-Neukölln

Auch in dieser Ausgabe berichten wir über aktuelle Projekte des Architekturbüros Patzschke aus Berlin. Der Name Patzschke steht bekanntermaßen für eine klassisch-traditionelle Architekturauffassung. Die Entwürfe des erfahrenen Planungsteams sind durch eine zeitgemäße Neuinterpretation traditioneller Merkmale geprägt. Die Architektur soll stets über den reinen Nutzen hinaus der Verschönerung des Lebensumfeldes beitragen.

MOMMSENSTRASSE 15

Ende 2017 wird mit dem Wohnhaus in der Mommsenstraße 15 in Berlin-Charlottenburg ein Projekt fertiggestellt, bei dem die

Mommsenstraße 15: Die Fassadengestaltung des Neubaus ergänzt mit ihrer klassisch proportionierten Gliederung und feinen Details den benachbarten Bestand auf stilvolle Weise
Abb.: Visualisierung EVE IMAGES

Kaiserdamm 116 Abb.: Visualisierung EVE IMAGES

klassische Formensprache der umgebenden Häuser aufgegriffen wird. Architektur, Farbgestaltung, handwerkliche Sorgfalt und hochwertige Materialien vermitteln durchgängig Wertigkeit. In dem siebengeschossigen Eckgebäude an der Leibnizstraße werden 36 Eigentumswohnungen mit Größen von 32 m² bis 252 m², ein Ladengeschäft und eine Tiefgarage realisiert.

Der Baukörper formuliert eine achssymmetrisch gestaltete Eckausbildung und umschließt einen gärtnerisch angelegten Innenhof. Das Ensemble wurde in zwei Gebäude aufgeteilt mit eigenen Treppenhäusern, welche die Tiefgarage über den Aufzug barrierefrei mit allen Geschossen verbinden. Den Treppenhäusern ist ein aufwendig gestaltetes Foyer vorgelagert. Das oberste Geschoss ist als Staffelgeschoss mit großzügigen Terrassen gebaut worden. Eine kleinteilige Gliederung der Fassade durch Gesimse, Pilaster und einen Wechsel der Oberflächengestaltung gibt dem Gebäude eine am menschlichen Maßstab orientierte Proportion. Alle Wohnungen verfügen über große Freiräume in Form von Loggien oder Terrassen, die nach Süd bzw. West ausgerichtet sind.

KAISERDAMM 116

Auf einem spitzwinkligen Eckgrundstück am Kaiserdamm wird ein weiterer Neubau bis

176 Wohnungsbau / Gewerbebauten

Der klassischen Ästhetik folgend wurde auch die Innenarchitektur der Entrees stilgerecht konzipiert und weckt Erinnerungen an elegante Stadtresidenzen früherer Zeiten Abb.: Patzschke Planungsgesellschaft

Mitte 2018 fertiggestellt. Durch den Lückenschluss wird ein wichtiger Beitrag zur Stadtbildreparatur im Sinne einer kritischen Rekonstruktion geleistet. Das siebengeschossige Wohngebäude thematisiert die dreieckige Grundstücksform und formuliert eine markante und achsensymmetrisch gestaltete Eckausbildung und wird in drei nach Farb- und Formensprache leicht unterschiedliche Abschnitte gegliedert, um die Baumasse wohltuend in den städtebaulichen Kontext einzufügen. Es umschließt einen gärtnerisch angelegten Innenhof. Durch den Lückenschluss wird ein wichtiger Beitrag zur Stadtbildreparatur im Sinne einer kritischen Rekonstruktion geleistet.

Hohe gestalterische Qualität wird durch eine feingliedrige Detaillierung erreicht, die in Verbindung mit hochwertigen Materialien und hellen, warmen Farbtönen individuelle, repräsentative Wohngebäude hervorbringt. Die 82 Wohnungen mit Größen von 33 m² bis 154 m² verfügen über eine klassische Raumaufteilung mit großzügig dimensionierten Eingangsdielen und gut proportionierten Wohnräumen mit hohen, meist französischen Fenstern. Alle Einheiten verfügen über große Freiräume in Form von Loggien oder Terrassen. Die Wohnungen im obersten Geschoss erhalten eine direkte Anbindung vom Lift in die Diele.

BEHRENSTRASSE 14 – 19

Mitten in der Berliner Dorotheenstadt ist parallel zum Prachtboulevard „Unter den Linden" ein neues Ensemble aus vier Gebäuden

„Stadtpalais Behrens": Das neue Hauptstadtstudio der Mediengruppe RTL in der Behrenstraße liegt in Bestlage im Herzen Berlins und in unmittelbarer Nähe zum Regierungsviertel und zum Reichstag Abb.: Markus Löffelhardt

Wohnungsbau / Gewerbebauten 177

Maybachufer 36 – 38: Balkone und ein herrlicher Blick auf den Landwehrkanal sind Merkmale des Neubaus in Berlin-Neukölln. Es ist eines der Hauptanliegen der Bauherrenschaft für das hochwertige Gebäude mit einem breiten Wohnungsmix, eine zeitlose klassische Formensprache umzusetzen
Abb.: Patzschke Schwebel Planungsgesellschaft mbH, Michael Matusiak

entstanden. Die lange Bauflucht an der Behrenstrasse wurde gemäß dem städtebaulichen Wunsch nach Kleinteiligkeit in zwei Einzelgebäude gegliedert.

Die Mediengruppe RTL Deutschland hatte ein neues Hauptstadtstudio im Herzen Berlins gesucht. Aufgrund der umfangreichen Anforderungen mit architektonischen und technischen Herausforderungen, beispielsweise zur Integration von Studios und Schnitträumen, sowie des sehr engen Suchradius von 1 km rund um den Reichstag, hatte es nur eine sehr geringe Anzahl an potenziell geeigneten Immobilien gegeben. Letztlich war die Entscheidung auf das „Stadtpalais Behrens" in der Behrenstraße 19 gefallen.

Der Gebäudekomplex liegt nahe dem Gendarmenmarkt und umfasst drei Neubauten und einen sanierten Altbau aus dem 19. Jh. Seit Ende 2015 nutzt RTL sein neues Hauptstadtstudio mit mehr als 4.000 m² Fläche, das im Neubau in der Behrenstraße 19 angesiedelt ist. Im Erdgeschoss befinden sich der Empfang sowie ein großzügiger Studioproduktionsbereich. In den Obergeschossen liegen neben Büroflächen, Konferenzräumen und einer Lounge für die Mitarbeiter auch die Schnittplätze samt Tonkabinen, der Schaltraum sowie das neue Redaktionsset der RTL II News. Auf der Dachebene schließlich verfügt das Hauptstadtstudio über ein Wintergartenset und eine Dachterrasse, von der aus Live-Schaltungen mit Blick auf den Reichstag oder den Alexanderplatz im Hintergrund produziert werden können. Das Studio hat einen direkt angrenzenden Bereich für die Bild-/Tonregie, in dem beispielsweise Talkformate von n-tv produziert werden, aber auch Auftragsproduktionen mit einem bis zu 150 Personen großen Publikum stattfinden können. Für das Bauvorhaben wurde vom amerikanischen Klassifizierungssystem für energie- und umweltfreundliche Planung die LEED-Plakette in GOLD verliehen. Das Gebäudeklassifizierungsprogramm (Leadership in Energy and Environmental Design) gilt als eine der weltweit wichtigsten, freiwilligen Qualitätsprüfungen im Bereich des umweltfreundlichen, schadstoff- und emissionsarmen sowie nachhaltigen, ökologischen Bauens.

MAYBACHUFER 36 – 38

In Berlin-Neukölln ist im Frühjahr 2017 mit dem Neubau eines Wohnhauses, das von Patzschke Schwebel Architekten in Verbindung mit der PSS Generalplanung GmbH geplant wurde, begonnen worden. Bei der Entwurfsplanung der 69 Wohneinheiten in vier Gebäuden sowie der Kita- und Einzelhandelsflächen im Erdgeschoss und in Teilen des 1. Obergeschosses haben die Planer die bewährte Tradition der klassisch-traditionellen Formensprache fortgeführt und weiterentwickelt. Die Fassaden der zum Maybachufer hin ausgerichteten Wohn- und Einzelhandelsflächen sind durch eine dominante Pilasterordnung vertikal gegliedert. Austritte sowie die charakteristischen Französischen Balkone werden durch reichhaltig ausgestaltete Metallgeländer eingerahmt.

Flexible Grundrisse lassen Spielraum für eigene Ideen und exklusives Wohnen. Ein prägnanter, runder Eckturm mit Kuppel charakterisiert den Gebäudekomplex vom Maybachufer aus. Innerhalb der benachbarten Nansenstraße gibt es einen Höhenversprung zwischen den Gebäudeteilen, der gleichzeitig den Übergang von der opulenten Architektur des Eckgebäudes hin zu einer zurückhaltenderen Auslegung für die schlichteren Wohnungen einleitet. Dies zeigt sich auch anhand der Fassaden und wird bis hinein in die Manitiusstraße noch verstärkt. In der Manitiusstraße entsteht der vierte Gebäudeabschnitt, in dem sich ausschließlich 1- und 2-Zimmer-Wohnungen mit gutem, einfachem Standard hinter nochmals vereinfachten Fassaden befinden.

Die Übergabe der auf ca. 8.500 m² Wohn- und Nutzfläche aufgeteilten Einheiten an die künftigen Nutzer ist für das Jahr 2018 vorgesehen.

Planender Architekt:
Patzschke Planungsgesellschaft mbH, Berlin
-Proj. „Mommsenstraße 15"
Bauherr:
INTERPROJEKT GRUPPE DEUTSCHLAND,
München

-Proj. „Kaiserdamm 116"
Bauherr:
INTERPROJEKT GRUPPE DEUTSCHLAND,
München

-Proj. „RTL-Studio, Behrenstraße 19"
Bauherr:
Frankonia, Nettetal

-Proj. „Maybachufer 36 – 38"
Planender Architekt:
Patzschke Schwebel Planungsgesellschaft mbH, Berlin
Bauherr:
Cross Jeanswear GmbH, Berlin

Partner am Bau:
- Dipl.-Ing. Horst Obermann Öffentlich bestellter Vermessungsingenieur
- INGENIEURGRUPPE HTPS / HTGS GMBH
- INGENIEURBÜRO FRANKE
- Ingo Bauditz Garten- und Landschaftsbau GmbH

Anzeige

Technologien

- LWL (OTN) -Ausrüstung
- xDSL-Ausrüstung
- Richtfunk
- Wireless-Vernetzung
- TETRA/DMR
- Infrastrukturausrüstungen
- Überwachungs- und Backup-Lösungen, Redundanzkonzepte

Consulting + Projektcoaching

- Beratung, Konzeption, Genehmigungsverfahren, Projektierung
- Realisierungsumfeld
- Nachweismessungen
- Schulungsmaßnahmen
- BOS-TETRA-Prozesse

Abbildung:
Richtfunkanbindung Insel Helgoland,
Nordsee (63km line-of-sight)

Leistungsspektrum

- WAN Standortvernetzung
- PMR Digitalfunkversorgung
- Objektfunkversorgungen
- BOS-Anforderungen

IfTk – Ingenieurbüro für Telekommunikation
Übertragungsnetze – Digitalfunk –
industrielle Anwendungen

Dipl.-Ing. (FH)
Wolfgang Lehmeyer
Wehnertstraße 29
D-12277 Berlin (Marienfelde)

Projektbüro:
Malteserstraße 170
D-12277 Berlin

Fon: +49 30 7201 7846
Fax: +49 30 7201 7847
Mobil: +49 171 416 2724

info@iftk-online.de
www.iftk-online.de

☐ Werte nachhaltig umsetzen

Als innovatives und zukunftorientiertes Medienhaus setzen wir Ihre Kommunikation nachhaltig um. Mit uns als Partner an Ihrer Seite schaffen Sie einen Mehrwert für Ihr Unternehmen und Ihren Erfolg. Profitieren Sie von unseren Lösungen im Dialogmarketing, alles aus einer Hand!

www.abt-medien.de

Holzmarkt: kreatives und nachhaltiges Bauen am Spreeufer

Das Holzmarkt-Gelände in Friedrichshain-Kreuzberg erprobt neue Wege

Die Holzmarkt 25 eG entwickelt am Berliner Spreeufer ein einzigartiges Stadtquartier in außergewöhnlicher Lage. Auf dem ca. 18.000 m² großen Gelände zwischen Michaelbrücke im Westen und der Leitzentrale der Berliner Wasserbetriebe im Osten werden Natur, Wirtschaft und Kultur zusammengedacht, um Räume für Kreativität zum Leben und zum Arbeiten in einem lebendigen Kiez zu schaffen. Blick und Zugang zur Spree bleiben frei.
Statt auf Eigentum und Rendite setzen die Akteure auf Teilhabe und Mehrwert durch Gemeinwohl und greifen die Anforderungen

Die Architektur des Gebäude-Ensembles „Holzmarkt" an der Spree steht im starken Kontrast zu den weiteren Neubauten des vergangenen Jahrzehnts entlang des Spreeufers. Fachwerk trifft auf Wandgemälde, Glas-Stahl-Fassade auf Restholz und sogar eine große Disco-Kugel hat ihren Auftritt. Auf dem Gelände gibt es u.a. zwei Restaurants mit Spreeblick, mehrere Bars, Imbissstände, eine Galerie, eine Kita, zwei Theater, ein Weinladen und den Kater Blau Club
Abb.: Carpenetho Schöningh/Hütten & Paläste/Urban Affairs

des Bürgerentscheids „Spreeufer für alle" auf. Durch Freiräume, geringe Dichte und Durchlässigkeit entsteht ein innovativer Lebens- und Arbeitsraum für Kreative. Dabei sind Nachhaltigkeit und Wandel auch Eckpfeiler im Umgang mit Architektur, Technologie und Handwerk. Dort wo sich die Bezirke Friedrichshain, Kreuzberg und Mitte treffen, wird ein „Filetstück" zum Experimentierfeld, um durch den innovativen und nachhaltigen Umgang mit innerstädtischen Themen wie Lärm, Energie, Mobilität, Logistik, wirtschaftliches Bauen und Durchmischung ein Beispiel zu setzen.

PROJEKTHINTERGRUND

In dieser Ausgabe wird in einigen Beiträgen über Projekte entlang des Spreeufers im Bezirk Friedrichshain-Kreuzberg berichtet. Nach dem Fall der Mauer wurde dieses Gebiet – ein ca. 180 ha großer Raum entlang beider Spreeufer an den Grenzen der Stadtteile Mitte, Friedrichshain, Kreuzberg und Alt-Treptow – zu einen Areal heiß umkämpfter Bauflächen Berlins. In den 1990er Jahren wurde unter dem Label „media spree" ein Investorengroßprojekt ins Leben gerufen. Die Planung der einzelnen Bauvorhaben liegt bei Grundstücksbesitzern, Investoren und den Bezirken. Es entstanden in den darauf folgenden Jahren an den Spreeufern zwischen Jannowitz- und Elsenbrücke, entlang der ehemaligen Berliner Mauer, auf un- oder zwischenge-

Im August 2016 wurde bereits die KITA eröffnet, und seit Anfang Mai 2017 strömen die BesucherInnen auf den Marktplatz des Holzmarkts an der Spree
Abb.: Holzmarkt/Eyecandy Berlin

Im August 2016 wurde bereits die KITA eröffnet, und seit Anfang Mai 2017 strömen die BesucherInnen auf den Marktplatz des Holzmarkts an der Spree
Abb.: Holzmarkt/Eyecandy Berlin

nutzten Grundstücken überwiegend Büroflächen und Firmenzentralen, aber auch Luxuslofts, Hotels und Mehrzweckhallen. Der Widerstand gegen diese Art der Bebauung des Ufers organisierte sich und hatte seinen zwischenzeitlichen Höhepunkt im Jahre 2008, als 87 Prozent der abstimmenden Bevölkerung aus Friedrichshain–Kreuzberg den Bürgerentscheid „Spreeufer für alle" unterstützten.

DAS MODELL HOLZMARKT

Die Holzmarkt 25 Genossenschaft und Mörchenpark e.V. sichert den kreativen Freiraum und bietet interessierten Bürgern und Unterstützern eine Stimme. Die Holzmarkt 25 Genossenschaft ist verantwortlich für die Quartiersentwicklung und den kreativen Freiraum, der Mörchenpark für interessierte Bürger und die öffentlichen Flächen sowie den Ufer Wanderweg. Die Investoren sammeln Kompetenz und Kapital in der Genossenschaft für urbane Kreativität (GuK).
Als Partner wurde die Schweizer „Stiftung Abendrot" gewonnen. Als nachhaltige Pensionskasse legt sie die ihr anvertrauten Vorsorgegelder nach ethischen, ökologischen und sozialen Kriterien an. Sie hat das Holzmarkt-Areal im Oktober 2012 in einem Bieterverfahren von der BSR Berliner Stadtreinigung erworben. Anschließend hat die Holzmarkt 25 Genossenschaft das Gelände in Erbbaupacht für 75 Jahre – mit einem anschließenden Vorkaufsrecht – übernommen und das Quartier entwickelt. Das Erbbaurecht gilt für das gesamte Grundstück und wurde auf drei verschieden Firmen aufgeteilt: Eckwerk Entwicklungs GmbH, Holzmarkt Betriebs GmbH und Holzmarkt Hotel Immobilien GmbH.
Das Dorf setzt sich aus zwei größeren Hallen und diversen kleineren Gebäuden und Hütten zusammen. Restaurant und Club haben längst ihr altes und neues Publikum gefunden. Musiker und Künstler arbeiten inzwischen in Tonstudios und Ateliers, ein Kindergarten wurde eröffnet, Bäckereien, Bioläden und andere Gewerbetreibende haben rund um den Marktplatz ihren Platz gefunden. Ein Gästehaus ist im östlichen Teil geplant.
Die Holzmarkt-Genossenschaft hat den Bürgerentscheid ernstgenommen und ist noch einen Schritt weitergegangen: Anstatt einer geradlinigen Flusspromenade wurden auf dem ganzen Gelände Freiräume geschaffen, die zum Entdecken und Verweilen einladen. Der barrierefrei ausgebildete Uferwanderweg führt an Plätzen und Nischen vorbei und kreuzt Pfade, die in das Dorf mit seiner niedrigen Bebauungsdichte und kleinteiligen Nutzungs- und Nutzerstruktur hineinführen.
Auf dem „Bergwanderweg" werden BesucherInnen zukünftig über Hallen und Hütten laufen und von Terrassen einen weiten Blick genießen können. An der Uferkante integriert sich wellenförmig das Restaurant in die Landschaft. Es entsteht ein Aus- und Einstieg für Biber, Otter und Enten und damit ein Rastplatz für Tier und Mensch.

Abb.: Carpenetho Schöningh/Hütten & Paläste/Urban Affairs

DAS ECKWERK

Auf dem Grundstücksbereich nördlich der Bahntrasse entsteht mit dem Projekt Eckwerk ein hochinnovatives Hochhausprojekt. Dort werden fünf Türme auf einem Sockel errichtet. Die Architekturbüros Kleihues + Kleihues und GRAFT entwickeln mit diesem Projekt einen außergewöhnlichen Gebäudekomplex. Kein Ort des privaten Rückzugs soll hier entstehen, sondern größtmögliche Öffnung. Der im Bürgerentscheid „Spreeufer für alle" geforderte Uferwanderweg wird sich nicht nur draußen, sondern auch durch das Gebäude schlängeln. Die Treppen nach oben werden als „bewachsene Gebirgswanderwege" gestaltet. Das Eckwerk wird Nutzungseinheiten mit variablen Zuschnitten zur Verfügung stellen, in denen gewohnt und gearbeitet werden kann. Unter dem Motto „Raum auf Zeit. Austausch für immer" soll ein hochkommunikativer Ort geschaffen werden; die Grenzen zwischen Leben und Arbeit, Wohnen und Gewerbe sollen verschwinden und ein gesellschaftlicher Mehrwert geschaffen werden.

Das alternative Wohn- und Gewerbeprojekt wird u.a. mit einem intelligenten Wärmemanagement ausgestattet, das eine positive Energiebilanz ermöglicht. Mit dem modular gestalteten und bepflanzten Wanderweg durch alle Gebäudeteile sollen Schnittstellen geschaffen werden. Er lässt sich nach Bedarf verkleinern oder vergrößern.

Es soll eine gute Mischung entstehen aus Labs von alteingesessenen Firmen, Start-ups und Studenten, quer durch alle Branchen. Wichtig ist, dass das Ganze kleinteilig bleibt und nicht durch einige große Firmen dominiert wird. Sowohl die Größe der Fläche als auch die Dauer der Nutzung werden beschränkt bzw. befristet. Damit werden Bewegung, Wandel und Vernetzung befördert. Denn das Arbeiten und Leben im Eckwerk ist anders: Der individuelle Privatbereich wird auf ein notwendiges Minimum beschränkt, damit die Vorteile gemeinschaftlicher Nutzung von Infrastruktur zum tragen kommen. Die Mieteinnahmen sollen Kosten decken, nicht Gewinne maximieren. Es ist angedacht, dass die Mieter eine Pauschale zahlen, in der Strom, Wäscherei, Arbeiten, Leben etc. enthalten sind.

Der Rohentwurf wurde inzwischen zusammen mit den Baupartnern und Architekturbüros unter neuen Blickwinkeln geprüft und weiterentwickelt. Die Veränderungen führen zu einem effizienteren Flächenverhältnis sowie optimal nutzbaren Räumen. Das Eckwerk soll zu größtmöglichen Teilen aus Holz errichtet werden. Statt ehemals vier massiver Betongeschosse ist nun lediglich eins geplant. Die Reduzierung der Gebäudetechnik auf das Notwendigste wird Flächen und Kosten einsparen und ein Plus aufseiten der Nachhaltigkeit bewirken. Das soll durch die Trennung der Innovationszyklen der Technik vom Wartungszyklus der Gebäude erreicht werden

Abb.: Kleihues+Kleihues/Graft Architekten, mit Anpassung vom Team Eckwerk

Quelle Abb.: „Das Eckwerk4.0, Die Antwort auf den Rohentwurf", Stand: Juli 2017

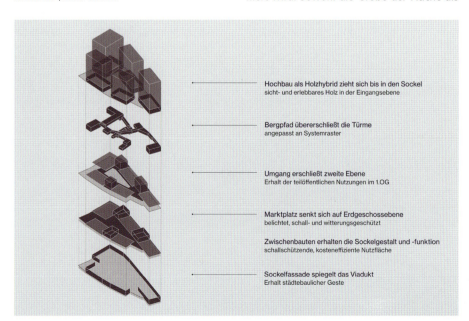

Hochbau als Holzhybrid zieht sich bis in den Sockel
sicht- und erlebbares Holz in der Eingangsebene

Bergpfad übererschließt die Türme
angepasst an Systemraster

Umgang erschließt zweite Ebene
Erhalt der teilöffentlichen Nutzungen im 1.OG

Marktplatz senkt sich auf Erdgeschossebene
belichtet, schall- und witterungsgeschützt

Zwischenbauten erhalten die Sockelgestalt und -funktion
schallschützende, kosteneffiziente Nutzfläche

Sockelfassade spiegelt das Viadukt
Erhalt städtebaulicher Geste

-Proj. „Holzmarkt Dorf"
Bauherr:
Holzmarkt Betriebs GmbH, Berlin
Planender Architekt:
Stelzel Architekten & Ingenieure,
Carpaneto Schöningh Architekten
-Proj. „Eckwerk"
Bauherr:
Eckwerk Entwicklungs GmbH, Berlin
Planender Architekt:
Kleihues + Kleihues
Gesellschaft von Architekten mbH,
Berlin, und
GRAFT Berlin

C A·E·C ARCHITEKTEN UND SACHVERSTÄNDIGE GMBH
SALZWEDELER STRASSE 6 · 10559 BERLIN
TEL. 030 - 89 20 11 83 | FAX 030 - 89 20 11 84
MAIL INFO@CONTOR-AEC.DE | WEB WWW.CONTOR-AEC.DE

ÖbVI Siegfried Minetzke
Lubolzer Dorfstraße 30
15907 Lübben/OT Lubolz

Tel. 03546-185055 * Fax 03546-185057 * Mobil 0173-5362381
info@oebvi-minetzke.de * www.oebvi-minetzke.de

 Dipl.-Ing.
Horst Obermann
Öffentlich bestellter Vermessungsingenieur

An der Bahn 2 · 16547 Birkenwerder (bei Berlin)

Telefon: (03303) 50 38 83
Telefax: (03303) 50 38 84
info@vermessung-obermann.de

Liegenschaftsvermessung
Amtliche Lagepläne
Grundstückswertermittlung

INGENIEURBÜRO DR. TÖPFER

Dr. Regina Töpfer

Bauingenieurin
Sicherheitsfachkraft
SiGe-Koordinatorin
Mitglied im V.S.G.K.
Sachkundige für Altlasten
und Asbest gemäß
BGR 128 und TRGS 519

Siedlung 44 . 15834 Rangsdorf
Lübecker Straße 12 . 01159 Dresden

rt@drtoepfer.net
www.drtoepfer.net
Mobil 0172 . 916 51 96

Gastautoren

Dr.-Ing. Alexander Gaulke 8
Vorsitzender Landesverband Berlin
BDB Bund Deutscher Baumeister,
Architekten und Ingenieure e.V.
Willdenowstraße 6
12203 Berlin
Tel. 030/8615747

Wolfgang Lehmeyer 34
Dipl.-Ing. (FH)
Inhaber
IfTk - Ingenieurbüro für
Telekommunikation
Wehnertstraße 29
12277 Berlin (Marienfelde)
Tel. 030/72017846

Ronald Grube 49
Geschäftsführer von GEOTOP GbR
Grube + Grote
Hönower Straße 35
10318 Berlin
Tel. 030/92211363

Redaktionelle Mitarbeit

ILB Investitionsbank des 36
Landes Brandenburg
Babelsberger Straße 21
14473 Potsdam
Tel. 0331/6600

Berliner Wasserbetriebe 38
Neue Jüdenstraße 1
10179 Berlin
Tel. 030/86440

Projektrealisierungs 40
GmbH U5
Holzmarktstraße 15-17
10179 Berlin
Tel. 030/25627857

IGA BERLIN 2017 GmbH 50
Blumberger Damm 130
12685 Berlin
Tel. 030/700906320

Anschutz Entertainment 66
Group
Operations GmbH
Mercedes-Platz 1
10243 Berlin
Tel. 030/20607080

Ed. Züblin AG 74
Direktion Nord - Bereich Branden-
burg/ Sachsen-Anhalt
Bessemerstraße 42b
12103 Berlin
Tel. 030/754870

Ed. Züblin AG 76
Direktion Nord - Bereich Berlin
Bessemerstraße 42b
12103 Berlin
Tel. 030/2039500

kister scheithauer gross 85
architekten und stadtplaner GmbH
Agrippinawerft 18
50678 Köln
Tel. 0221/9216430

HGHI Holding GmbH 86
Mendelssohn-Palais,
Jägerstraße 49/50
10117 Berlin
Tel. 030/80498480

Bessemer Str. 83-91, 12103 Berlin, Tel. 030 670 92 - 206
Fax 030 670 92 - 249, info@degas.de, www.degas-atd.com

Kondor Wessels 94
Holding GmbH
Kronprinzendamm 15
10711 Berlin
Tel. 030/8103100

W. MARKGRAF 100
GMBH & CO. KG
BAUUNTERNEHMUNG
Dieselstraße 9
95448 Bayreuth
Tel. 0921/2970

Zoologischer Garten 106
Berlin AG
Hardenbergplatz 8
10787 Berlin
Tel. 030/254010

taz.die tageszeitung 113 Verlagsgenossenschaft eG Rudi-Dutschke-Straße 23 10969 Berlin Tel. 030/259020	**Stiftung Planetarium** 138 **Berlin** Zeiss-Großplanetarium Prenzlauer Allee 80 10405 Berlin Tel. 030/4218450	**ASSMANN BERATEN +** 161 **PLANEN AG** Willy-Brandt-Platz 18-19 38102 Braunschweig Tel. 0531/39010	**Holzmarkt plus eG** 180 Holzmarktstraße 25 10243 Berlin Tel. 030/47361686

Architekten

E2A Piet Eckert 113
und Wim Eckert
Architekten ETH BSA SIA AG
Buckhauserstrasse 34
CH-8048 Zürich
Tel. 0041/43/4444010

Pondus GmbH & Co. KG 142
Hardenbergstraße 28A
10623 Berlin
Tel. 030/726241100

CONEX 162
Baugesellschaft mbH
Am Stichkanal 25
14167 Berlin
Tel. 030/89000690

HTPS Hoch- und 62
Tiefbau-Planung Schröder
Partnerschaft von
Planungsingenieuren mbB
Planitzstraße 1
12621 Berlin
Tel. 030/5654690

PORR Deutschland GmbH 114
Zweigniederlassung Berlin
Valeska-Gert-Straße 1
10243 Berlin
Tel. 030/4218420

Porsche Niederlassung 146
Berlin GmbH
Porsche Zentrum Berlin
Franklinstraße 23
10587 Berlin
Tel. 030/978911100

EUROPA-CENTER AG 165
Hammerbrookstraße 74
20097 Hamburg
Tel. 040/271440

HTGS Hoch- und Tiefbau- 62
Generalplanung Schröder
GmbH
Planitzstraße 1
12621 Berlin
Tel. 030/5654690

Gustav Epple 116
Bauunternehmung GmbH
Heinestraße 37
70571 Stuttgart
Tel. 0711/76930

Schindler Deutschland 150
AG & Co. KG
Schindler-Platz
12105 Berlin
Tel. 030/70290

DEUTSCHE STIFTUNG 166
DENKMALSCHUTZ
Repräsentanz Berlin
Brüderstraße 13
10178 Berlin
Tel. 030/6264060

PECHTOLD Gesellschaft 91
von Architekten mbH
Pariser Straße 44
10707 Berlin
Tel. 030/8845950

Münchner Grund 118
Immobilien Bauträger GmbH
Niederlassung Berlin
Alex-Wedding-Straße 7
10178 Berlin
Tel. 030/930299100

GBI AG Gesellschaft für 153
Beteiligungen und
Immobilienentwicklungen
Uhlandstraße 7/8
10623 Berlin
Tel. 030/3199870

das projekt 168
Projektmanagement
Consulting & Services GmbH
Oranienburger Straße 66
10117 Berlin
Tel. 030/42023165

con-tura Architekten + 96
Ingenieure GmbH
Standort Berlin-Charlottenburg
Kronprinzendamm 15
10711 Berlin
Tel. 030/810310700

D & H 124
Projektmanagement GmbH
Leipziger Platz 14
10117 Berlin
Tel. 030/8938460

Tropical Islands 154
Holding GmbH
Tropical-Islands-Allee 1
15910 Krausnick-Großwasserburg
Tel. 035477/605040

Winking - Froh 170
Architekten BDA
Sophienstraße 22a
10178 Berlin
Tel. 030/2830280

koerber+koerber 148
architektur und ingenieurbüro
Forststraße 6a
14163 Berlin
Tel. 0178/2199666

LIP Ludger Inholte 129
Projektentwicklung GmbH
ABC-Straße 19
20354 Hamburg
Tel. 040/34962830

ARGE ifau / HEIDE & 156
VON BECKERATH
Heide, Heinemann, Heiß, Schmidt,
von Beckerath GbR
Dresdener Straße 26
10999 Berlin
Tel. 030/27560453

Kleihues + Kleihues 172
Gesellschaft von Architekten mbH
Helmholtzstraße 42
10587 Berlin
Tel. 030/3997790

C A-E-C ARCHITEKTEN 183
UND SACHVERSTÄNDIGE
GMBH
Salzwedeler Straße 6
10559 Berlin
Tel. 030/89201183

Nöfer Gesellschaft 130
von Architekten mbH
Binger Straße 64
14197 Berlin
Tel. 030/88710440

deluse architects 174
Prinzessinnenstraße 30
10969 Berlin
Tel. 030/609609700

Ingenieurbüros

MAAS UND PARTNER 134
Städtebau - Architektur - Projekt-
entwicklung
Josef-Pieper-Straße 2
48149 Münster
Tel. 0251/272829

Art-Invest Real Estate 158
Management GmbH & Co. KG
NL Berlin, c/o Design Offices Am
Zirkus GmbH
Bertolt-Brecht-Platz 3
10117 Berlin
Tel. 030/585813432

PATZSCHKE 176
Planungsgesellschaft mbH
ARCHITEKTEN
Auerbachstraße 2
14193 Berlin
Tel. 030/20009290

INGENIEURBÜRO FRANKE 33
Dipl.-Ing. Andree Franke
Oranienburger Chaussee 31-33
16548 Glienicke (Nordbahn)
Tel. 033056/41570

ig nu5 44	**enuTEC GmbH** 64	**INGENIEURBÜRO** 128	**DELTA-i** 169
Ingenieurgemeinschaft Neubau U5	Bernauer Straße 50	**Rüdiger Jockwer GmbH**	**Ingenieurgesellschaft mbH**
Greifswalder Straße 80 A	16515 Oranienburg	Statische Berechnungen &	Sonnenallee 262
10405 Berlin	Tel. 03301/702680	Baukonstruktion	12057 Berlin
Tel. 030/421060		Pfuelstraße 5	Tel. 030/6150830
		10997 Berlin Kreuzberg	
Pöyry Deutschland GmbH 45	**BRANDschutz.imKONTEXT** 92	Tel. 030/6177650	**RSM Ingenieure GmbH** 171
Büro Berlin	sachverständige für den brand-		Havelländer Weg 10
Marburger Straße 10	schutz - architekten	**IGT** 132	14612 Falkensee
10789 Berlin	Gneisenaustraße 43	Ingenieurbüro für Grundbau	Tel. 03322/128680
Tel. 030/21304165	10961 Berlin	und Tragwerksplanung	
	Tel. 030/49080961	Inselstraße 6a	
Schüßler-Plan 60		10179 Berlin	**IfTk** 179
Ingenieurgesellschaft mbH	**JANOWSKI** 92	Tel. 030/65482010	Ingenieurbüro für Telekommunika-
Greifswalder Straße 80A	**Ingenieure GmbH**		tion Übertragungsnetze - Digital-
10405 Berlin	Helmholtzstraße 41	**IKR Ingenieurbüro für** 133	funk - industrielle Anwendungen
Tel. 030/421060	10587 Berlin	**Bauwesen Kuschel GmbH**	Wehnertstraße 29
	Tel. 030/330998660	Kurfürstendamm 185	12277 Berlin (Marienfelde)
INGENIEURBÜRO 61		10707 Berlin	Tel. 030/72017846
WALTHER GmbH	**con-tura Architekten +** 96	Tel. 030/3980650	
Gartenfelder Straße 29	**Ingenieure GmbH**		**C A-E-C** 183
13599 Berlin	Standort Berlin-Charlottenburg	**K + P Ingenieure GmbH** 133	**ARCHITEKTEN UND**
Tel. 030/531412271	Kronprinzendamm 15	Salzufer 13/14, Aufgang I	**SACHVERSTÄNDIGE GMBH**
	10711 Berlin	10587 Berlin	Salzwedeler Straße 6
HTPS Hoch- und 62	Tel. 030/810310700	Tel. 030/3999290	10559 Berlin
Tiefbau-Planung Schröder			Tel. 030/89201183
Partnerschaft von		**Ebert Ingenieure GmbH** 141	
Planungsingenieuren mbB	**IABU - Prenzel &** 97	Niederlassung Berlin	
Planitzstraße 1	**Partner GmbH**	Wilhelm-Kabus-Straße 21-35	**INGENIEURBÜRO** 183
12621 Berlin	Ingenieurbüro für Arbeitssicherheit,	10829 Berlin	**DR. TÖPFER**
Tel. 030/5654690	Brand- und Umweltschutz	Tel. 030/7079320	Siedlung 44
	Rhinstraße 84		15834 Rangsdorf
HTGS Hoch- und Tiefbau- 62	12681 Berlin	**Prof. Burkhardt** 145	Tel. 0172/9165196
Generalplanung Schröder	Tel. 030/98694781	**Ingenieure GmbH**	
GmbH		Sachsendamm 6	
Planitzstraße 1		10829 Berlin	**Vermessungsbüro** 183
12621 Berlin	**ibk Ingenieurbüro** 112	Tel. 030/3499430	**Minetzke**
Tel. 030/5654690	**Kachellek**		ÖbVI Siegfried Minetzke
	Ingenieurbüro für Elektrotechnik	**koerber+koerber** 148	Lubolzer Dorfstraße 30
BAT Automatisierungs- 63	Parkaue 4	architektur und ingenieurbüro	15907 Lübben/OT Lubolz
technik-Planungs GmbH	10367 Berlin-Lichtenberg	Forststraße 6a	Tel. 03546/185055
Friedrich-Franz-Straße 19	Tel. 030/51653290	14163 Berlin	
14770 Brandenburg an der Havel		Tel. 0178/2199666	
Tel. 03381/410400			
	LHT LICHTENAU 117		**Ingenieurbüro für**
	HIMBURG TEBARTH	**PB PROJEKTMANAGE-** 152	**Arbeitssicherheit,**
ib-bauArt GmbH 63	**BAUINGENIEURE GMBH**	**MENT BRÄULING GmbH**	**Brand- und**
Ingenieurbüro für Tragwerks-	Bismarckstraße 78	Möckernstraße 65	**Umweltschutz**
planung im Bestand und Neubau	10627 Berlin	10965 Berlin	
Storkower Straße 99a	Tel. 030/3434920	Tel. 030/78959090	
10407 Berlin			
Tel. 030/41934600			**IABU - Prenzel &** 97
		GEOTOP GbR 164	**Partner GmbH**
	PLANTEAM SCHWARZ 126	**Ronald Grube + Frank Grote**	Ingenieurbüro für Arbeitssicherheit,
HTW HETZEL, 63	Planungsgesellschaft für	Gesellschaft für Baugrund- und	Brand- und Umweltschutz
TOR-WESTEN + Partner	Gebäude- und Umwelttechnik mbH	Umweltuntersuchungen	Rhinstraße 84
Ingenieurgesellschaft mbH	Knesebeckstraße 32	Hönower Straße 35	12681 Berlin
Neue Grünstraße 26	10623 Berlin	10318 Berlin	Tel. 030/98694781
10179 Berlin	Tel. 030/7809920	Tel. 030/92211363	
Tel. 030/2537140			

Ingenieurbüro für Arbeitssicherheit, SiGeKo

INGENIEURBÜRO DR. TÖPFER 183
Siedlung 44
15834 Rangsdorf
Tel. 0172/9165196

Ingenieurbüro für Bauwesen

IKR Ingenieurbüro für Bauwesen Kuschel GmbH 133
Kurfürstendamm 185
10707 Berlin
Tel. 030/3980650

Ingenieurbüro für Brandschutz

BRANDschutz.imKONTEXT 92
sachverständige für den brandschutz - architekten
Gneisenaustraße 43
10961 Berlin
Tel. 030/49080961

Ingenieurbüro für Elektrotechnik

ibk 112
Ingenieurbüro Kachellek
Ingenieurbüro für Elektrotechnik
Parkaue 4
10367 Berlin-Lichtenberg
Tel. 030/51653290

Ingenieurbüro für EnEV und Bauphysik

C A-E-C 183
ARCHITEKTEN UND SACHVERSTÄNDIGE GMBH
Salzwedeler Straße 6
10559 Berlin
Tel. 030/89201183

Ingenieurbüro für Fassadenplanung

INGENIEURBÜRO FRANKE 33
Dipl.-Ing. Andree Franke
Oranienburger Chaussee 31-33
16548 Glienicke (Nordbahn)
Tel. 033056/41570

Ingenieurbüro für Gebäude- und Umwelttechnik

PLANTEAM SCHWARZ 126
Planungsgesellschaft für Gebäude- und Umwelttechnik mbH
Knesebeckstraße 32
10623 Berlin
Tel. 030/7809920

Ingenieurbüro für Generalplanung im Hoch- und Ingenieurbau und Bereich Infrastruktur

Schüßler-Plan 60
Ingenieurgesellschaft mbH
Greifswalder Straße 80A
10405 Berlin
Tel. 030/421060

Ingenieurbüro für Grundbau und Spezialtiefbau

IGT 132
Ingenieurbüro für Grundbau und Tragwerksplanung
Inselstraße 6a
10179 Berlin
Tel. 030/65482010

RSM Ingenieure GmbH 171
Havelländer Weg 10
14612 Falkensee
Tel. 03322/128680

Ingenieurbüro für Planung Gebäude- und Energietechnik

enuTEC GmbH 64
Bernauer Straße 50
16515 Oranienburg
Tel. 03301/702680

Ingenieurbüro für Statik und Baukonstruktion

INGENIEURBÜRO 128
Rüdiger Jockwer GmbH
Statische Berechnungen & Baukonstruktion
Pfuelstraße 5
10997 Berlin Kreuzberg
Tel. 030/6177650

Ingenieurbüro für Technische Ausrüstung

Ebert Ingenieure GmbH 141
Niederlassung Berlin
Wilhelm-Kabus-Straße 21-35
10829 Berlin
Tel. 030/7079320

Ingenieurbüro für Technische Gebäudeausrüstung

Pöyry Deutschland GmbH 45
Büro Berlin
Marburger Straße 10
10789 Berlin
Tel. 030/21304165

JANOWSKI 92
Ingenieure GmbH
Helmholtzstraße 41
10587 Berlin
Tel. 030/330998660

DELTA-i 169
Ingenieurgesellschaft mbH
Sonnenallee 262
12057 Berlin
Tel. 030/6150830

Ingenieurbüro für Telekommunikation

IfTk 179
Ingenieurbüro für Telekommunikation Übertragungsnetze - Digitalfunk - industrielle Anwendungen
Wehnertstraße 29
12277 Berlin (Marienfelde)
Tel. 030/72017846

Ingenieurbüro für Tragwerksplanung

LHT LICHTENAU 117
HIMBURG TEBARTH BAU-INGENIEURE GMBH
Bismarckstraße 78
10627 Berlin
Tel. 030/3434920

K + P Ingenieure GmbH 133
Salzufer 13/14, Aufgang I
10587 Berlin
Tel. 030/3999290

Ingenieurtiefbau

LEUKA Tiefbau GmbH 54
Reichsstraße 92a
14052 Berlin
Tel. 030/26369354

Vermessungsingenieure

Dipl.-Ing. 183
Horst Obermann
Öffentlich bestellter Vermessungsingenieur
An der Bahn 2
16547 Birkenwerder (bei Berlin)
Tel. 03303/503883

Vermessungsbüro 183
Minetzke
ÖbVI Siegfried Minetzke
Lubolzer Dorfstraße 30
15907 Lübben/OT Lubolz
Tel. 03546/185055

Unternehmen

A

Abbruch

Winzler GmbH 32
Spedition & Baustoffhandel
Germendorfer Dorfstraße 39
16515 Oranienburg
OT Germendorf
Tel. 03301/203230

D & S Abbruch 140
& Entsorgungs GmbH
Johannishofer Weg 4
16278 Schöneberg, OT Flemsdorf
Tel. 033335/42820

Akustik

TbB Trockenbau 99
Beelitz GmbH
Jahnstraße 12
14547 Beelitz
Tel. 033204/40643

Anlagenbau

Schindler Aufzüge 70
und Fahrtreppen GmbH
Region Berlin
Ringstraße 45
12105 Berlin
Tel. 030/70292328

PRITZENS 92
Klimatechnik GmbH
Beilsteiner Straße 115
12681 Berlin
Tel. 030/65219158

innotech 137
Versorgungstechnik GmbH
Am Lückefeld 85
15831 Mahlow
Tel. 03379/20280

GA-tec Gebäude- und 144
Anlagentechnik GmbH
Niederlassung Berlin
Lorenzweg 5
12099 Berlin
Tel. 030/761810

Architekten
(s. Verzeichnisbeginn)

Aufzüge

ATB Aufzugtechnik 48
Berlin GmbH
Buchholzer Straße 55-61
13156 Berlin
Tel. 030/77328120

Schindler Aufzüge 70
und Fahrtreppen GmbH
Region Berlin
Ringstraße 45
12105 Berlin
Tel. 030/70292328

Schindler Deutschland 152
AG & Co. KG
Schindler-Platz
12105 Berlin
Tel. 030/70290

B

Bäder

innotech 137
Versorgungstechnik GmbH
Am Lückefeld 85
15831 Mahlow
Tel. 03379/20280

Bauklempner

M&M CUK GmbH 98
Dachdeckerei und Bauklempnerei
Glasower Straße 5
12051 Berlin
Tel. 030/6229105

Bauleitung

enuTEC GmbH 64
Bernauer Straße 50
16515 Oranienburg
Tel. 03301/702680

Bauunternehmen

Keller Grundbau GmbH 72
Veltener Straße 31
16515 Oranienburg
Tel. 03301/58570

Morina Bau 84
Drusenheimer Weg 2a
12349 Berlin
Tel. 0177/3862576

GLASS Ingenieurbau 110
Leipzig GmbH
Südring 16
04416 Markkleeberg
Tel. 034297/6410

BAUER Spezialtiefbau 123
GmbH
Region Nordost, Vertrieb Berlin
Am Borsigturm 66
13507 Berlin
Tel. 030/43777810

MAX BÖGL 137
Stiftung & Co. KG
Standort Berlin
Ordensmeisterstraße 15
12099 Berlin
Tel. 030/96248480

VERDIE GmbH Turnow 155
Frankfurter Straße 1
03185 Turnow-Preilack
Tel. 035601/88180

Bleck & Söhne 157
Hoch- und Tiefbau GmbH & Co. KG
Riedemannweg 16-18
13627 Berlin
Tel. 030/3460020

Wolfgang Bauer 167
Ingenieurbau GmbH
Niederlassung Berlin
Großkopfstraße 8
13403 Berlin
Tel. 030/4178730

Beleuchtungen

SCHNEIDER & PARTNER 47
COMPUTERVERNETZUNG
GMBH
Dorfstraße 21a
16356 Ahrensfelde
Tel. 030/300231000

Brandschutz

TbB Trockenbau Beelitz 99
GmbH
Jahnstraße 12
14547 Beelitz
Tel. 033204/40643

LHT LICHTENAU 117
HIMBURG TEBARTH
BAUINGENIEURE GMBH
Bismarckstraße 78
10627 Berlin
Tel. 030/3434920

Die Bauspezialisten

GFA Gesellschaft 136
für Anlagenbau mbH
Ludwig-Erhard-Ring 11
15827 Blankenfelde-Mahlow
Tel. 033708/93380

ISIMKO GmbH 155
(ehemals Fleischhauer
Cottbus GmbH)
Guhrower Straße 5
03044 Cottbus
Tel. 0355/780150

Brückenbau

GLASS Ingenieurbau 110
Leipzig GmbH
Südring 16
04416 Markkleeberg
Tel. 034297/6410

D

Dachdecker

M&M CUK GmbH 98
Dachdeckerei und Bauklempnerei
Glasower Straße 5
12051 Berlin
Tel. 030/6229105

Dämmungen

Gassner 65
Wendenschlossstraße 239
12557 Berlin
Tel. 0176/20526636

ESTRICHBAU ORBANZ 127
& LORENZ GmbH
Burglehn Nr. 11
15913 Alt Zauche
Tel. 03546/27420

Denkmalschutz

Wolfgang Bauer 167
Ingenieurbau GmbH
Niederlassung Berlin
Großkopfstraße 8
13403 Berlin
Tel. 030/4178730

E

EDV

SCHNEIDER & PARTNER 47
COMPUTERVERNETZUNG
GMBH
Dorfstraße 21a
16356 Ahrensfelde
Tel. 030/300231000

Blachnierz & Söhne 105
Elektroinstallationsges. mbH
Buckower Chaussee 82
12277 Berlin
Tel. 030/7215020

Elektro

Pöyry Deutschland GmbH 45
Büro Berlin
Marburger Straße 10
10789 Berlin
Tel. 030/21304165

ENGEL & HANDKE 47
Handel und Montage GmbH
Greifstraße 16
12487 Berlin
Tel. 030/6367588

SCHNEIDER & PARTNER 47
COMPUTERVERNETZUNG
GMBH
Dorfstraße 21a
16356 Ahrensfelde
Tel. 030/300231000

INGENIEURBÜRO 61
WALTHER GmbH
Gartenfelder Straße 29
13599 Berlin
Tel. 030/531412271

Elektroservice 73
Uwe Mahrholz
Grunewaldstraße 14/15
10823 Berlin
Tel. 030/31800720

Böhning Energietechnik 83
Berlin GmbH
Friedrich-Olbricht-Damm 64
13627 Berlin
Tel. 030/6677690

ELEKTRO-KATTUSCH 84
Bismarckstraße 85
10627 Berlin
Tel. 030/3129355

E.INFRA GmbH 103
Pforzheimer Straße 33
01189 Dresden
Tel. 0351/497780

Blachnierz & Söhne 105
Elektroinstallationsges. mbH
Buckower Chaussee 82
12277 Berlin
Tel. 030/7215020

ISIMKO GmbH 155
(ehemals Fleischhauer
Cottbus GmbH)
Guhrower Straße 5
03044 Cottbus
Tel. 0355/780150

Elektro (für MSR)

KLAUS SLISCHKA 55
MESS- UND REGELUNGS-
TECHNIK GmbH
Ehrlichstraße 39
10318 Berlin-Karlshorst
Tel. 030/5090175

Erdarbeiten

Winzler GmbH 32
Spedition & Baustoffhandel
Germendorfer Dorfstraße 39
16515 Oranienburg OT
Germendorf
Tel. 03301/203230

Erdbau

LEUKA Tiefbau GmbH 54
Reichsstraße 92a
14052 Berlin
Tel. 030/26369354

Estrich

STOLTZ Fußbodenbau 84
Rückertstraße 38
14469 Potsdam
Tel. 0331/5811051

ESTRICHBAU ORBANZ 127
& LORENZ GmbH
Burglehn Nr. 11
15913 Alt Zauche
Tel. 03546/27420

F

Fassaden

INGENIEURBÜRO FRANKE 33
Dipl.-Ing. Andree Franke
Oranienburger Chaussee 31-33
16548 Glienicke (Nordbahn)
Tel. 033056/41570

Cimento GmbH 105
Prierosser Straße 37/39
12357 Berlin
Tel. 030/60257554

Oschatz - 111
Service in Farbe
Lars Oschatz
Freischützstraße 12
13129 Berlin
Tel. 0176/23214803

WINZER 133
NATURSTEINE GmbH
An den Angerwiesen 5
04651 Bad Lausick
Tel. 034345/72020

Fenster

INGENIEURBÜRO FRANKE 33
Dipl.-Ing. Andree Franke
Oranienburger Chaussee 31-33
16548 Glienicke (Nordbahn)
Tel. 033056/41570

Fliesen

Briga Trockenbau GmbH 84
Brigittenstraße 12
12247 Berlin
Tel. 0157/30858718

Fußböden

Dorstenstein & Noack 64
Bodentechnik GmbH
Bergstraße 10
15749 Mittenwalde/OT Motzen
Tel. 033769/18994

WINZER 133
NATURSTEINE GmbH
An den Angerwiesen 5
04651 Bad Lausick
Tel. 034345/72020

G

Garten- und Landschaftsbau

FLÖTER & USZKUREIT VS3+52
Garten-, Landschafts- und
Sportplatzbau GmbH
Nuthestraße 15
12307 Berlin
Tel. 030/7455023

Latist GmbH 55
Blockdammweg 49-57
10318 Berlin
Tel. 030/67689568

BEG Erschließungs- 99
gesellschaft mbH
Straßenbau und Garten- und
Landschaftsbau
Alte Bliesendorfer Straße 8
14797 Kloster Lehnin OT Göhlsdorf
Tel. 033207/51108

INGO BAUDITZ Garten- 112
und Landschaftsbau GmbH
Hohenstaufenstraße 22
10779 Berlin
Tel. 030/69040906

Gebäudeautomation

INGENIEURBÜRO 61
WALTHER GmbH
Gartenfelder Straße 29
13599 Berlin
Tel. 030/531412271

Gebäudereinigungen

AAMEX 81
Reinigungs-Service KG
„ROSCHI" Beteiligungs-
GmbH & Co.
Düsseldorfer Straße 67
10719 Berlin
Tel. 030/8647350

Geländer

TORALF MERTIN GmbH 84
Bauschlosserei & Metallbau
Druschiner Straße 34
12555 Berlin
Tel. 030/6560757

Generalunternehmen

PORR Deutschland 115+121
GmbH
Zweigniederlassung Berlin
Valeska-Gert-Straße 1
10243 Berlin
Tel. 030/4218420

MAX BÖGL 137
Stiftung & Co. KG
Standort Berlin
Ordensmeisterstraße 15
12099 Berlin
Tel. 030/96248480

GA-tec Gebäude- und 144
Anlagentechnik GmbH
Niederlassung Berlin
Lorenzweg 5
12099 Berlin
Tel. 030/761810

Bleck & Söhne 157
Hoch- und Tiefbau GmbH & Co. KG
Riedemannweg 16-18
13627 Berlin
Tel. 030/3460020

ABIA 160
Hoch- & Tiefbau GmbH
Teilestraße 26-28
12099 Berlin
Tel. 030/89745490

Gerüstbau

Zi-Do Gerüstbau GmbH 82
Soltauer Straße 17
13509 Berlin
Tel. 030/43091335

KATZOR Gerüstbau GmbH 83
Bennostraße 2
13053 Berlin
Tel. 030/29368619

Gesundheits- und Arbeitsschutz

DEGAS atd GmbH 183
Deutsche Gesellschaft
für Anlagensicherheit
Bessemer Str. 83-91
12103 Berlin
Tel. 030/67092206

Gutachter

INGENIEURBÜRO FRANKE 33
Dipl.-Ing. Andree Franke
Oranienburger Chaussee 31-33
16548 Glienicke (Nordbahn)
Tel. 033056/41570

H

Haustechnik

En.plus GmbH U2+90
Niederlassung Potsdam
Verkehrshof 1
14478 Potsdam
Tel. 0331/5057000

KLAUS SLISCHKA 55
MESS- UND REGELUNGS-
TECHNIK GmbH
Ehrlichstraße 39
10318 Berlin-Karlshorst
Tel. 030/5090175

INGENIEURBÜRO 61
WALTHER GmbH
Gartenfelder Straße 29
13599 Berlin
Tel. 030/531412271

Die Bauspezialisten 189

BAT Automatisierungs- 63
technik-Planungs GmbH
Friedrich-Franz-Straße 19
14770 Brandenburg an der Havel
Tel. 03381/410400

HTW HETZEL, 63
TOR-WESTEN + Partner
Ingenieurgesellschaft mbH
Neue Grünstraße 26
10179 Berlin
Tel. 030/2537140

JANOWSKI 92
Ingenieure GmbH
Helmholtzstraße 41
10587 Berlin
Tel. 030/330998660

PRITZENS 92
Klimatechnik GmbH
Beilsteiner Straße 115
12681 Berlin
Tel. 030/65219158

TKS Technischer Kunden- 99
dienst Lüftung & Service
GmbH
Buckower Damm 30
12349 Berlin
Tel. 030/2249620

PLANTEAM SCHWARZ 126
Planungsgesellschaft für Gebäude-
und Umwelttechnik mbH
Knesebeckstraße 32
10623 Berlin
Tel. 030/7809920

innotech 137
Versorgungstechnik GmbH
Am Lückefeld 85
15831 Mahlow
Tel. 03379/20280

Ebert Ingenieure GmbH 141
Niederlassung Berlin
Wilhelm-Kabus-Straße 21-35
10829 Berlin
Tel. 030/7079320

GA-tec Gebäude- und 144
Anlagentechnik GmbH
Niederlassung Berlin
Lorenzweg 5
12099 Berlin
Tel. 030/761810

Heizung

En.plus GmbH U2+90
Niederlassung Potsdam
Verkehrshof 1
14478 Potsdam
Tel. 0331/5057000

Michael Kranz GmbH 98
Büro für die Planung und Umset-
zung von Sanitär-Aufträgen
Bunzelstraße 144
12526 Berlin
Tel. 030/31173363

Axmann Heizung- 140
Sanitär GmbH
Streckfußstraße 4
13125 Berlin
Tel. 030/24353868

Hochbau

Zi-Do Gerüstbau GmbH 82
Soltauer Straße 17
13509 Berlin
Tel. 030/43091335

GLASS Ingenieurbau 110
Leipzig GmbH
Südring 16
04416 Markkleeberg
Tel. 034297/6410

PORR Deutschland 115+121
GmbH
Zweigniederlassung Berlin
Valeska-Gert-Straße 1
10243 Berlin
Tel. 030/4218420

LHT LICHTENAU 117
HIMBURG TEBARTH
BAUINGENIEURE GMBH
Bismarckstraße 78
10627 Berlin
Tel. 030/3434920

MAX BÖGL 137
Stiftung & Co. KG
Standort Berlin
Ordensmeisterstraße 15
12099 Berlin
Tel. 030/96248480

Bleck & Söhne 157
Hoch- und Tiefbau GmbH & Co. KG
Riedemannweg 16-18
13627 Berlin
Tel. 030/3460020

ABIA 160
Hoch- & Tiefbau GmbH
Teilestraße 26-28
12099 Berlin
Tel. 030/89745490

CONEX 164
Baugesellschaft mbH
Am Stichkanal 25
14167 Berlin
Tel. 030/89000690

WILHELM BANZHAF 164
KRANANLAGEN
GmbH & Co Logistik-
und Service KG
Am Weidendamm 8
15831 Blankenfelde-Mahlow OT
Groß Kienitz
Tel. 033708/90200

Holzbau

David Krebs 92
Zimmerei
Straße der Gemeinschaft 5
14641 Wustermark OT Priort
Tel. 0162/9369556

ulrich paulig & Co. 112
merry go round™OHG
Wilhelm-Külz-Straße 2
14513 Teltow
Tel. 03328/331020

I

Immobilienmakler

DAVID BORCK 122
IMMOBILIENGESELLSCHAFT
MBH
Schlüterstraße 45
10707 Berlin
Tel. 030/88774250

Immobilienvertrieb

DAVID BORCK 122
IMMOBILIENGESELLSCHAFT
MBH
Schlüterstraße 45
10707 Berlin
Tel. 030/88774250

Industriebau

Zi-Do Gerüstbau GmbH 82
Soltauer Straße 17
13509 Berlin
Tel. 030/43091335

Industrieböden

STOLTZ Fußbodenbau 84
Rückertstraße 38
14469 Potsdam
Tel. 0331/5811051

Ingenieure
(s. Verzeichnisbeginn)

Innenausbau

meergans gmbh 80
Pistoriusstraße 6A
13086 Berlin-Weißensee
Tel. 030/29000091

TbB Trockenbau Beelitz GmbH 99
Jahnstraße 12
14547 Beelitz
Tel. 033204/40643

Cimento GmbH 105
Prierosser Straße 37/39
12357 Berlin
Tel. 030/60257554

Inneneinrichtungen

TKH Sitzsysteme GmbH 140
Havelberger Straße 28
10559 Berlin
Tel. 030/39878312

ITK (Informations- und Telekommunikationstechnik)

DOUBLE SKILL BUSINESS CONCEPTS & SOLUTIONS GMBH 46
Friedrichstraße 133
10117 Berlin
Tel. 030/290280100

K

Kälte

ST GEBÄUDETECHNIK GmbH 149
Horstweg 53a
14478 Potsdam
Tel. 0331/888640

Kampfmittelräumung

KEMMER Engineering GmbH 65
Oderstraße 188
12051 Berlin
Tel. 030/300610

Klima

En.plus GmbH U2+90
Niederlassung Potsdam
Verkehrshof 1
14478 Potsdam
Tel. 0331/5057000

PRITZENS Klimatechnik GmbH 92
Beilsteiner Straße 115
12681 Berlin
Tel. 030/65219158

TKS Technischer Kundendienst Lüftung & Service GmbH 99
Buckower Damm 30
12349 Berlin
Tel. 030/2249620

ST GEBÄUDETECHNIK GmbH 149
Horstweg 53a
14478 Potsdam
Tel. 0331/888640

Kommunikations-Einrichtungen

SCHNEIDER & PARTNER COMPUTERVERNETZUNG GMBH 47
Dorfstraße 21a
16356 Ahrensfelde
Tel. 030/300231000

L

Ladenbau

GUBIN Trockenbau GmbH 55
Kaiserdamm 113
14057 Berlin
Tel. 030/52285595

Licht

SCHNEIDER & PARTNER COMPUTERVERNETZUNG GMBH 47
Dorfstraße 21a
16356 Ahrensfelde
Tel. 030/300231000

Lüftung

TKS Technischer Kundendienst Lüftung & Service GmbH 99
Buckower Damm 30
12349 Berlin
Tel. 030/2249620

innotech Versorgungstechnik GmbH 137
Am Lückefeld 85
15831 Mahlow
Tel. 03379/20280

M

Maler

Wolfgang Lüttgens GmbH Berlin 64
Akazienallee 28
14050 Berlin
Tel. 030/3006790

Briga Trockenbau GmbH 84
Brigittenstraße 12
12247 Berlin
Tel. 0157/30858718

MSJ Berlin 104
Malereibetrieb Sören Jahns
Wollankstraße 79/80 A
13359 Berlin
Tel. 030/41717837

C. Ates 105
Ihr Malermeister GmbH
Antwerpener Straße 47
13353 Berlin
Tel. 030/4625415

Cimento GmbH 105
Prierosser Straße 37/39
12357 Berlin
Tel. 030/60257554

Messebau

GUBIN Trockenbau GmbH 55
Kaiserdamm 113
14057 Berlin
Tel. 030/52285595

TORALF MERTIN GmbH 84
Bauschlosserei & Metallbau
Druschiner Straße 34
12555 Berlin
Tel. 030/6560757

Degener 133
Metall- und Montagebau
Rutenweg 23
39291 Möckern
Tel. 039221/438

Möbel

TKH Sitzsysteme GmbH 140
Havelberger Straße 28
10559 Berlin
Tel. 030/39878312

Montagebau

Degener 133
Metall- und Montagebau
Rutenweg 23
39291 Möckern
Tel. 039221/438

N

Naturstein

WINZER 133
NATURSTEINE GmbH
An den Angerwiesen 5
04651 Bad Lausick
Tel. 034345/72020

Natursteinreinigung/ -sanierung/ -pflege

SD Stein-Doktor 83
Steindienstleistungen GmbH
Beifußweg 48
12357 Berlin
Tel. 030/66931493

O

Objektmanagement

KUHR Management 93
& Service GmbH
Dürerstraße 39
12203 Berlin
Tel. 030/49893838

P

Projektentwicklung

Lahmeyer Deutschland 48
GmbH
Standort Berlin
Sachsendamm 3
10829 Berlin
Tel. 030/7879130

Schindler Aufzüge 70
und Fahrtreppen GmbH
Region Berlin
Ringstraße 45
12105 Berlin
Tel. 030/70292328

PLANTEAM SCHWARZ 126
Planungsgesellschaft für Gebäude- und Umwelttechnik mbH
Knesebeckstraße 32
10623 Berlin
Tel. 030/7809920

Projektmanagement

ig nu5 44
Ingenieurgemeinschaft Neubau U5
Greifswalder Straße 80 A
10405 Berlin
Tel. 030/421060

Lahmeyer Deutschland 48
GmbH
Standort Berlin
Sachsendamm 3
10829 Berlin
Tel. 030/7879130

Chandler KBS 73
Kosten- & Projektmanagement
Lietzenburger Straße 75
10719 Berlin
Tel. 030/887150660

Prof. Burkhardt 145
Ingenieure GmbH
Sachsendamm 6
10829 Berlin
Tel. 030/3499430

PB PROJEKTMANAGE- 152
MENT BRÄULING GmbH
Möckernstraße 65
10965 Berlin
Tel. 030/78959090

Projektsteuerung

ig nu5 44
Ingenieurgemeinschaft Neubau U5
Greifswalder Straße 80 A
10405 Berlin
Tel. 030/421060

Lahmeyer Deutschland 48
GmbH
Standort Berlin
Sachsendamm 3
10829 Berlin
Tel. 030/7879130

enuTEC GmbH 64
Bernauer Straße 50
16515 Oranienburg
Tel. 03301/702680

Chandler KBS 73
Kosten- & Projektmanagement
Lietzenburger Straße 75
10719 Berlin
Tel. 030/887150660

KUHR Management 93
& Service GmbH
Dürerstraße 39
12203 Berlin
Tel. 030/49893838

Prof. Burkhardt 145
Ingenieure GmbH
Sachsendamm 6
10829 Berlin
Tel. 030/3499430

PB PROJEKTMANAGE- 152
MENT BRÄULING GmbH
Möckernstraße 65
10965 Berlin
Tel. 030/78959090

IfTk 179
Ingenieurbüro für Telekommunikation Übertragungsnetze - Digitalfunk - industrielle Anwendungen
Wehnertstraße 29
12277 Berlin (Marienfelde)
Tel. 030/72017846

Q

Qualitätsmanagement

con-tura Architekten 96
+ Ingenieure GmbH
Standort Berlin-Charlottenburg
Kronprinzendamm 15
10711 Berlin
Tel. 030/810310700

PORR Deutschland 115+121
GmbH
Zweigniederlassung Berlin
Valeska-Gert-Straße 1
10243 Berlin
Tel. 030/4218420

R

Reinigungen

AAMEX 81
Reinigungs-Service KG
„ROSCHI" Beteiligungs-GmbH & Co.
Düsseldorfer Straße 67
10719 Berlin
Tel. 030/8647350

Restaurationen

David Krebs 92
Zimmerei
Straße der Gemeinschaft 5
14641 Wustermarkt OT Priort
Tel. 0162/9369556

PORR Deutschland 115+121
GmbH
Zweigniederlassung Berlin
Valeska-Gert-Straße 1
10243 Berlin
Tel. 030/4218420

Riskmanagement

DEGAS atd GmbH 183
Deutsche Gesellschaft
für Anlagensicherheit
Bessemer Str. 83-91
12103 Berlin
Tel. 030/67092206

Rohrleitungsbau

BEG Erschließungs- 99
gesellschaft mbH
Straßenbau und Garten-
und Landschaftsbau
Alte Bliesendorfer Straße 8
14797 Kloster Lehnin OT Göhlsdorf
Tel. 033207/51108

Sanierungen

ib-bauArt GmbH 63
Ingenieurbüro für Tragwerkspla-
nung im Bestand und Neubau
Storkower Straße 99a
10407 Berlin
Tel. 030/41934600

PORR Deutschland 115+121
GmbH
Zweigniederlassung Berlin
Valeska-Gert-Straße 1
10243 Berlin
Tel. 030/4218420

D & S Abbruch 140
& Entsorgungs GmbH
Johannishofer Weg 4
16278 Schöneberg, OT Flemsdorf
Tel. 033335/42820

CONEX 164
Baugesellschaft mbH
Am Stichkanal 25
14167 Berlin
Tel. 030/89000690

Sanitär

KUHR Management 93
& Service GmbH
Dürerstraße 39
12203 Berlin
Tel. 030/49893838

Michael Kranz GmbH 98
Büro für die Planung und Umset-
zung von Sanitär-Aufträgen
Bunzelstraße 144
12526 Berlin
Tel. 030/31173363

innotech 137
Versorgungstechnik GmbH
Am Lückefeld 85
15831 Mahlow
Tel. 03379/20280

Axmann Heizung- 140
Sanitär GmbH
Streckfußstraße 4
13125 Berlin
Tel. 030/24353868

Schaltanlagen

KLAUS SLISCHKA 55
MESS- UND REGELUNGS-
TECHNIK GmbH
Ehrlichstraße 39
10318 Berlin-Karlshorst
Tel. 030/5090175

Böhning Energietechnik 83
Berlin GmbH
Friedrich-Olbricht-Damm 64
13627 Berlin
Tel. 030/6677690

E.INFRA GmbH 103
Pforzheimer Straße 33
01189 Dresden
Tel. 0351/497780

Schilder

Norenz 64
Foliensysteme GmbH
Dorfstraße 48
12529 Schönefeld
Tel. 03379/446948

Schlosserei

TORALF MERTIN GmbH 84
Bauschlosserei & Metallbau
Druschiner Straße 34
12555 Berlin
Tel. 030/6560757

Schlüsselfertigbau

GLASS Ingenieurbau 110
Leipzig GmbH
Südring 16
04416 Markkleeberg
Tel. 034297/6410

CONEX 164
Baugesellschaft mbH
Am Stichkanal 25
14167 Berlin
Tel. 030/89000690

Schreinerei

HOLZKICK GMBH 105
Meteorstraße 54
13405 Berlin
Tel. 030/13892580

Sicherheitstechnik

Norenz 64
Foliensysteme GmbH
Dorfstraße 48
12529 Schönefeld
Tel. 03379/446948

E.INFRA GmbH 103
Pforzheimer Straße 33
01189 Dresden
Tel. 0351/497780

ISIMKO GmbH 155
(ehemals Fleischhauer
Cottbus GmbH)
Guhrower Straße 5
03044 Cottbus
Tel. 0355/780150

Solartechnik

innotech 137
Versorgungstechnik GmbH
Am Lückefeld 85
15831 Mahlow
Tel. 03379/20280

Sonnenschutz

ELEKTRO-KATTUSCH 84
Bismarckstraße 85
10627 Berlin
Tel. 030/3129355

Spezialtiefbau

PRB Spezialtiefbau GmbH 98
Alte Dorfstraße 8
14542 Werder OT Plötzin
Tel. 033207/313110

Stahlbetonbau

LEUKA Tiefbau GmbH 54
Reichsstraße 92a
14052 Berlin
Tel. 030/26369354

Straßenbau

BEG Erschließungs- 99
gesellschaft mbH
Straßenbau und Garten- und
Landschaftsbau
Alte Bliesendorfer Straße 8
14797 Kloster Lehnin OT Göhlsdorf
Tel. 033207/51108

Technische Gebäudeausstattung

DEGAS atd GmbH 183
Deutsche Gesellschaft für Anlagen-
sicherheit
Bessemer Str. 83-91
12103 Berlin
Tel. 030/67092206

Telekommunikation

SCHNEIDER & PARTNER 47
COMPUTERVERNETZUNG
GMBH
Dorfstraße 21a
16356 Ahrensfelde
Tel. 030/300231000

IfTk 179
Ingenieurbüro für Telekommunikation Übertragungsnetze - Digitalfunk - industrielle Anwendungen
Wehnertstraße 29
12277 Berlin (Marienfelde)
Tel. 030/72017846

Tiefbau

Winzler GmbH 32
Spedition & Baustoffhandel
Germendorfer Dorfstraße 39
16515 Oranienburg
OT Germendorf
Tel. 03301/203230

LEUKA Tiefbau GmbH 54
Reichsstraße 92a
14052 Berlin
Tel. 030/26369354

Keller Grundbau GmbH 72
Veltener Straße 31
16515 Oranienburg
Tel. 03301/58570

BAUER 123
Spezialtiefbau GmbH
Region Nordost, Vertrieb Berlin
Am Borsigturm 66
13507 Berlin
Tel. 030/43777810

VERDIE GmbH Turnow 155
Frankfurter Straße 1
03185 Turnow-Preilack
Tel. 035601/88180

ABIA Hoch- & 160
Tiefbau GmbH
Teilestraße 26-28
12099 Berlin
Tel. 030/89745490

Tischlerei

meergans gmbh 80
Pistoriusstraße 6A
13086 Berlin-Weißensee
Tel. 030/29000091

HOLZKICK GMBH 105
Meteorstraße 54
13405 Berlin
Tel. 030/13892580

Trockenbau

GUBIN Trockenbau GmbH 55
Kaiserdamm 113
14057 Berlin
Tel. 030/52285595

Briga Trockenbau GmbH 84
Brigittenstraße 12
12247 Berlin
Tel. 0157/30858718

TbB Trockenbau Beelitz 99
GmbH
Jahnstraße 12
14547 Beelitz
Tel. 033204/40643

Türen

meergans gmbh 80
Pistoriusstraße 6A
13086 Berlin-Weißensee
Tel. 030/29000091

neuform-Türenwerk 80
Hans Glock GmbH & Co. KG
Gottlieb-Daimler-Straße 10
71729 Erdmannshausen
Tel. 07144/3040

Umbauten

ib-bauArt GmbH 63
Ingenieurbüro für Tragwerkspla-
nung im Bestand und Neubau
Storkower Straße 99a
10407 Berlin
Tel. 030/41934600

Verglasungen

Norenz 64
Foliensysteme GmbH
Dorfstraße 48
12529 Schönefeld
Tel. 03379/446948

Wärme

ST GEBÄUDETECHNIK 149
GmbH
Horstweg 53a
14478 Potsdam
Tel. 0331/888640

Wassertechnik

innotech 137
Versorgungstechnik GmbH
Am Lückefeld 85
15831 Mahlow
Tel. 03379/20280

Wegebau

VERDIE GmbH Turnow 155
Frankfurter Straße 1
03185 Turnow-Preilack
Tel. 035601/88180

Zimmerei

David Krebs 92
Zimmerei
Straße der Gemeinschaft 5
14641 Wustermark OT Priort
Tel. 0162/9369556

Die Eintragungen im Verzeichnis „Die Bauspezialisten" erfolgen auf Wunsch des Kunden/Beitragstellers und sind somit kostenloser Service in der Publikation. Der Verlag übernimmt keine Gewähr für die Vollständigkeit und Richtigkeit der Eintragungen.